歴史学研究会［編］

歴史を未来につなぐ

「3・11からの歴史学」の射程

東京大学出版会

Connecting the Past to the Future:
The Role of Historical Studies after 3.11

The Historical Science Society of Japan, editor

University of Tokyo Press, 2019
ISBN 978-4-13-023075-9

まえがき

一　本書のねらい

「3・11以降の歴史学はいかにあるべきか」。東日本大震災と東京電力福島第一原子力発電所の事故の翌年、二〇一二年五月に開催された歴史学研究会大会では、特設部会「災害の「いま」を生きることと歴史を学ぶこと」を設け、二〇一一年三月一一日の大震災・大津波・原発事故の複合災害、すなわち3・11が歴史学に突きつけた課題を討議した。冒頭の問いは、この特設部会のサブタイトルである。発災から八年目を迎えた今も、私たちはこの問いの答えを探し続けているのであるが、この間にいくつもの問題提起がなされ、さまざまな実践が重ねられてきた。本書は、『歴史学研究』に二〇一三年三月号から二〇一七年九月号まで一〇回にわたって連載したシリーズ「3・11からの歴史学」での提言や報告を出発点として、3・11後の歴史学のあり方をめぐる議論の軌跡をたどり、日本社会の中で歴史学がおかれている現在地点を確認した上で、地域の復興・再生、さらには社会変革のために歴史学が果たすべき役割と可能性について展望しようとするものである。

二　シリーズ「3・11からの歴史学」連載の経緯

最初に、3・11をめぐる歴史学研究会の活動とシリーズ「3・11からの歴史学」掲載に至るまでの経緯を簡単に振り返っておきたい。まず、震災から約二ヵ月後の五月に開催された二〇一一年大会では、総会決議「「3・11」後の歴史学研究会の責務」を採択し、（一）災害史研究の促進と研究成果の社会還元、（二）歴史資料の保全、（三）原子力発電をめぐる「安全神話」の検証、（四）災害・事故をめぐる情報公開の要求、以上四つを社会的責務として掲げ、「今回の破局的状況を人のいのちとくらしが大切にされる社会へと大きく舵を切る転換点とするため、歴史学関係者の学会という立場から力を尽くしていきたい」との決意を表明した（全文は『歴史学研究』二〇一一年七月号、本会ホームページでも閲覧可能 http://rekiken.jp/appeals/appeal20110521.html）。これと並行して、「緊急特集　東日本大震災・原発事故と歴史学」の編集を進め『歴史学研究』二〇一一年一〇月号に掲載し、二〇一二年五月には、先述の特設部会を開催すると同時に、緊急特集をもとに歴史学研究会編『震災・核災害の時代と歴史学』（青木書店）を刊行した。この編著は、第Ⅰ部「東日本大震災と歴史学――災害と環境」、第Ⅱ部「原発と歴史学――「原子力」開発の近現代史」、第Ⅲ部「地域社会とメディア――震災「復興」における歴史学の役割」、第Ⅳ部「史資料ネットワークによる取り組み」と資料編から構成され、前述の二〇一一年大会総会決議で掲げられた四つの責務を反映しつつ、3・11後の歴史学のあり方をめぐる議論の大枠が提示されている。いずれの論考も震災・原発事故直後という「破局的状況」の中で書かれた緊張感を伝えており、3・11が歴史学に及ぼした衝撃の大きさを想起させる。

二〇一一年度大会の総会決議では、「自然と人間の関係をめぐる歴史を多様な視点から明らかにする」という表現を用い、自然を所与の前提とみなし、その上で研究対象を人間の主体的営為に限定してきた従来の歴史研究への反省が表明されている。二〇一二年大会では、「災害を単なる自然の営為としてではなく、社会との関わりで歴史的にとらえる立場」（池享「二〇一二年度大会によせて」『歴史学研究』二〇一二年一〇月増刊号）からテーマ設定がなされ、その一環として特設部会「災害の「いま」を生きることと歴史を学ぶこと」が設けられた。従来の歴史学における災害史研究の立ち遅れが強く意識され、四本の報告のうち三本が災害および災害史に関するもの（北原糸子「災害史研究の現状と課題——災害史辞典を編纂して」、西谷地晴美「災害における所有と依存」、原口弥生「災害回復力（レジエンス）の再検討——自然・社会・技術」）、残りの一本は原発事故に関するもの（中嶋久人「原発災害に対する不安・批判の沈静化と地方利益——電源交付金制度の創設をめぐって」）であり、これまた震災一年後の差し迫った状況下での問題意識が反映されている。

シリーズ「3・11からの歴史学」は、これら本会の活動を直接引き継ぐかたちで、災害史や原発問題の立ち遅れを回復することはもちろん、震災後二年間に議論されてきた資料保存、「東北」史再検討、「生存」、博物館の役割などさまざまなテーマについて「息長く議論を続ける場」として、『歴史学研究』二〇一三年三月号から設けられた。「シリーズの開始によせて」には、あわせて「3・11を忘れないための場でもあり、二〇一〇年代における歴史学のあり方を議論する場でもある」（『歴史学研究』二〇一三年三月号）と記されている。「提言」「史料と展示」「時評」と「書評」・「史料・文献紹介」という四つの柱、五つのジャンルを設け、年二回という周期で「提言」を通して定期的に問題提起を行うとともに、各地における史資料の救済・保存活動、博物館・美術館等のあり方やそうした機関によるさまざまな災害展示の試み、新刊書の論評や紹介によって最新の情報を発信しようと努めた。その結果、シリーズ「3・11からの歴史学」は足かけ五年間、『歴史学研究』二〇一七年九月号まで全一〇回の連載によって、「提言」二一本、「史料と展示」一九本、「書評」「史料・文献紹介」合わせて一九本を掲載することができた。ただし、「時評」は初回に一本、最終回に二本の、計三本の掲載にとどまった。このうち本書には「提言」一四本と「史料と展示」二本、「時評」二本を再録した。

三　大会特設部会での議論

シリーズ「3・11からの歴史学」と関連して、歴史学研究会では二〇一三年以降も年次大会の特別部会で議論を重ねてきた。3・11に関連する各年度の特設部会のテーマと報告は左の通りである（なお、報告内容は各年度の『歴史学研究』一〇月増刊号を参照願いたい）。

〈二〇一三年〉　3・11後の「復興」と運動を問う
グローバル経済下の震災復興をめぐる対立構図と位相…………岡田知弘
戦後日本政治の対立軸と反原発運動…………本田宏

〈二〇一四年〉　資料保全から歴史研究へ——いま、歴史研究に何ができるか
地域の史料と向きあう——フィールドワークと郷土を愛すること…………平川新
歴史資料保全と「ふるさとの歴史」叙述——宮城での経験から…………佐藤大介
被災資料と歴史教育、そして歴史研究へ——茨城での取り組みから…………高橋修
被災歴史資料と災害資料の保存から歴史研究へ——地域の過去と未来をつなぐために…………奥村弘

〈二〇一五年〉　地域から世界へ——危機の時代の歴史教育を考える
震災・原発事故災害を現代史学習の一項目に…………福田和久

〈二〇一七年〉　地域に生きる市民と歴史——「社会的要請」と歴史学（その2）

〈二〇一八年〉 3・11からの歴史学

二〇一三年度大会は3・11に関わる特設部会を単独で設け、「復興」を地域の視点と原発問題から議論している。大地震・大津波と原発事故の被災に直接関わるという意味で、「災害」そのものを対象とした二〇一二年度大会特設部会との問題関心の連続性が見られる。二〇一四年度大会でも3・11関係で単独の特設部会を設けているが、「いま、歴史研究に何ができるか」というサブタイトルに表れているように、被災地の復興への歴史学としての貢献のあり方へと関心が広がっている。具体的には史料保全への貢献と被災地の復興に史料が果たす役割、地域の歴史を叙述し、教育を通して世代を超えて継承する意義が議論されている。その背景には、原発事故を除く、地震や津波の被災地における人々の生活や産業にようやく再建の見通しが見え出したことに加え、歴史資料ネットワークはじめ、文化庁、東京国立博物館、国立歴史民俗博物館、国文学研究資料館、国立民族学博物館などによる史資料の救済・保全活動の進展があった。二〇一五年度、二〇一七年度には特設部会に3・11関連の報告を組み込むかたちで、被災地の高校における歴史教育と被災住民の地域史への関心の高まりが紹介され、地域と密着した二つの歴史実践の事例を通して、二〇一四年度大会のテーマがさらに掘り下げられている。二〇一八年度大会特設部会「3・11からの歴史学」は、シリーズ全体を振り返り、3・11から七年、シリーズ連載開始から五年の時点における歴史学のあり方をめぐる議論の到達点と課題を確認し、将来の方向性を模索しようとするものとなった。

四　本書の構成

本書は、二〇一八年度大会特設部会「3・11からの歴史学」をさらに発展させるかたちで、新たに依頼した六本の論考と、シリーズに掲載した論考一八本、および座談会から構成されている。

冒頭の大門正克「総論　「3・11からの歴史学」の現在——二〇一九年の歴史的地平」は、『歴史学研究』編集長としてシリーズ「3・11からの歴史学」の企画に携わった立場から、シリーズ全体を振り返り、問題関心や取り上げられた分野の広がりと深化を検証する。連載開始にあたって、筆者は「このシリーズは……歴史学の未来に錨を投げるものである」とし、「本シリーズの渦が議論の波紋を呼びおこし、本シリーズが各所の議論の交流の場となることを期待している」と記している（二〇一三年三月号「編集室から」）。その後の五年間、議論の波紋はどこまで広がり、いま、どこへ向かおうとしているのか、あるいは向かうべきかを論じている。

第Ⅰ部「3・11からの八年間が問いかけるもの」は、3・11を契機に自覚された歴史学の社会的な役割や責務について、四人の論者が実践的な視点から議論している。阿部浩一「ふくしまの経験と歴史学」は、福島大学に歴史系教員として勤務し始めてまもなく3・11に遭遇し、ふくしま歴史資料保存ネットワーク（ふくしま史料ネット）による資料保存活動に携わってきた視点から、原発事故被災地の住民の過酷な経験が示唆する歴史学の課題と可能性を論じる。保立道久「日本の学問と「3・11」」は、文部科学省科学技術・学術審議会専門委員として地震火山観測研究計画推進に関する建議の検討に参加した経験を踏まえ、3・11が文理融合というかたちでの日本の学術の再編を迫ったこと、その中で歴史学にはさまざまな専門分野を結びつける中心的な役割が期待されていることを指摘する。北原糸子「東日本大震災がもたらした死者に関わる問題群」は、日本における災害史のパイオニアとして、3・11がもたらした膨大な数の死者をめぐる諸問題から災害史の新たな分野を切り拓こうとする。最後に奥村弘「大規模自然災害時の歴史研究者と大学の役割——地域の記憶を歴史として継承するために」は、阪神・淡路大震災を機に立ち上げられた歴史資料ネットワークでの活動を踏まえ、阪神・淡路大震災の経験と比較しつつ、地域の過去の記憶の継承に果たす史料の重要性と、史料保存活動における地域の大学の役割について論じている。

第II部「博物館・美術館展示と地域の復興・再生」では、各地の博物館・美術館がどのように3・11を経験し、その経験から地域における博物館・美術館の存在意義がどのように（再）認識されたのかを論じ、合わせて災害展示の試みを紹介する。本間宏「原子力災害と博物館活動」は、原子力災害と地域史料救出、被災資料の展示公開の試みを紹介し、被災地における博物館活動の方向性を論じる。山内宏泰「「災害とミュージアム」リアス・アーク美術館」は宮城県気仙沼市のリアス・アーク美術館による津波被災の記録調査と美術館ならではの独創的な被災資料展示を取り上げ、「復興・復旧」の政策理念とミュージアム本来の機能とのジレンマについて考察する。熊谷賢「地域復興と博物館——陸前高田市立博物館の七年半」は、大津波によって博物館そのものが壊滅的被害を受けた岩手県陸前高田市立博物館の再建過程を紹介しつつ、博物館と地域社会の関係について語る。なお、第II部には、シリーズ「3・11からの歴史学」に掲載した二本の展示評を再録した。

第III部は、シリーズ「3・11からの歴史学」に掲載した「提言」「時評」の中から一六本を選び、「歴史学再考」「地域の復興・再生と歴史学・史料保存」「原発開発・原子力災害と歴史学」という三つのテーマに大括りして排列した。記録性を重視し、縦書き用にアラビア数字を漢数字に改めたほかは、誤字の修正等を除いて、原則として掲載時のままで再録することとし、執筆者の希望にそって短いコメントを付した。なお、「提言」や「史料と展示」など、紙幅の関係で本書に収録できなかった貴重な論考がある。ぜひ『歴史学研究』掲載号をご参照願いたい。

第IV部は、第I部に寄稿していただいた阿部浩一、奥村弘、北原糸子、保立道久の四氏に「総論」の執筆者である大門正克氏を加えた五人による座談会の記録である。奥村氏は神戸からスカイプを利用してご参加いただいた。シリーズ全体を読み直し、3・11から七年半の議論の広がりを跡づけ、歴史学の現在地点、残された問題と新たな課題、日本の学術全体の変革などが論じられている。

座談会を含め、本書の中で、3・11後の社会における歴史学の存在意義に関連して、しばしば「つなぐ」という表現に出会った。原子力災害によって避難を余儀なくされた人々と故郷を「つなぐ」、死者の声をすくい上げ、生者の記憶と「つなぐ」、文理融合の学術体制を構築するため、歴史学が様々な学問分野を「つなぐ」などである。本書のタイトル『歴史を未来につなぐ』には、こうした歴史学への期待を込めた。シリーズ「3・11からの歴史学」は東日本大震災と原発事故から出発したが、その射程は3・11を歴史学の再構築のための一般的・普遍的課題としてどのように位置づけるかに及んでいる。本書がさらなる議論の礎となれば幸いである。

二〇一九年二月

歴史学研究会

目次

III　シリーズ「3・11からの歴史学」提言・時評から

III-1　歴史学再考

総論 「3・11からの歴史学」の現在
——二〇一九年の歴史的地平

大門正克

はじめに

本書発刊の経緯については、「まえがき」で述べられている。ここでは、『歴史学研究』第九〇三号（二〇一三年三月）でシリーズ「3・11からの歴史学」を開始したときの初心を確認しておきたい。

第九〇三号の冒頭におかれた「シリーズの開始によせて」では、「3・11を機に、災害史や原発をめぐる問題など、歴史学で取り組みの遅れていた分野がある」ことがわかり、その遅れの回復のためにシリーズを開始し、「息の長い議論」を続けると述べている。「3・11からの歴史学」というタイトルには、「3・11を機にこれからつくる歴史学という含意」がこめられているとともに、このシリーズは、「3・11を忘れないための場でもあり、二〇一〇年代における歴史学のあり方を議論するための場でもある」と述べられている。同号の「編集室から」では、このシリーズを歴史学の「未来への投錨」と述べ、「歴史学の未来に向かって錨を投げる」ものと位置づけている。

以上の初心をふまえれば、「3・11からの歴史学」には、3・11を忘れずに、3・11を起点にして、取り組みの遅れていた分野を含めて歴史学を考えるという含意とともに、そこでの議論はつねに歴史学のあり方とかかわってなされる必要があるという提起がこめられていた。「未来への投錨」のためには、歴史学のあり方がくりかえし検証されなくてはならない、3・11を忘れずに、今までの歴史学の検証、新たな取り組みの検討を重ね、その先に新たな歴史学のあり方を考える、これが「3・11からの歴史学」にこめられた初心であった。

ここでは、以上の初心をふまえ、「3・11からの歴史学」から六年目、3・11から八年目の歴史的地平を確認することを目的にする。具体的には、シリーズ「3・11からの歴史学」の内容をあらためて確認したうえで、この六年（3・11から八年）のあいだにみられた認識の変化をふまえ、歴史学に問われている課題を整理し、あらためて歴史学の未来に向かって投錨をしてみたい。

一　シリーズ「3・11からの歴史学」から六年目の地平

シリーズから六年目の現在、シリーズを読み直してみると、震災・核災害と歴史学が開く地平がよく見えてくる。分野と広がり（裾野）に分けて整理してみたい（以下、本書に収録したシリーズの文章については【大門】のように表記する。収録しなかった文章は［大門］と表記し、「総論」の最後に一覧を付す）。

シリーズの議論の分野を見渡せば大別して五つになる。①災害史、②資料とアーカイブズ、③核災害、④記憶、⑤歴史学／歴史の問い直しである。①については、災害史の射程をめぐり、自然と人間の関係や人類史とのかかわりで検討する必要性を説いた【峰岸】や、過去と現在の往還のなかで災害史を考える論点を提示した【菊池】がある。災害と妊娠【田間】、障害者【野崎】、トラウマ［蟻塚］との関係が問われ、関東大震災との接点が議論されている【小薗】。

②の資料とアーカイブズについては、多くの文章が寄せられている。資料保存、文化財レスキューの各地の活動が

紹介され〔奥村〕【稲葉】〔阿部〕〔多和田〕〔川内〕〔天野〕、活動の地域は、全国、福島、熊本、神奈川、宮城などにおよぶ。「史料と展示」のコーナーが設けられたことにより、史料紹介や展示評が多く収録されており、〔本間〕〔山内〕〔前田〕〔宇野〕〔久保〕などのなかで、とくに福島県飯舘村や宮城県気仙沼市、台湾などの展示が印象深い。

③核災害をめぐっては、福島の農業への影響が問われ【小山】、反原発運動の時評が掲載されている【佐々木】。④記憶をめぐり、とくに三つの文章が印象に残った。津波災害の「記憶をつなぐ」展示評【小田】、見えにくい災厄として、フクシマとアウシュビッツの関連を問うたもの〔寺田〕、持続する記憶に目を凝らす試みとしての展示評である〔山本〕。

以上に加えて、シリーズでは⑤歴史学／歴史の問い直しがくりかえし行われており、印象に強く残る。歴史研究者の役割が問われ【岡田】〔奥村〕、時間と空間のなかで歴史学／歴史が問い直されている。時間としては、関東大震災【小薗】―阪神・淡路大震災―3・11の関連があり、空間には、東アジア〔星乃〕、台湾〔久保〕、東北【河西】が論点として提示されている。地震学と歴史学の接点について議論されており〔保立〕、資料・アーカイブズともかかわった「総合資料学」【峰岸】や、「学際的協働」【モリス】が提起されているのも、学問としての歴史学のあり方を再考する一環と受けとめることができよう。

歴史学／歴史の問い直しのなかで、とくに印象に残ったのは、3・11のもとでは、歴史的思考そのものが大きく揺らいでおり、それに抗する認識をもつ必要性が喚起されていることである。高澤紀恵は、過去や歴史を問わない風潮が強まるもとで、歴史学の存続に対する危機感をもつとともに、「忘却に抗し、現在を時間の相のもとで考察する歴史学」が今こそ必要だと強調する【高澤】。そのために高澤が提起するのは、日本史・世界史といった境界を越え、「緩やかに繋がる討議の空間を創出」することである。

友澤悠季の議論も高澤の論調と響き合う【友澤】。3・11の衝撃を受けてこれから歴史学をつくるというシリーズの趣旨を知った友澤が、真っ先に思い浮かべたのは、一九七〇年代以降に公害問題の研究を続けた小田康徳の仕事だったという。友澤は、「時制としては過去を対象」にする歴史学にあっても、小田のように、「最初の一声をあげる人びとの存在」を「歴史叙述に包み込む」ような「開かれた現実感覚」をもつことが必要ではないかと述べる。翻って、「多くのこと」が「3・11」や「震災」という「短い言葉の内側に閉じ込めることに馴らされ」つつある状況に危機感を募らせる友澤は、「「なかったこと」にさせない思い」だけは「腹の底に溜めていたい」と述べ、それらの「思い」を「つなぐ営みとしての歴史叙述」こそが必要だとする。「歴史学と現実感覚」、これが友澤の照準を合わせた事柄である。高澤、友澤に連なるのが原山浩介の文章である【原山】。原山は、「震災についての概観は、常に裏腹の問題として、認識を一定の方向に「収斂」させる力を持つ」として、その「収斂」に抗するための「震災をめぐる想像力」が必要だと述べる。

三人の議論は共鳴し、いずれも過去や歴史を問わない風潮や、現実の認識を特定の方向に誘導する強力な作用に抗する必要性を説くものであり、抗するためには「現実感覚」や「想像力」をもち、討議を「繋ぐ」試みを重ねる必要があると提起するものであった。シリーズでは、歴史的思考が揺らぐ状況を自覚し、歴史学を成り立たせる根源である歴史的思考そのものに焦点を合わせた三人の議論があり、同じ地平で、時空や文理、学際など、さまざまな観点から歴史学のあり方が問い直されていた。あるいはまた、「現実感覚」や「想像力」をもち、討議を「繋ぐ」試みの提起は、災害と妊娠、障害者、トラウマをめぐる議論や、核災害、記憶をめぐる議論、資料とアーカイブズをめぐる議論などと同じ地平で行われていたのであり、このことに留意したい。

シリーズの議論を開き、歴史学の未来に向かってあらためて投錨するためには、三人のように、3・11をめぐる議論と、歴史的思考そのものを問い直し、歴史的思考に生気を吹き込むような議論を結びつけることが肝要なのではないか。シリーズには、そのような議論の可能性が含まれており、シリーズから六年目の歴史的地平が要請しているのは、右のような方向でシリーズの議論を受け継ぐことだと思われる。

シリーズの議論について、最後に、①担い手と②叙述、表現の観点から広がり〔裾野〕を確認しておけば、①担い手としては大学、教育機関、自治体、歴史資料ネットワークがあり、教職員、学芸員、学生などの姿が浮かぶ。②叙述、表現の対象として、歴史的写真〔赤城〕や詩歌〔豊泉〕、映画【大串】、出版【土方】が取り上げられている。

二 認識の転換

私自身は、東北の近現代史を研究する友人たちと、二〇一二年から一五年にかけて、東京都新宿区、宮城県気仙沼市、岩手県陸前高田市、福島県福島市で、歴史と復興のかかわりを考えるフォーラムを開催してきた。このうち、新宿区と気仙沼市については〔大門ほか編 二〇一三〕を編集し、陸前高田市と福島市については〔大門ほか編 二〇一九〕をまとめた。

三つのフォーラムを通じて強く感じたことは、被災地において分断の状況が長く続いていることである。このような状況に対して、変化の兆しをかすかに感じたのは、二〇一五年の福島フォーラムのときだった。核災害によって、多くの町民が避難している福島県双葉町の学芸員である吉野高光は、フォーラムで、3・11後、文化財の意義がようやく町民に認識されるようになってきたと語り、参加者に強い印象を与えた〔吉野 二〇一九、九九頁〕。

その後、3・11にかかわって二〇一八年までに福島県の各所でまとめられた手記や聞き書きを集め、検討した私は、二〇一六年ころから潮目が変わり始めていることを感じた〔大門 二〇一九〕。そこでの考察を簡潔にまとめてみれば、3・11への関心が低下する一方で、地域の歴史や資料、蓄積についてふれるものが見られるようになり、そのなかからは、今後の復興の指針になるのではないかという声も聞こえてくるようになった。たとえば、二〇一六年、東日本大震災と原発事故、復興過程における分断と孤立のなかで、「心の復興活動」の一環として高齢者の「聞き取り」と「語り合い」に取り組むために「まなびあい南相馬」が設立された〔まなびあい南相馬 二〇一七・二〇一八〕。そこでは、聞き取りを通じて、「ふるさとを失う」ことの重さをあらためてかみしめるとともに、「先人の築いてきた歴史」が「地域再生」を「後押し」してくれることを強く実感していると述べている。

阪神・淡路大震災後にも手記や聞き書きをまとめて読んだことがある〔大門 一九九七〕。それらとくらべてみると、3・11後の福島県の記録には、聞き書きによるものが多いように感じられる。衝撃があまりにも大きい3・11に対して、手記を書くだけの余裕をもてず、話を聞いてもらうなかでやっと心情や思いが書きとめられているからではないかと思われる。「いっとき傍らに立」って聞く足湯ボランティアの存在に注目した〔三井 二〇一五〕や、3・11後に農業普及員がはたした役割を「聞く力、つなぐ力」と表現した〔日本農業普及学会 二〇一七〕も、3・11後に聞くことが重要な役割をはたしていることに注目するものであった。

潮目の変化ともかかわり、福島フォーラムから三年後の二〇一八年三月、双葉町の吉野は、双葉町で「アーカイブズ」という考えが広がっていると語り、あらためて印象深かった〔吉野 二〇一九〕。県のアーカイブズ施設建設計画がきっかけとはいえ、双葉町のみならず、富岡町、大熊町など、原発被害の地域でアーカイブズの考えが広がっている。震災後の復興において資料と歴史に学ぶ必要性が明確になってきており、吉野は、震災資料も地域の文化財であり、小さな自治体だからこそ震災資料を残すことができること、そして地域の資料と歴史には再生にかかわる記憶が刻まれていると語った〔認識の変化については、〔大門ほか編 二〇一九〕も参照していただきたい〕。

二〇一五年からの潮目の変化をふまえるとき、阪神・淡路大震災から東日本大震災における震災資料の保存にかかわった歴史資料ネットワークの活動に関連して、地域の資料を「地域資料遺産」と表現するようになったことの意味がよくわかる〔奥村編 二〇一四、川内 二〇一九〕。あるいはまた、神奈川県の資料ネットの活動の一環として、二〇一六年に私は、資料の「保全」から「地域と人びとを支える資料」という認識への変化があらわれてきていることを指摘した〔大門 二〇一六〕。このことも潮目の変化と重ねてみれば、偶然の指摘ではなく、3・11から五年ほどたち、歴史や資料を視野におさめることがようやくできるようになった時点での認識の変化であったことがよくわかる。

3・11から四、五年が経過したころから、被災地では、地域の歴史や資料、経験の蓄積などがようやく視野に入るようになり、そこでは、今までの地域の取り組みや歴史、資料のなかに、今後の復興や地域再生を考える大事な手がかりがあるという認識の変化があらわれてきていることを確認しておきたい。

三 くりかえし歴史学を再考する

1 歴史学が問われる局面1――社会／地域と歴史学

シリーズの議論と3・11後の認識の変化をふまえるとき、歴史学は、とくに社会／地域とかかわる局面と、学問としての局面の二つで存在と役割を問われているように思う。社会／地域と歴史学のかかわりについて、ここでは三点検討しておきたい。まず、歴史学の役割として「つなぐ」という議論がされていること、ついで原発災害をめぐる分断を取り上げ、最後に被災地でおきていることは普遍的であるということ、この三点を歴史学の課題として検討する。

第一に、3・11後の歴史学の役割にかかわって「つなぐ」「つなぎ直す」ということが盛んに言われるようになった。たとえば、福島県富岡町と福島大学が二〇一五年に歴史・文化等保全活動の協定書を結び、協定書締結一周年を記念して開催された企画展のタイトルは、「ふるさとを想う　守る　つなぐ――地域の大学と町役場の試み」であった〔阿部 二〇一九〕。先述のように、私たちが陸前高田と福島のフォーラムにかかわる本をまとめたとき、サブタイトルに選んだのは、「3・11　分断をつなぎ直す」であった。

この背景には、3・11後に長く続く分断の状況と喪失感があり、そこからの時間の経過がある。分断は行政と人びとのあいだに存在し、くらし方をめぐる人びとのあいだにも存在している。あるいはまた分断は、人びとの過去と現在のあいだにも横たわっている。「まなびあい南相馬」の人たちが言うように、「ふるさとを失う」ことの重さがあり、家族や大切なモノをめぐる喪失感も強い。

こうしたとき、地域の歴史や資料、経験の蓄積は、なぜ「つなぐ」「つなぎ直す」役割を担うことになるのか。二〇一三年に開催した陸前高田フォーラムを振り返るなかで考えてみたい〔大門ほか編 二〇一九〕。3・11後の先行きの見えない状況のなかで、陸前高田フォーラムに参加した人のなかには、震災後の行政と現場にギャップを感じている人も少なくなく、会場では歴史と復興を考えるフォーラムについて懐疑的な意見を述べる人もいた。分断や喪失感は長く、深く続いていたのである。

それに対してフォーラムでは、陸前高田市立博物館の熊谷賢と保育所長だった佐々木利恵子が、いずれも3・11以前の取り組みを詳しく話してくれた。すると、市民との長いかかわりのなかにあった博物館や、地域の人びとに支えられ、過程を大事にしてきた保育所の保育のなかに、今後の復興を考える大事な蓄積があることがわかり、フォーラム参加者に強い印象を与えた〔熊谷 二〇一九、佐々木 二〇一九〕。

以前に私は、フォーラム参加者のアンケートを検討したことがある〔大門 二〇一四〕。アンケートを再読すると、フォーラム参加者による二人の話の受けとめ方についてあらためて目がとまった。「保育という視点から3・11を考える、というのが歴史とつながるというのが意外で印象的でした」、「予想、期待をうらぎるおもしろいお話でよかったです。「歴史」が今回のようなものだと楽しいなと思いました」、「文化財を大切にしてきた高田市民の文化的風土。コミュニケーションとは文化財を共有する人々の集団であるという一つの見方を得たように思います」〔大門 二〇一四〕。歴史と復興を考えるフォーラムについて、「私たちのくらしを取りまくすべてが歴史と文化にかかわるという認識を得られてよかった。これまでも、地域の歴史と文化について関心があったので、新たな認識を今後に生かしていけそう」と深く受けとめた感想もあった。

分断の状況と喪失感をかかえていた人たちに対して、フォーラムは「意外で印象的」な感想をもたらした。フォーラムの重要なポイントはここにあったといっていい。「意外」だったのは、保育と歴史がつながったからであり、歴史が今までと違って見えてきたので「楽しい」と思えたからであった。「文化財を大切にしてきた高田市民の文化的風土」に加えて、すぐ身近な保育にも歴史があり、フォーラムの参加者は、陸前高田に文化財や保育の歴史の蓄積があることを認識（再認識）し、「新たな認識を今後に生かしていけそう」だと感じたのである。

歴史の蓄積には、蓄積のなかにある人びとの経験、関係を映し出す側面と、過去と現在、将来の方向性を照らし出す側面がある。過去の経験に含まれる関係を思い返し、さらに歴史の方向性を認識することができたとき、人は歴史が分断の状況をつないだり、生存をつなぎ直したりすることを実感できるのではないだろうか。「私たちのくらしを取りまくすべてが歴史と文化にかかわる」という感想や、「コミュニケーションとは文化財を共有する人々の集団」という感想は、いずれも陸前高田の過去の経験に含まれる人びとの関係を再認識するものだといっていいだろう。ここに方向性の認識が加わり、フォーラムの参加者は、歴史が今後の復興の足場になり、過去と現在をつなぐことを理解したのだと思われる。陸前高田市外からのある参加者は、次のように感想を述べていた。「歴史から考える3・11ということで、幅広い視点で現在をとらえると、少し違った角度から考えることができる、というのを実感できた。陸前高田がその歴史から今後の展望を得ていたように、歴史を活用する手法は有効であるように思えた」。

陸前高田フォーラムにおける議論は、今の時点からみれば、二〇一六年ころから各地で気づくようになった歴史や社会の蓄積の役割の意味を、先取りして理解したものと受けとめることができよう。分断の状況が続くもとで、社会や地域を「つなぐ」「つなぎ直す」歴史学の役割に光があたるようになってきているのである(1)。

社会／地域と歴史学のかかわりの第二は、原発災害をめぐる分断についてである。これは、3・11後の大きな課題であるが、歴史学の取り組みは、（中嶋 二〇一四、小路田ほか 二〇一六、高岡 二〇一九）などに限られている。原発災害の分断のなかでも、福島に残る人びとと福島から避難した人びと（自主避難者も）の分断は厳しく、分断をめぐる議論も激しく行われている。原発避難の分断について考えるうえで、次の二冊の本が大変参考になるように思えた。二冊の本ともに、地域の歴史や人びととの歩みを振り返っており、そこに重なる論点があると思えたからである。

一冊目は、福島県浪江町請戸区の住民が請戸の歴史を後世に残すべくつくられた『大字誌　ふるさと請戸』（同刊行委員会 二〇一八）である。地震と津波と核災害により、請戸の住民はふるさとを追われた。この本の冒頭五三ページまでは「請戸のこえ」というコーナーであり、3・11以前の請戸の写真のあいだに、請戸の住民一七名によるふるさとへの思いや3・11に関する文章が並ぶ。ページをめくるうちに、かつての請戸とともにあった人びとのくらしぶりや賑わいなどが浮かびあがる。その印象は五四ページからの津波の写真で切断され、3・11がそれまでのくらしぶりをいかに遮断したのかがまざまざと伝わる。本はその後、「報告」「歴史編」と続き、古代から近世に至る請戸の歴史が「歴史編」におかれていることも印象深い。写真、思い出の文章、歴史編から浮かぶ歴史の重みと切断の意味の双方を考えさせせられる本である。

もう一冊は原発避難者の聞き書きである。原発避難者について、多数の聞き書きやルポルタージュがあるなかで（特定非営利活動法人生活企画ジェフリー 二〇一三、山本ほか 二〇一五、吉田 二〇一六、辰巳・鳫 二〇一七）、ここでは栃木県に移り住んだ原発避難者の聞き書き『原発避難を語る』を取り上げたい（栃木避難者母の会ほか 二〇一八）。この聞き書きでは、①事故前の福島県での暮らし、②事故後、栃木県に避難した経緯、③今のくらし、④次世代に伝えたいこと、の四つを聞いている。他の聞き書きと異なり、①の事故前のくらしと④の次世代に伝えたいことを加えているところに大きな特徴がある。(2) 3・11以前のくらしから始まる証言集を読むと、3・11は、第一次産業や近隣の助け合い、自然との関係に支えられていたくらしのすべてを切断し、人びとを核災害と放射能汚染のなかに放り出し、各地への避難を余儀なくしたことなど、切断の意味の大きさと3・11後の理不尽な事情の意味がともに伝わってくる。

たとえば、福島県双葉郡出身で、聞き取り時に四〇代だった女性は、県内の高校卒業後、北関東に住み、結婚後の二〇〇一年に福島市に戻り、二〇〇四年に福島市内でマイホームを購入する。一人くらしの母がいる故郷の双葉郡を毎月一回訪ねており、出産と子育てを季節感のある福島で体験できたことは「幸せ」だったと述べる。この女性は、次世代に伝えたいことを二つあげる。ひとつ目は、「心が破壊された」ことである。「私たちがひどく傷つけられた」のは「人としての誇り」であり、「自分が育った故郷」を「失う」ことにより、自分のよって立つ「基盤」が破壊されて「深い傷」を負った。「のどかで穏やかな時間が通り過ぎていた私の故郷に、今は誰も住んでいないのだ、その光景を思い出すたびに、本当に胸が痛い」という。

ところで、この女性が故郷の豊かな恵みや環境について気づいたのは震災後のことであり、それ以前には双葉郡の「小さな田舎出身」に「コンプレックス」をいだいていたという。加えて、この女性が社会の「同調圧力」に気づくのも震災後であり、震災後、「同調圧力」は「いじめ」や「村八分」などの「精神的暴力」にもつながることがわかった。ここから、この女性は次世代に伝えたい二つ目として、「主体的な生き方をしてほしい」と述べる。震災から四年間くらい、この女性には、「心身が燃え尽きてしまうのではないか」というほどの「激しい怒りの炎」がうずまいていたという。その間に、「根底から社会を変えたいと痛切に願」い、二〇一三年に「栃木避難者母の会」を立ち上げ、「同じ境遇の避難者」の「主体性」を尊重して、「思いを互いに吐き出」すなかで、「繋がりと信頼関係」を構築できた。こうしたなかで、ようやく「体から怒りが抜け」出たと述べている。

二冊の本には重なる論点がある。一冊目は、喪失の意味を3・11以前の請戸のくらしとのかかわりで考えさせられるものであり、二冊目は、切断の意味および理不尽な自主避難について、3・11以前のくらしと次世代へのメッセージとのかかわりで考えさせられる。二冊の本は、いずれも3・11以前の故郷の喪失に対する痛切な思いを伝えるとともに、3・11後の事態を、過去から現在、将来に至る時間の方向性のなかで考えることのできる内容になっている。

原発被害の分断をめぐっては、県外に避難をした人や自主的に避難した人と、県内にとどまった人をめぐって、議論の隔たりが大きいが、3・11以前のくらしや次世代とのかかわりのなかで検討する課題が共通にあるのではないか。原発の立地と地域社会をめぐる〔中嶋 二〇一四〕や〔高岡 二〇一九〕の成果に加えて、本論文や〔大門 二〇一九〕から指摘できることは、二〇一六年ころから、地域の歴史や資料、蓄積が見直され、そこに復興の手がかりがあるのではないかという議論が出されていることである。原発避難者を含め、3・11以前をふまえた議論の場を設定し、地域の歴史や資料、蓄積からどのような見通しを得ることができるのか、歴史学の重要な検討課題だと思っている。

ただし、『原発避難を語る』で紹介した女性の証言からすれば、故郷には豊かな恵みがあることや、地域では同調圧力がかかることもあることに気づいたのは、いずれも震災後だったのであり、このことをふまえれば、3・11以前の歴史や蓄積を手放しで評価することはできない。3・11以前の多くの地域社会には、少子高齢化、人口減少、財政難、地域経済の疲弊といった問題があり、また右の女性の証言にあるようなさまざまな問題が存在していた。これらの問題を含め、〔岡田 二〇一九〕のように、福島における「生存の条件」の歴史から現在に至る過程の追究が必要になる。

社会／地域と歴史学のかかわりの第三として、被災地でおきていることは、他の地域でおきていることと無縁ではなく、被災地では日本各地でおきていることが集約的にあらわれているはずであり、この回路に気づくことが決定的に重要である。社会／地域をめぐって歴史学に問われていることに対して、歴史学が自覚的になり、歴史学は〈普遍性に至る想像力〉を喚起する必要がある。右に述べたように、多くの地域社会では少子高齢化や財政難といった共通の課題をかかえており、少子高齢化など困難な状況が加速している被災地で、地域の歴史や資料が分断をつなぐ役割に注目が集まるようになっている。とはいえ、被災地以外の地域で地域の歴史や資料に対して関心が集まっているとはいいがたい。この要因のひとつとして、学問としての歴史学のあり方があるのではないか。

2 歴史学が問われる局面2――学問としての歴史学

3・11からの歴史学を考えるとき、学問としての歴史学は少なくとも二つの面で拡張を求められている。ひとつは、歴史学の中核に位置する資料とのかかわりを含めた歴史学とアーカイブズの関係であり、もうひとつは、歴史学の「学際的協働」【モリス】についてであり、とくに歴史学と自然科学の関係についてである。

上述のように、3・11を通じて資料や文化財の役割に注目が集まるようになってきた。資料を含めて地域歴史遺産という考え方が提示され、被災地でアーカイブズをめぐる議論もおきている。他方で、アーカイブズの重要性の認識が広がっている。たとえば、日本のアーカイブズ学の草分けの一人である安藤正人は、近年のインタビューにおいて、コンテクスト研究としてのアーカイブズ学とコンテンツ研究としての歴史学の相互関係に留意する必要性を述べつつ、アーカイブズの任務を三つ述べている〔安藤 二〇一八、三三頁〕。①過去や現代の記録の歴史的・文化的な情報資源としての利用、②人権、生命、財産を守る機能、③記録を作成・保管してきた組織にとっての有用性、である。このなかで、安藤が②をアーカイブズの「一番重要なことかもしれません」と述べていることは大変示唆に富む。記録には、本来、人権、生命、財産を守る機能があり、そのこととかかわって、被災地では資料や文化財への関心が高まっているといえるのではないか。安藤の指摘はまた、「地域と人びとを支える資料」〔大門 二〇一六〕という位置づけともかかわるものであろう。

アーカイブズとのかかわりで歴史学を拡張するうえでもうひとつ、資料の読解への留意が必要になる。安藤のいうコンテンツ研究としての歴史学である。ここでは、コンテクスト研究としてのアーカイブズ学をふまえるとともに、

『歴史学研究』の特集「史料の力、歴史家をかこむ磁場――史料読解の認識構造」〔『歴史学研究』二〇一三・二〇一四〕で議論したように、資料を読み解く歴史家の認識構造や、その歴史家をかこむ磁場などに留意し、資料の読解から叙述に至る過程の検証を加える必要がある。

歴史学には今を生きながら過去を問うという特性がある。とはいえ、今を生きる人間が過去を問うことはできるのかという根本的な問いがある。根本的な問いを前にして、歴史に携わる者はあらゆる角度から資料と向き合い、資料の位置づけと読解を試みる。資料は読み解かれてはじめて生気が宿るのであり、その試行錯誤の際に歴史叙述に至る道がひらけるときがある。3・11は、歴史学のおける資料の位置づけ、読解の意味をあらためて提起している。資料との関係をふまえた学問としての歴史学をめぐり、あらためて議論が必要になっている。

学問としての歴史学に問われているもうひとつの局面は「学際的協働」の必要性である。現在、学問はグローバル化と新自由主義の猛威にさらされており、人文・社会科学よりも自然科学、基礎研究よりも応用研究を優先する風潮が強まっている。このもとで、人文科学および歴史学の役割を再提起するためには、学問を狭い領域にとどめず、「学際的協働」を追究し、学問の意義を組み立て直すことが有効な方法としてあるように思われる。3・11後の歴史学でいえば地震学との協働があり、この間、保立道久が一貫して追究している課題である〔保立二〇一八〕など〕。

菅野正寿・原田直樹編『農と土のある暮らしを次世代へ』〔菅野・原田編二〇一八〕を読み、歴史学と自然科学とのかかわりについては、歴史学と農学の協働についても検討が必要であることを教えられた。同書は、福島で避難地域指定を受けなかった地域において、その地に踏みとどまった人びとによる農業とくらしの復興に対し、有機農法を実践する農学者たちが支援を続けた記録である。農と土を徹底して見直す有機農法の観点から、3・11後の福島農業復興にかかわった経験を記した同書から学ぶ点は多い。野中昌法に代表される農学者たちは、福島の地に通い続け、農民たちとともに放射能を測定し、田畑の耕作、種蒔き、栽培を支援し、見守り続けた。野中の仕事を検証した中島紀一は、「結果としてこの取り組みは正解」だったとして、「福島の土にはたいへん強いセシウム吸着固定の力があって、耕すことでその力を大きく発揮」し、「大地のセシウム汚染は農作物に多くは移行せず、農産物の安全性はおよそ確保」されたという〔中島 二〇一八、二六一頁〕。福島の復興プログラムは、「放射能測定運動と、心と暮らしの再建という二本柱」で取り組まれた〔菅野・原田編 二〇一八、二三二頁〕。有機農法と土や農との関係については、いっそうの科学的検証が必要に思われるが、同書には、自然と人間の関係、土や農作物の考え方、農業と暮らしのあり方など、自然科学と人文科学の接点で考えるべき事柄が多く含まれる。3・11は、地震学や農学などとのかかわりで、人文科学としての歴史学のあり方を再検討する必要性を提起している。

3 歴史学再考

ここまで、二〇一三年に『歴史学研究』本誌で始めたシリーズ「3・11からの歴史学」の論点が、二〇一九年においてどのような歴史的地平にあるのかを探ってきた。「認識の転換」に見られるように、3・11から四、五年が過ぎたころから、被災地における歴史や資料、文化財などに関心が集まるようになった。ここに、阪神・淡路大震災以来の資料ネットの活動とかかわって資料を地域歴史遺産ととらえたり、地域においてアーカイブズの必要性を自覚したりする認識が加わり、資料が人びとを支えるという認識もうまれてきた。ここから、地域の経験や蓄積は、今後の復興の指針になるのではないかといった議論が出てきており、「3・11からの歴史学」を考えるうえで重要な議論になっている。

ただし、シリーズ「3・11からの歴史学」の高澤、友澤、原山の議論に見られるように、3・11後には、過去や歴史を問わない風潮が強まり、歴史学を成り立たせる根源である歴史的思考そのものへの危機感が表明されている。この危機感は、グローバル化や新自由主義のもとでの、人文・社会科学の存続そのものへの危機感と重なるものである。

あるいは、3・11後の分断は依然として深く続いていること、また被災地における歴史や資料への認識は、被災地以外の地域にも共通する普遍的な論点のはずであるが、被災地以外にまでそのような認識はおよんでいない。

以上のような、3・11からの歴史学をめぐる可能性と困難をふまえたとき、歴史学にとって必要なことは、歴史学のあり方を問い直す議論を不断に提起し、歴史学のあり方を問い直すことではないか。

私自身は、本論文の執筆と並行して〔大門 二〇一九〕を執筆し、そこで私自身の「生存」の歴史学をあらためて議論している。「生存」の歴史学を提起した初心を振り返り〔大門 二〇〇八〕、「生存」の仕組みの提起をふまえ〔大門 二〇一三〕、「生存」の歴史学を新たに次の四つの視点で再構成をした。第一は、今まで議論してきたように、「生存」の仕組みを「人間と自然」「労働と生活」「国家と社会」の三つでとらえたうえで、「生存」の歴史学にさらに三つの視点を加えた。第二は、「生存」する〔生きる〕ことの側から考える視点であり、「生存」の歴史学は、つねに「生存」することに立ち返り、「生存」する側の視点を加えて考える必要があるということであり、第三は、人びとの「生存」は資料と歴史によって支えられていることであり、第四に、「生存」の歴史学は歴史と現在の往還のなかで考える必要がある、ということである。

「生存」の歴史学の再検討についての詳細は〔大門 二〇一九〕に譲るが、3・11からの歴史学をめぐる可能性と困難を前にして歴史学がなすべきことは、3・11と歴史学のかかわりを具体的に検証することとともに、歴史学のあり方そのものを不断に再考することだと受けとめている。3・11と歴史学のかかわりの検討と歴史学のあり方の問い直しを往還するなかで、歴史学のあり方を考え続けること、シリーズ「3・11からの歴史学」が開く二〇一九年の歴史的地平はここにあると思う。

おわりに

以前に私は、3・11が学問の方法に与えた影響を考えるにあたり、宮本憲一らと飯島伸子の仕事を振り返った二つの文章に注目したことがある〔大門 二〇一七〕。岡田知弘は、一九七〇年代の地域開発と公害問題は、一国経済を前提にしたそれまでの経済学の限界を明らかにし、宮本憲一らによって、地域経済と地域住民の生活・環境問題、地方自治体の行財政構造を総体として把握する地域経済論が提起されたことを紹介した〔岡田 二〇一三〕。他方で、飯島伸子もまた、一九六〇年代以来、公害に対して問い続けてきた研究者であり、友澤悠季は、公害をめぐって発せられた無数の人びとの声を聞こうとした飯島が、「被害構造論」を構築することで、「環境問題」の議論に「被害」の視点をもち込み、「人間を基点とした環境論」を環境社会学として打ちたてようとした過程を追った〔友澤 二〇一四〕。

今、あらためて宮本と飯島に学ぶ必要があると思うのは、宮本と飯島は、「住民の生活」や「人間」の視点を携えて、既存の学問のあり方の検証と自己検証を重ね、新しい学問を地域経済論、環境社会学として構想したからである。3・11の検証をふまえ、私が「生存」の歴史学を議論し直す際に、つねに「生存」することに立ち返り、「生存」の仕組みに「生存」する側の視点を加えて考える必要があることを再確認した背景には、宮本や飯島の仕事の学び直しがある。「3・11からの歴史学」にとってふまえるべき仕事である。

（1）「つなぐ」や「つなぎ直す」という言葉は、二〇一六年以降の潮目の変化のなかで使われるようになったものである。〔大門 二〇一四〕の執筆当時には、「つなぐ」という言葉はなく、今回、二〇一九年時点で、「つなぐ」の観点から陸前高田フォーラムについてあらためて検討したことになる。

（2）本の編集にあたった清水奈名子によれば、避難者は教員相手に話すことには消極的な場合でも、学生には事故について語り伝えるためにより積極的に話す傾向があったこと、また被害の実態を知らない学生に避難者の経験を聞かせたいと思っていたこと、そこから学生たちが学ぶ教材として証言集をつくりたいという方針が定まり、事故以前の生活がどのように失われたかが明らかになるように、そして若い世代を対象とすることを考慮して、①と④を含めて聞くようになったという（大門宛の私信の内容を清水の許可を得てここに記した）。

参考文献

阿部浩一 二〇一九「歴史資料保全活動の意味と可能性を問い続ける――ふくしま歴史資料保存ネットワークの活動を通じて」大門正克・岡田知弘・川内淳史・河西英通・高岡裕之編『「生存」の歴史と復興の現在――3・11 分断をつなぎ直す』大月書店

安藤正人 二〇一八「歴史学とアーカイブズ学の課題」（聞き手：小川千代子・宮間純一）『歴史学研究』九六七

［大字誌 ふるさと請戸］刊行委員会 二〇一八『大字誌 ふるさと請戸』大字請戸区長・鈴木市夫発行、蕃山房

大門正克 一九九七「震災が歴史に問いかけるもの」日本経済評論社『評論』一〇一、同『歴史への問い／現在への問い』校倉書房、二〇〇八年、所収

大門正克 二〇〇八「序説 「生存」の歴史学――「一九三〇～六〇年代の日本」との往還を通じて」『歴史学研究』第八四六号

大門正克 二〇一三「「生存」の歴史――その可能性と意義」大門正克・岡田知弘・川内淳史・河西英通・高岡裕之編 二〇一三『「生存」の東北史――歴史から問う3・11』大月書店

大門正克 二〇一四「歴史実践としての陸前高田フォーラム」『歴史評論』七六九

大門正克 二〇一六「人びとの「生存」を支える資料と歴史――3・11後の東北でのフォーラムの経験から」神奈川地域資料保存ネットワーク編『地域と人びとをささえる資料――古文書からプランクトンまで』勉誠出版

大門正克 二〇一七「「生存」の歴史学」歴史学研究会編『第4次 現代歴史学の成果と課題 第1巻 新自由主義時代の歴史学』績文堂出版

大門正克 二〇一九「「生存」の歴史をつなぎ直す――分断を越える道を探る」大門正克・岡田知弘・川内淳史・河西英通・高岡裕之編『「生存」の東北史――歴史から問う3・11』大月書店

大門正克・岡田知弘・川内淳史・河西英通・高岡裕之編 二〇一三『「生存」の東北史――歴史から問う3・11』大月書店

大門正克・岡田知弘・川内淳史・河西英通・高岡裕之編 二〇一九『「生存」の歴史と復興の現在――3・11 分断をつなぎ直す』大月書店

岡田知弘 二〇一三「社会科学に問われるもの」『季論21』二〇
岡田知弘 二〇一九「被災地における「生存の条件」の形成・破壊・再建――地域循環型「人間の復興」の歴史的基盤」大門正克・岡田知弘・川内淳史・河西英通・高岡裕之編『「生存」の東北史――歴史から問う3・11』大月書店
奥村弘編 二〇一四『歴史文化を大災害から守る――地域歴史資料学の構築』東京大学出版会
川内淳史 二〇一九「災害が断ち切る「日常」の記憶――つなぎ止める地域歴史遺産」大門正克・岡田知弘・川内淳史・河西英通・高岡裕之編『「生存」の東北史――歴史から問う3・11』大月書店
菅野正寿・原田直樹編著 二〇一八『農と土のある暮らしを次世代へ――原発事故からの農村の再生』コモンズ
熊谷賢 二〇一九「地域の自然・文化・歴史を伝える宝を残すために――陸前高田市立博物館の取り組み」大門正克・岡田知弘・川内淳史・河西英通・高岡裕之編『「生存」の東北史――歴史から問う3・11』大月書店
小路田泰直・岡田知弘・住友陽文・田中希生編 二〇一六『核の世紀――日本原子力開発史』東京堂出版
佐々木利恵子 二〇一九「地域で育んできた陸前高田の保育」大門正克・岡田知弘・川内淳史・河西英通・高岡裕之編『「生存」の東北史――歴史から問う3・11』大月書店
高岡裕之 二〇一九「原子力発電所と地域社会――福島県双葉地域に関する統計的考察」大門正克・岡田知弘・川内淳史・河西英通・高岡裕之編『「生存」の東北史――歴史から問う3・11』大月書店
辰巳頼子・鳫咲子 二〇一七『つながりを求めて 福島原発避難者の語りから』耕文社
特定非営利活動法人生活企画ジェフリー 二〇一三『東日本大震災による避難体験の聞き書き 三・一一の現実 そして、私たちはこの町にきた』
栃木避難者母の会・宇都宮大学国際学部附属多文化公共圏センター福島原発震災に関する研究フォーラム 二〇一八『原発避難を語る――福島県から栃木県への避難を語る』
友澤悠季 二〇一四『「問い」としての公害――環境社会学者・飯島伸子の思索』勁草書房
中島紀一 二〇一八「野中昌法の仕事の意義――農業復興へ 福島の経験」菅野正寿・原田直樹編『農と土のある暮らしを次世代へ――原発事故からの農村の再生』コモンズ
中嶋久人 二〇一四『戦後史のなかの福島原発――開発政策と地域社会』大月書店
日本農業普及学会 二〇一七『聞く力、つなぐ力』農文協
保立道久 二〇一八「地殻災害と「人新世」の歴史学」『歴史学研究』九七六
まなびあい南相馬 二〇一七『語り継ぐ、ふるさと南相馬――忘れちゃいけない、あのまち、この道、わたしの家』

まなびあい南相馬　二〇一八『語り継ぐ、ふるさと南相馬——生きたあかしと、生きていく想いと』
三井さよ　二〇一五「いっとき傍らに立つ」似田貝嘉門・村井雅清編『震災被災者と足湯ボランティア』生活書院
山本薫子・高木竜輔・佐藤彰彦・山下祐介　二〇一五『原発避難者の声を聞く——復興政策の何が問題か』岩波ブックレット
吉田千亜　二〇一六『母子避難——消されゆく原発事故被害者』岩波新書
吉野高光　二〇一九「震災で再発見した文化財保存と地域——双葉町」大門正克・岡田知弘・川内淳史・河西英通・高岡裕之編『「生存」の東北史——歴史から問う3・11』大月書店
『歴史学研究　特集　史料の力、歴史家をかこむ磁場——史料読解の認識構造』Ⅰ—Ⅲ、九一二—九一四、二〇一三—一四年

※本文中に［　］で示した文献

赤城修司　二〇一六「歴史的写真」『歴史学研究』九四八
阿部浩一　二〇一七「福島県の資料保全の現場から——四年間の経験をもとに」『歴史学研究』九三五
天野真志　二〇一七「宮城における被災文化財の現在地点」『歴史学研究』九六一
蟻塚亮二　二〇一七「見えないトラウマが歴史をつくる」『歴史学研究』九五五
宇野淳子　二〇一六「東京国立博物館と東京都立中央図書館、明治大学博物館の東日本大震災に関する三展示を見て」『歴史学研究』九四二
奥村弘　二〇一五「記憶を歴史として継承する場の広がりと歴史研究者の役割——阪神・淡路大震災二〇年、東日本大震災四年の中で考える」『歴史学研究』九二九
川内淳史　二〇一五「資料保全活動二〇年の意義——「全国史料ネット研究交流集会」の報告を通じて」『歴史学研究』九三五
久保茉莉子　二〇一七「台湾と日本——震災史とともにたどる近現代」『歴史学研究』九六一
多和田雅保　二〇一五「地域と人びとをささえる資料——神奈川資料ネットから」『歴史学研究』九三五
寺田匡宏　二〇一三「見えにくい災厄にどう向き合うか——フクシマ—東京／アウシュヴィッツ—ベルリン」『歴史学研究』九〇九
豊泉豪　二〇一四「詩歌の記録性と展示の意義などについて」『歴史学研究』九二二
星乃治彦　二〇一三「「構造」のなかにおける〈共〉の現場——コミューンと東アジア」『歴史学研究』九〇九
保立道久　二〇一四「地震・火山の観測研究五カ年計画の審議に参加して」『歴史学研究』九二二
本間宏　二〇一三「地域崩壊の危機と地域資料展——福島県飯舘村の事例」『歴史学研究』九〇九

前田正明 二〇一三「特別展「災害と文化財——歴史を語る文化財の保全」」『歴史学研究』九〇三
山内宏泰 二〇一四「「未来を守るために」——リアス・アーク美術館常設展示「東日本大震災の記録と津波の災害史」での試み」『歴史学研究』九一六
山本唯人 二〇一五「持続する記憶に目を凝らす—八戸市・ＩＣＡＮＯＦの活動と「種差」展の試み」『歴史学研究』九二九

Ⅰ　3・11からの七年間が問いかけるもの

1 ふくしまの経験と歴史学

阿部浩一

一　3・11からのふくしまでの経験

筆者は福島大学行政政策学類で文化史を担当し、日本中世史とりわけ戦国時代の東国・東北の地域社会を研究分野とする大学教員である。そのような者がなぜ「3・11からのふくしまでの経験」を語るのかといえば、二〇一〇年一〇月に着任し、同年一一月のふくしま歴史資料保存ネットワーク（以下、ふくしま史料ネット）の発足に立ちあい、福島市内で東日本大震災に遭ったというくつもの偶然が重なったからにほかならない。現在はふくしま史料ネット代表として歴史資料保全のための多様な活動に取り組んでいる。『歴史学研究』誌上でも数度にわたり現状と課題を報告する機会を得た〔阿部 二〇一一・二〇一五・二〇一八a〕。

本書で初めて「3・11からのふくしまでの経験」を知ることになる読者も想定し、まずは時系列に沿って簡単に経緯を紹介する。詳細は『歴史学研究』掲載の拙稿のほか、関連文献〔本間 二〇一二、阿部・福島大学うつくしまふくしま未来支援センター編 二〇一三、本間・阿部 二〇一四、門馬 二〇一五、三瓶 二〇一六、阿部・二〇一六a・二〇一六b・二〇一九、白井 二〇一八a・二〇一八b〕等もあわせ参照されたい。その上で本章に与えられた課題である、ふくしまでの経験から見えてきた歴史学の可能性と課題について卑見を提示したい。

1　震災と初期対応

福島県の場合、沿岸部での津波被害は大きかったものの、公的施設が大規模な被災を免れたことから、膨大な水損資料を短期間にレスキューしなければならない緊急事態は避けられた。むしろ内陸部の地震による家屋倒壊の被害が深刻であった。さらに福島第一原発事故での警戒区域の設定により住民が避難を余儀なくされたことで、文化財等の所蔵者や管理主体が不在となり、極度に立ち入りが制限されたことで文化財レスキュー自体が困難になったことから、福島県の文化財レスキューは他県に比べ大幅に立ち遅れた。

二〇一一年三月三一日に文化庁による東北地方太平洋沖地震被災文化財等救援事業と被災文化財等救援委員会（以下、救援委員会）が発足したが、福島県では被災によって役所の機能自体が低下し、避難者対応が最優先され、文化財等への対応は後回しにならざるを得なかった。ふくしま史料ネットが支援要請を受けてレスキューに乗り出したのも四月中旬になってのことであった。その後も関係者による対応が続いたが、緊急性と防犯上の観点から市民ボランティアの募集はままならず、救出した資料の一時保管場所の確保にも難儀した。当時は所在情報の集約も未着手であり、各自治体の文化財担当との連絡体制も未整備であった。救い出せた可能性のある未指定文化財が少なからず廃棄されてしまったことが悔やまれる。

この間、筆者は並行していわき（茨城文化財・歴史資料救済・保全ネットワーク、以下、茨城史料ネット）・米沢（山形文化遺産防災ネットワーク）での資料保全活動に学生たちと参加することで現場経験を積んだ。東北大学との共同研究では被災資料の記録撮影技術の導入をはかり、県内五九市町村に緊急アンケート調査を実施した〔阿部 二〇一四〕。レスキューで縁のできた国見町で学生・文化財担当者・郷土史研究会・町内会とともに被災資料調査に乗り出し、未紹介も含めた多様な資料の所在確認の成果をあげた。それらは福島大学と地域との連携にもとづく活動へとつながっていくことになる〔阿部 二〇一九〕。

2　双葉・大熊・富岡町での文化財レスキュー

二〇一二年五月に福島県被災文化財等救援本部が新設され、事前調査と救援委員会事務局との慎重な協議の上で安全に活動できると判断されたことから、文化庁被災ミュージアム再興事業の補助金を利用し、支援を要請した双葉・大熊・富岡三町の博物館相当施設からの文化財レスキューが同年八月から始まった。再編後の旧警戒区域内に入って活動するのは救援委員会・町・福島県文化財課等の関係者に限られることから、ボランティアベースのふくしま史料ネットの参加は困難である。そこで筆者は、福島大学教員・学生とともに警戒区域外の一時保管場所で資料を搬入する活動に従事した。救援委員会の解散後も独立行政法人国立文化財機構を中心に「福島県内被災文化財等救援事業（福島文化財レスキュー事業）」が実施され、二〇一四年三月までに一部を除いて救出が完了した。

3　自治体・博物館・大学独自の活動へ

二〇一四年三月で福島文化財レスキュー事業が終了した後、焦点は博物館以外の個人・団体等が所蔵する文化財等（歴史資料の大半はここに含まれる）の保全へと移っていった。同時に、震災によって生み出され、後世に記憶を伝える資料の収集も新たな課題となった。主に後者と関わる博物館等の活動については本間宏（第Ⅱ部第1章）に委ね、ここでは富岡町の地域資料保全活動と福島大学の連携を中心に述べる。

富岡町では二〇一四年六月に役場内に一五名の有志からなる「富岡町歴史・文化等保存プロジェクトチーム」（以下、歴文ＰＴ）が発足した。徐々に避難指示解除準備が始まるなかで、住民の帰還を見据えて放射性物質を物理的に除去するため、管理が行き届かず維持できない家屋の解体が進んでおり、資料の保全・収集は時間との勝負でもあった。

歴文ＰＴは個人情報を管理する行政ならではの強みを活かして資料の所蔵者にあたり、町への寄贈ないし寄託を条件にレスキューする。所蔵者には預り証と資料目録を渡すことになるが、一度に数千点に及ぶ資料をクリーニングし、記録撮影して目録を作成するには、簡易なものでも相当の時間と人手が必要である。そこで福島大学が全面的に協力し、年数回の集中作業で活動を支援することにした。集中作業は二〇一八年度までに一二回を数える。この間、二〇一五年八月には「富岡町と福島大学との歴史・文化等保全活動に関する協定書」が締結された。二〇一六年一〇月には協定書締結一周年を記念し、福島大学附属図書館を会場に企画展「ふるさとを想う　まもる　つなぐ――地域の大学と町役場の試み」とシンポジウム「なぜ地域資料を保全するのか」が開催された〔富岡町・福島大学・福島大学うつくしまふくしま未来支援センター編　二〇一七〕。

歴文ＰＴの活動は着実に実績をあげ、二〇一七年三月七日には全国初となる「震災遺産保全条例」が制定され、三月九日には震災遺産保全宣言が出された。町として震災遺産の保全と活用に取り組むことを宣言したことで、担当者が変わっても活動自体は変わらず継続する責任を自らに課した意義はきわめて大きい。その後、富岡町は福島県とは別に独自のアーカイブ施設の建設を決定し、二〇二一年三月の完成を目標に関係者が協議を進めているところである。

4　ふくしま史料ネットの活動の足跡

ふくしま史料ネットは二〇一〇年一一月に財団法人福島県文化振興事業団（現在は公益財団法人福島県文化振興財団、以下、財団）、福島県立博物館（以下、福島県博）、福島県史学会、福島大学を呼びかけ人に、「『歴史資料を守り、後世に伝える』という目的のもと、福島県民・文化遺産保護団体・研究機関・行政が幅広く手を携える活動を目指し」「歴史資料の救出と保全を目的に発足した、機関・個人の連絡体」である。震災後、福島大学が代表・事務局を担い、しばらくは大学・博物館等の関係者を中心に活動した。しかし、震災後一年ほどで緊急レスキューの依頼が減少するとともに、ふくしま史料ネットとしての活動も次第に低調になっていった。旧警戒区域での文化財レスキューが始まると、福島県博は双葉・大熊・富岡三町の博物館資料のレスキュー、その後は震災資料の保全と収集にシフトするようになった。財団も旧警戒区域に入って活動するだけでなく、県からの委託を受けて搬出された三町の博物館資料を整理し、仮保管施設で管理して展示に活用する事業へと重点を移していった。こうして、ふくしま史料ネットを牽引する主体は自ずと代表・事務局を担う福島大学にならざるを得なくなり、大学の教員・学生を軸に教育活動との融合をはかりつつ、「福島県民・文化遺産保護団体・研究機関・行政が幅広く手を携える活動」のあり方を模索する日々が始まった。

福島大学行政政策学類は、法学・行政学・社会学・文学を中心とする人文系総合学部である。その学類名が歴史学と結びつかないため、歴史学を志す学生を集めにくいハンデはあるものの、学際的研究にもとづく地域貢献を柱としており、学生たちの地域貢献に対する関心はきわめて高い。そこで、潜在的に歴史に関心を有する学生たちに「歴史学の社会的役割」と「実践的な学びの機会」の両面からアピールし、既存の「博物館実習」や「古文書学実習」を活用することで、平時からの定期的活動を支える担い手の確保と育成をはかることにした。

二〇一三年夏の福島大学うつくしまふくしま未来支援センター棟の竣工を機に、二〇一四年四月から「古文書学実習」をベースに始まった資料保全整理は、ふくしま史料ネットの呼びかけで参加した市民ボランティアを交え、博物館学芸員等の応援も得ながら続けられている。毎年八月には二日間の集中作業を企画しており、卒業生やボランティア有志が全国各地から集まる。学生たちの経験の蓄積が富岡町などでの資料整理に活かされていることは言うまでもない。四年生が三年生に技術と経験を伝承し、卒業後も応援に駆けつけてくれる良好な関係を維持・発展させながら、地域に寄り添い資料保全に率先して取り組む人材を育成することを長期的な目標としている。

学内外での活動では、福島県博・財団をはじめ、福島県立美術館・福島県歴史資料館・郡山市歴史資料館等の学芸員などからの技術指導や支援も大きい。夏の集中作業で技術指導を得ている国立歴史民俗博物館とは、二〇一八年九月に連携・協力に関する協定書を締結した。学生たちの教育を支える各方面からの協力がふくしま史料ネットを下支えする連携の基礎となっている。

ふくしま史料ネットのもう一つの活動の柱はシンポジウムの開催である。二〇一三年の「ふくしま再生と歴史・文化遺産」を皮切りに、懇話会、全国史料ネット研究交流集会も含め、ほぼ毎年のように継続してきた。テーマは被災地の資料保全から震災遺産の保全と活用、無形民俗文化財、被災地以外での資料保全や地域史叙述の問題へと広がりをみせている。

以上のように、ふくしま史料ネットは福島大学教員・学生の日常的な活動を母体に、大学の教育やシンポジウム・歴史資料保全活動等を通じて、その時々の関心や必要に応じて多様な人々が集い協力しあうゆるやかな連携体というかたちをとりながら、日々模索を続けている。

5　県外からの史料ネットの参画

福島県は全国第三位の県土の広さ、浜通り・中通り・会津の地域性などもあって、県北に福島大学、県南に財団を指定管理者とする福島県文化財センター白河館（まほろん）、会津に福島県博があるとはいえ、全体をカバーすることは困難に近い。そうした弱点を補完するかのように、県外から多様な専門機関・団体が参画し、自治体等を核に情報共有できているのも特筆すべき点である。なかでも茨城史料ネットはいわき市などで積極的に歴史資料保全活動を企画・主導しており、福島大学教員・学生が参加することで培われた経験と信頼関係は今後とも大事にしていきたい。茨城史料ネットでは白井哲哉の精力的な活動を忘れるわけにはいかない〔白井 二〇一八a・二〇一八b〕。二〇一三年に双葉町役場が埼玉県加須市からいわき市に移転するにあたり、役場および併設された避難所の資料保全・収集活動を筑波大学の連携事業として立ち上げ、ボランティア有志とともに尽力した。その成果は「福島県双葉町の東日本大震災アーカイブズ」としてWEB上で公開されているほか、二〇一七年夏には国立台湾歴史博物館「地震帯上の共同体——歴史の中の日台震災」展でその一部が展示公開されるなど、国際発信にもつなげている。白井は双葉町とともに町内から救出した古文書整理を主催し、二〇一八年度までに八回開催している。さらに自身の文書館での職務経験を活かして大熊町・富岡町・双葉町などで震災アーカイブズ、歴史的公文書の保全・活用にも指導的役割をはたしている。歴史資料とアーカイブズ学をつなぐ最新の学術研究がふくしまを舞台に展開されていることの意義はきわめて大きいと考える。

二　被災から見えてきたふくしまの現実

1　所在情報集約・現況追跡調査の遅れ

今回の震災・原発事故によって露呈したのは、福島県全体として、災害時に有効な地域資料の所在情報の集約や現状追跡調査がほとんどなされていなかったことである。小松賢司は近世村落史・地域史研究の立場から、「歴史研究者の所蔵文書」などのかたちで所在不明・把握困難な史料が少なくないことを指摘し、福島県が先駆的研究の宝庫ゆえに史料の環境整備が追い付かないまま現在に至っていると分析する〔小松　二〇一八〕。そうしたふくしまならではの事情もさることながら、現状で資料保全の環境整備にとって重要な自治体史編纂が停滞していることは否めない。一九七〇年代に編纂の終了した『福島県史』を皮切りに、一九七〇—九〇年代に県内各地で始まった自治体史編纂事業は、二〇〇〇年代までに約四分の三が事業を終えている。さらに問題なのは、その後の追跡調査がなされておらず、所在情報がほとんど更新されていないことである。東日本大震災後の所在調査で利用されたのは、一九八〇年に公刊された所在目録であった。その調査点数は三〇万点以上に及ぶものの、当時の九〇自治体の約一五％にあたる一四自治体が未調査となっており、そのなかには今なお帰還困難区域を含む自治体もある。被災資料として救出したある個人宅の文書は数千点に及んだが、報告書では数点しか掲載されていなかった例もあるなど、不備は否めない。小松も筆者も科学研究費の助成を受けて現状確認調査や目録整理等を進めているが、公的機関等が着手するような動きはみられない。筆者は最も有効な手段として、繰り返し『福島県史』編纂事業の必要性を訴えているが、一部関係者を除けば賛同の輪が広がっていないのが実状である。

2　自治体文化財担当の苦悶

小松は福島県内での史料調査の現場でマンパワーの絶対的不足を痛感したというが、筆者の実施したアンケート調査からも検証してみよう〔阿部　二〇一八b〕。

県内五九市町村のうち四二市町村の文化財担当から得た回答によれば、約八割が現行通り教育委員会の所管であり、うち約半数は生涯学習・社会教育関係の担当部署が兼務しているとみられる。文化財担当職員が一名のみのところは四五％である。高度な専門性を要する文化財業務を、学芸員資格を持たない職員が担当しているところが約四割である。約六割で文化財担当者が長期にわたり在職しているものの、三六％で三—五年、短いところでは二—三年で異動している。そのため、「専門職員（学芸員）の配置がなく、一般事務職員が業務に従事しているため、文化財に関する知識や経験を得るまでに時間を要する。また、異動により、知識や経験がリセットされてしまう」といった声も聞かれる。少なからぬ自治体で専門知識や経験も乏しく、引き継ぎも不十分なまま、数年で人事異動が繰り返されている実態が浮き彫りになる。このような現状では、日常的な現状追跡調査や目録整備等の防災対策に手が及ばないのは当然の結果であろう。未指定文化財については、多くが「自治体史編さんの際に調査」したと回答しており、自治体史再編纂の予定はなく、追跡調査を実施しているのはごく一握りである。ただ、多くの文化財担当者たちは真面目で意欲的であり、それゆえに現実とのギャップに苦悶する様子もアンケートの回答からうかがえる。加えて、今後は観光重視の文化財保護法改定の影響も強く懸念される。

3　郷土史家・研究会の危機的状況

地域での資料保全を支えるのは行政の文化財担当者たちばかりではない。たとえば文化財保護審議委員には地元の郷土史家や教員経験者などがおり、行政側も彼らを含む地域住民の主体性や役割に期待を寄せる声が大きい。筆者は各方面に協力を依頼し、福島県内で一一三団体の存在を確認した。このうち、事務局の判明したところにアンケートを送り、七二団体からアンケートへの回答を得た。それによれば、会員数は五〇名以下の中小規模の団体が主で、会の運営は元教員や会社員一般、公務員などを中心に担われている。年齢構成は圧倒的に六〇代以上が多く、高齢化にともなう会員減や活動の縮小、若手・後継者の不足といった構造的課題を抱えている。機関誌や会報、報告書等によって成果をかたちにしてきた団体も一定数あるが、高齢化や会員減を理由に休刊するものも出始めている。

4　歴史研究と学校現場

ここで特に注目したいのは、郷土史研究会の担い手の中心となっている教員経験者たちである。アンケート結果からは、教員経験者の関わる団体の多くが機関誌や会誌・報告書を発行するなど、比較的研究志向の強いことがうかがえる。

筆者がこれまで出会った郷土史家たちの多くは、地元の公立小・中学校などの教員経験者たちである。ある町でお世話になった郷土史家は、地元の小学校に長年にわたり勤務した元教員で、地区の資料所蔵者はいずれも保護者や教え子という関係にあった。かつては長きにわたり同一校に勤務する名物教師の存在は決して珍しくなかった。そういう教員たちが地元に密着し、郷土の歴史を教材化し、生徒やその保護者たる地域の人々と顔の見える密接な信頼関係を築きながら資料を護ってきたことの意義はあらためて評価されなければならない。

学校現場が郷土研究にはたす役割を示す好例が、二〇一七年一二月から白河市内で開催され、その後も福島県内の巡回展で好評を博している「双葉高校史学部の歩み」展である。福島第一原発事故の影響で二〇一七年三月に休校となった双葉高校では、昭和二二年に前身のクラブが発足して以来、史学部が遺跡発掘調査から城下町調査、空襲被害や民話の聞き取り、化石・岩石・植物標本の収集整理など、総合的かつ高水準な郷土研究を積み重ねてきた。そうした郷土研究のもつ意味は、昭和四四年当時の顧問の「郷土を知ることは、将来他の土地へ出てしまう人にも、ここに居残る人にとっても、自分には故郷があり、そして良く知っているという心の豊かさを増すことになりましょう」（展示解説より）という言葉に端的に示されている。郷土史研究が手薄な双葉町において、双葉高校史学部のはたした役割は高く評価されている。しかも当時、県内各地の高校で史学部の活動が同様に活発であったことは、地域の知の拠点としての学校の研究・教育の力の重要性を再認識させてくれる。

ただ、双葉高校史学部の活動は、すでに震災前から停滞していたという。かつてのように一つの学校に腰を据えて郷土史研究に精を入れる間もなく、短期間での広域異動を求められる現在の学校現場からは、将来の郷土史家が生まれにくい状況にあるのではないか。昨今社会問題化している教員の多忙化ゆえであろうか、学校現場は研究に勤しめるところでなくなってしまったという声も耳にする。今野日出晴が論じた「〈歴史教師〉の不在」〔今野 二〇一四〕とも通底する問題ではないだろうか。

5　地域から立ち上がる歴史叙述

東日本大震災・福島第一原発事故後のふくしまが直面する重苦しく厳しい現実のなかからも、一筋の確かな光が見え始めている。振り返ると、それは被災地の市町村・博物館・大学等の独自の動きが始まり、その成果がかたちを見せ始めた二〇一四―一五年頃からのことである。富岡町が郡山市との共催で企画展「内陸と沿岸の交流史」を開催したのが二〇一五年一月、福島県博が「ふくしま震災遺産プロジェクト　アウトリーチ事業　震災遺産を考えるI」の一環で、南相馬市博物館を会場に「南相馬市・双葉郡の震災遺構」での展示公開を行ったのが同年二月のことであった。その後の富岡町の活動が震災遺産保全条例の制定から町独自のアーカイブ施設建設計画へと展開していることは前述の通りである。町域の主要部分が中間貯蔵施設となる大熊町もアーカイブズ検討委員会を立ち上げ、歴史的公文書を含めたあらゆる資料の保全・継承・活用を通して「大熊町のDNAを遺す」ための活動に乗り出すなど、周辺自治体にも活発な動きがみられつつある。

こうした一連の動きと軌を一にするかのように、地域住民が自ら地域の記憶や震災経験を記録する活動も始まった。泉田邦彦によれば、二〇一三年頃から浪江町棚塩地区、大熊町、双葉町上羽鳥地区などで私家版や記録誌が作成され、全戸配布が行われるなどしたという〔泉田 二〇一八〕。浪江町赤宇木地区で自治会長を中心に郷土史の編纂を進める様子はメディアでも報じられた〔NHKドキュメンタリー「赤宇木」〕。こうした地元からの要望に呼応して、西村慎太郎ら歴史研究者たちが支援し、浪江町請戸地区で『大字誌 ふるさと請戸』が上梓され、双葉町両竹地区でも記録誌作成が進められている。富岡町でも同様の動きが出始めているという。

これらに共通することは、「大字」という日常的な生活のまとまりを単位に、地域の足跡と、地域に住民が存在し生活していた証を書き残すことで後世に伝えたいという強い意志のあらわれだという点である〔泉田 二〇一八〕。ここにまさしく「歴史学はふくしま復興・再生に資するのか」という問いの答えが示されていると考える〔阿部 二〇一八

a〕。

徳竹剛は、歴史研究者と一般市民との間にある「歴史意識」のギャップを学説史から丁寧に捕捉しつつ、故郷の長野県で大字誌を編纂した自らの経験と原発被災地での記録誌編纂の動きを重ねあわせながら、自分たちの経験や記憶を先人たちの歩みとともに記す行為が「市民の歴史意識」を変える可能性を見いだしている〔徳竹 二〇一八〕。原発被災地から湧き上がった記録誌編纂や地域資料保全の取り組みが消滅可能性を指摘される集落をはじめとする全国各地で必要とされてくるという指摘は全く同感であるが、問題はそうした取り組みの必要性に「まだ気づいていない」地域とどうやって意識を共有し、住民の記憶や地域資料が残されているうちにどれだけのものをかたちに遺せるかであろう。地域の経験や記憶をかたちに遺す活動を通して、日常的に歴史研究に携わらない人たちにも「歴史学の担い手」となってもらうことが、自らと歴史学との関わりを自覚する〔小田 二〇一八〕ことにつながっていくのではあるまいか。そのためにもまずは歴史学に携わる一人ひとりの当事者意識、現場感覚が求められよう。

三　「ふくしまの経験」が歴史学に問いかけるもの

東日本大震災・福島第一原発事故後のふくしまの経験から見えてきたものは、それまで漠然と意識はしていたものの、直視することを避けてきた地域の歴史研究・資料保全をめぐる厳しい現実であった。そのことに否応なしに気づかされたからこそ、ふくしまの経験を全国に発信していく責務があると筆者は考える。

それと同時に、ふくしまの多くの関係者によって日々取り組まれている地域資料・震災遺産・歴史的公文書等の保全・研究は、阪神・淡路大震災以降、全国各地で試みられてきた史料ネット運動の成果を着実に継承しつつ、学問としての歴史学の可能性をふくしまから切り開いていく、そんな期待も感じさせてくれる。

地元の人々による記録誌・大字誌の取り組みは、地域の人々が本当に知りたいと思う歴史を伝える努力を怠ってきたことに反省を迫る突き上げだと筆者は受け止めている。歴史学があらためて本当の意味で地域に寄り添い、過去・現在・未来の人々と地域をつなぐことで、社会に貢献する学問として広く認知しなおされることが、社会を動かし変えていく真の「歴史の力」の基盤になっていくのではないだろうか。

最後に僭越ながら、ふくしまの経験から歴史学への要望を記しておきたい。

被災地ふくしまの経験から見えてきた、歴史学と資料保全を支える地域の「歴史の力」の減退は、決して被災地特有の現象ではあるまい。むしろ全国に共通する看過できない問題ではないかと考える。ふくしまの経験から浮き彫りになったことを歴史学そのものへの警鐘として受け止め、学界としてしっかりと検証していくべきではないだろうか。そのためにもぜひ、一人ひとりが拠って立つ地域の「歴史の力」の実態をアンケート調査などによって把握することに努めてもらいたい。

資料保全をめぐる情報や実践例、課題の共有の場は、全国史料ネット研究交流集会、国立歴史民俗博物館の「歴史文化資料保全の大学・共同利用ネットワーク事業」等により整えられつつある。こうした「つながりの場」への積極的な参加も呼びかけたい。全国各地で地震や集中豪雨等の激甚災害が起こりうる今だからこそ、当事者になって慌てふためく前に顔見知りをつくっておくことの大切さと有難みは、ふくしまの経験者だからこそ強調しておきたいことである。

そして、歴史学の未来を支えるのは史料であり、人である。われわれが先人たちの遺してくれた史料のおかげで学問研究ができているのと同様に、未来の歴史学者たちのためにも、一つでも多くの資料を保全・継承することが歴史学に関わる者の責務であることを自覚し、多忙な公務や研究の合間のごくわずかでもいいから、それぞれのできるかたちで歴史資料保全活動に関わることを強く望みたい。特に未来を担う若者たち、地域社会を支える一般市民に、一度でも歴史資料保全活動を体験してもらうことが重要である。歴史資料を身近に感じてもらう体験こそが、市民社会に歴史学へのよき理解者を確保し、いざというときに助けあえる仲間同士をつないでいく最良の手段だと思うからである。

参考文献

阿部浩一　二〇一二「ふくしま歴史資料保存ネットワークの現況と課題」『歴史学研究』八八四（のち歴史学研究会編　二〇一二『震災・核災害の時代と歴史学』青木書店）

阿部浩一（研究代表）　二〇一四『福島県における歴史資料の保全と学術的活用を目的とする地域連携に基づく現況調査と防災的保全システムの構築に関する研究』東北大学災害科学国際研究所特定プロジェクト研究種目A報告書

阿部浩一　二〇一五「福島県の資料保全の現場から――四年間の経験をもとに」『歴史学研究』九三五

阿部浩一　二〇一六a「歴史資料の保全・活用と地域社会――福島県での歴史資料保全活動を通じて」『歴史評論』七九四

阿部浩一　二〇一六b「福島県の歴史・文化遺産をめぐる現状と課題」『財界ふくしま』二〇一六年六月号

阿部浩一　二〇一八a「歴史学がふくしま復興・再生に資するために――現場での七年間を通して経験し、考えたこと」『歴史学研究』九七六

阿部浩一　二〇一八b「福島県の文化財をめぐる現状と課題――自治体と歴史・文化団体へのアンケート調査を通じて」『行政社会論集』三一―二（福島大学附属図書館学術機関リポジトリよりPDFにてダウンロード可）

阿部浩一　二〇一九「歴史資料保全活動の意味と可能性を問い続ける――ふくしま歴史資料保存ネットワークの活動を通じて」大門正克・岡田知弘・河西英道・川内淳史・高岡裕之編『「生存」の歴史と復興の現在――3・11　分断をつなぎ直す』大月書店

阿部浩一・福島大学うつくしまふくしま未来支援センター編　二〇一三『ふくしま再生と歴史・文化遺産』山川出版社

泉田邦彦　二〇一八「「地域の記憶」を記録する――浪江町請戸地区における大字誌編纂の取り組み」西村慎太郎編『新しい地域文化研究の可能性を求めて五　地域歴史資料救出の先へ』人間文化研究機構広域連携型基幹研究プロジェクト「日本列島における地域社会変貌・災害からの地域文化の再構築」ブックレット

小田真裕　二〇一八「二〇一八年度歴史学研究会大会報告批判・特設部会」『歴史学研究』九七八

小松賢司　二〇一八「福島の風土と地域史研究」『歴史評論』八一五

今野日出晴　二〇一四「〈歴史教師〉の不在——なぜ「歴史教育」なのか」『歴史学研究』九二四
三瓶秀文　二〇一六「旧警戒区域からの文化財保全への取り組み」『地方史研究』三八四
白井哲哉　二〇一八a「原子力被災地における民間アーカイブズ救出・保全の課題」『国文学研究館紀要　アーカイブズ研究編』一四
白井哲哉　二〇一八b「被災の記憶と資料を未来に伝える試み」西村慎太郎編『新しい地域文化研究の可能性を求めて五　地域歴史資料救出の先へ』人間文化研究機構広域連携型基幹研究プロジェクト「日本列島における地域社会変貌・災害からの地域文化の再構築」ブックレット
徳竹剛　二〇一八「地域資料の継承と歴史意識」『行政社会論集』三一—二
富岡町・福島大学・福島大学うつくしまふくしま未来支援センター編　二〇一七『ふるさとを想う　まもる　つなぐ——地域の大学と町役場の試み』（福島大学HPよりPDFにてダウンロード可）
本間宏　二〇一二「東日本大震災と歴史資料保全活動」国立歴史民俗博物館編『被災地の博物館に聞く』吉川弘文館
本間宏・阿部浩一　二〇一四「歴史資料保全における福島県の課題」奥村弘編『歴史文化を大災害から守る——地域歴史資料学の構築』東京大学出版会
門馬健　二〇一五「旧警戒区域における民有地域資料の救出活動——富岡町の試み」科学研究費補助金基盤研究S「災害文化形成を担う地域歴史資料学の確立——東日本大震災を踏まえて」研究グループ報告書『ふるさとの歴史と記憶をつなぐ——東日本大震災一四〇〇日　史料保全の「いま」と「これから」』神戸大学

（付記）本稿の初稿後、白井哲哉『災害アーカイブ　資料の救出から地域への還元まで』（東京堂出版）が刊行された。本旨に組み込むことができなかったが、あわせて参照されたい。

2 日本の学問と「3・11」

保立道久

一 「3・11後の歴史学」と死者の声

二〇世紀の末頃まで、日本の歴史学は自身を「戦後歴史学」と呼び続けていた。しかし、板垣雄三がいうように「戦後歴史学」という言葉は、あたかも世界の全体が長く「戦後」であって戦争がなかったかのような幻想をもたらす。板垣は、この言葉は一種の日本史イデオロギーというべき色彩を帯びているというが、これは正論だと思う〔板垣 一九九六〕。

他方、この言葉は日本国家が戦争責任問題を体制的に残し、それを含む「戦後責任」を負っている国家であるという認識を前提としていた。また、その時期の歴史学の奮闘を顧みること自体は後進としてどうしても必要なことだと思う。

この両面を勘案して、戦後一〇年ほどの期間の歴史学を「戦後派歴史学」と呼ぶことにしてはどうだろうか。文学の世界では一九四五年から一〇年ほどに生まれた文学を「戦後派文学」という。この「戦後派」という言葉は、ありていにいえば「焼跡派」であるが、戦争の経験と結果に直接に向き合った一九四五年から一〇年ほどの人々の苦闘をよく物語っている。私たちは、戦後派歴史学の仕事を野間宏・堀田善衛・大岡昇平などの戦後派文学を読むのと同じ気持ちで読めばよいのである。

さて、いま私たちが突き当たっているのは「3・11後の歴史学」がどうなるか、どうするかということであるが、文学の世界でも「3・11後の文学」を考える人は多い。結局のところ、歴史学と文学は相性がよいのだろうか。『源氏物語』の研究者、木村朗子の「震災後文学論」には過去の時間に内在していくという点で歴史学と同じものを感じる。木村のいう「憑在論（hauntology）」とは時制を超えて死者の声が憑依してくる時代を捉える方法のことである〔木村 二〇一八〕。「3・11後の歴史学」も「震災後文学」も、その営為は死者の声を聞くことにあり、その場合の「後」とは多くの人の死の「後」ということである。そしてこの「後」は「戦後派歴史学」「戦後派文学」の「後」にも重なってくる。

聞こえてくるのは、無念の死を死んだ死者の声である。二万に及ぶ東日本大震災の死者のうちの相当多数は、政府が二〇〇二年の地震調査委員会長期評価にしたがって必要な手続きをとっていれば、死を避けることができた人々である。政府と東京電力は三陸沖北部から房総沖の海溝寄りでマグニチュード八を超える地震による津波が発生するという地震本部の長期評価を承認せず〔島崎 二〇一二〕、また、八六九年の「貞観地震」と同規模の津波がそろそろ起こる可能性があるという日本地震学会の警告〔日本地震学会地震予知検討委員会 二〇〇七、一八〇頁〕を無視した。それらを認めて津波のハザードラインがより深く内陸側に引かれていれば、死者のうち一万五〇〇〇人を超える人々が危険予知の情報はもっていたことになり、また原発事故は発生しなかった〔保立 二〇一六〕。歴史学は、死者の声に応えて、それを国民的な常識にするために語り続けなければならない。

これらの死者の声は、広島・長崎の死者の声や第二次世界大戦における死者の声と重なりあってくる。時代の様相は大きく異なるとはいえ、戦後生まれの私たちは、いま初めて同じ国の同時代にいて、不条理な死に追い込まれた多数の死者の声を聞くという経験に直面し、ようやく戦後派歴史学を担った人々の心情を受け止めることができる時点に立ったのかもしれない。私たちには直接の責任がある。

戦後派歴史学はだいたい一九六〇年代の半ばには終了し、一九七〇年代くらいからは「現代歴史学」というべきものとなったというのが、一九九九年の歴史学研究会大会で石井寛治と二宮宏之が述べたことであった。たしかに、私のように一九六〇年代末の学園紛争とベトナム反戦運動、そして沖縄「返還」運動を経験した世代にとっては、その時代からが「現代」である。この時期にアメリカの世界（とくに中東）に対する軍事支配と戦争体制が再構築され、また一九六八年のソ連軍チェコ侵略から始まるスターリン体制の崩壊が進行し、一九八九年のベルリンの壁崩壊に結果して「現代」がもたらされたのだと思う。しかし、今になってみると、私個人にとっては、こういう段階設定は半ば自己満足であったように感じる。これでは「戦後歴史学」に対する板垣の怒りのような批判を逃れることはできそうにない。「のっぺらぼうの「戦後」のなかに流行が移り変わる内輪の内向きの〈戦後〉歴史学。それを飾るために、ときどき欧米学界・思想界からの借り物を挿入。こうして「戦後歴史学」という幻をそれぞれに着服し吹聴しながら、「過去の人」を振り落とし忘却していく」という批判である〔板垣 二〇一二〕。板垣もいうように、「3・11」と「フクシマ」における大量死と「核」の風景は民族の時代を一変させた。その意味では、「現代歴史学」の時期はいわば転形期または過渡期であったと評価すべきなのかもしれない。

二　「3・11後の学術」と文理融合

ここ二〇年ほど「戦後歴史学」は単系発達史観だ、階級闘争還元主義だ、偏った下部構造決定論だという批判が聞かれた。もちろん、そういう要素がなかったとはいわない。しかしそれが、彼らの仕事は学術ではなく図式に過ぎないというニュアンスまで帯びるのを聞いて、私は強い悲しみの感情におそわれてきた。それは彼らの仕事の実際と多様性に内在した評価ではないし、またそのような傾向に対する自己省察は極めて早く彼ら自身の中から始まっている。それさえ認識できない歴史学ははたして歴史学であろうか。

しかし、ここで論じたいのは、社会的な運動としての戦後派歴史学と、「3・11後の歴史学」を対比することである。そこには同じように「死者の声」が響いているが、しかし、状況の相違はきわめて大きい。すでに実感できないことかもしれないが、当時、戦後派歴史学は諸学の中で突出した役割を果たしていた。日本がいわゆる皇国史観によって戦争に入ったこともあって、戦争の経験を考えるために歴史的な思考法がどうしても必要とされた事情があったのである。また歴史学は戦争後の世界はどうなっていくのか、戦争中に閉ざされていた日本が「民族」としてどうなっていくのかなどという問題にも果敢に取り組んだ。民主主義科学者協会の動きをみれば明らかなように、戦後派歴史学は他の人文社会科学を結びつけ、「戦後思想」のフロントを形成していく上できわめて大きな役割を果たした。それは丸山眞男・川島武宜・大塚久雄などと戦後派歴史学の運動の関わりをみれば明らかである。彼らの間には相当の意見の相違はあったが、しかし、それは広い一致を前提した上でのことである。戦後派歴史学の社会的運動のもっとも分かりやすい記録は石母田正「『国民のための歴史学』おぼえがき」であろうが、石母田は、この長文の記録で丸山や大塚との意見の相違にふれて「(一九四七年の二・一スト以降の労働運動の評価について―筆者註)大塚久雄氏と東大の経済学部の研究室でうす暗くなるまで、二人ともいくらか興奮して論争した」と述べている〔石母田 一九六〇、二五三頁〕。

しかし、現在、それに対応するべき「3・11後の学術」というフロントは存在しない。きわめて大きいのは、経済学や法学が3・11に対して、そして列島を襲う災害や原発問題について学界レヴェルでの動きをみせていないことである。戦争前の知識人世界では歴史学は法学や経済学が中心となった『日本資本主義講座』によって先導されていたが、それは完全に逆転してしまった。一九六〇年代以降、歴史学は衣替えをしつつも、学問の初心は維持してきたのであるが、同じ時期、「戦後思想」を支えた法学や経済学のあり方はほとんど壊滅というに等しい結果となった。

二〇一八年歴史学研究会大会の特設部会報告「地殻災害と「人新世」の歴史学」を準備する中で驚いたことだが、たとえば渡辺洋三によって一九七〇年代にはすでに指摘されていた災害法研究の遅れは〔渡辺 一九七七〕まったく改善されることなく、「災害法」についての法学の専門研究者の論文がほとんどなく、それは3・11を過ぎても大きな変化がないという状況である。そして「3・11後の学術」はもっと大きな問題をもっている。つまり3・11は東日本大震災と原発事故という両側面において、人文社会科学と自然科学の連携がどうしても必要であることを明示した。震災についても原発事故についても、アカデミーは文理を超えて十分に議論し、「3・11後の学術」を組み立て直していく責任を負っている。しかし、広渡清吾『学者にできることは何か』〔二〇一二〕、学術会議叢書『地殻災害の軽減と学術教育』〔二〇一六〕などが示すように、大きな努力が行われたとはいえ、その動きは諸学の主流と中枢に及んでいるとはいえない。

現代資本主義社会は科学的な労働〔いわゆる普遍的労働〕がきわめて大きな位置をもつ社会である。そこでは自然科学の位置が大きい。たとえば現在の考古学において必須の放射年代測定法や高エネルギー加速器による分析は大学共同利用機関法人、高エネルギー加速器研究機構がバックにあって支えているが、同機構は東海村の大強度陽子加速器施設J－PARCを日本原子力研究開発機構と共同で運用している。また一九六〇年代からの原発立地の審査において相当数の地震学者が安全判断に関わってきた。現在の地震学界はその社会的立場を修正しており〔保立 二〇一四〕、また人文社会科学との連携研究をきわめて重視しているが、従来は歴史地震研究において必須の東京大学地震研究所編『新収日本地震史料』や古地震研究プロジェクトも、史料編纂所と共同提出した科学研究費が切れた後は、長期間、電力会社からの資金提供をうけて実施されていたという状況があった。経済学や法学が国家や企業と深い協力利害をもっていたことはいうまでもない。そもそも、そのような産学共同関係によって大学自体が経済的に支えられる状況が長く続いてきた。

こういう状況の中で、おのおのの分野の専門的な学術研究は、特定の経済的利害をもった組織の中で融解されて、私たちからは疎外された別の無機的・機械的なエネルギーになる。そこでは私たちの活動の具体性は消え、私たちの活動のエネルギーだけが吸い取られている。そこでは私たちの合目的的な活動は怪物のような意思に包摂されて疎外され、巨大な破壊力の一部に合体されているのである。

3・11は、学術がこの怪物の中にのみ込まれ、直接・間接に「生死」への責任を負ってしまうことを示した。この中で、どのような学問分野も3・11における人々の無念の死、大量死を直視し、国家・社会との関係、企業との関係を再点検することを迫られており、私たちはそれを前提にして学問相互の関係を再構築しなければならない状況にある。しかし、現実にはそのような認識と実践はつねに中途半端なところに押し込められてきた。もちろん、この困難は学術の本質に根ざすものである。それは、先にふれた「『国民のための歴史学』おぼえがき」で、石母田が「学問は、その性質上（社会的・政治的要請とは—筆者註）同じペースでは成長することができない。科学運動の主体が知識階級であり、研究者であるかぎり、その組織、活動形態、ペース等は、研究者の性質、そのあたえられた条件にもとづいておこなわれるべきで、いかに人民の要請が強くても、それを無媒介に科学運動に反映させることはできない」と述べている通りである。その上、学融合的な研究、文理融合型の研究となれば、その複雑さと困難は予測できないようなものとなる。

石母田は戦後派歴史学の弱点として「社会的分業の発達した社会での科学の複雑なあり方のなかに、自分たちの限られた活動を位置づける理論がなかった」と述べている〔石母田　一九六〇、二八四頁〕。それは歴史学にとって長く超えることができない課題であり続けてきたが、現在の段階で、ここで石母田がいう「理論」はどのようなものと考えるべきであろうか。以下、概括的ではあるが、それに関わって考えたことを述べたい。

三　「生政治」と「死政治」

一九九三年歴史学研究会大会全体会の塚本学報告「江戸時代人の生命維持のための情報」と一九九八年に発表された藤木久志「中世の生命維持の習俗」に始まった「生存・生命」を問う歴史学の動向は、二〇〇八年歴史学研究会大会全体会の大門正克報告「序説「生存」の歴史学」、同年に刊行された倉地克直『徳川社会のゆらぎ』によって「現代歴史学」の重要な方法意識となった。同じ二〇〇八年歴史学研究会大会全体会で、長谷川貴彦報告「ポスト・サッチャリズムの歴史学」が、これまで貧困一般として語られてきた現象を、その多様な要因や人々のライフサイクルに踏み込んで「生存維持の経済」として議論するイギリスの研究潮流を紹介したことも大きかった。このような研究動向の詳細については、それが北原糸子の災害史研究、菊地勇夫の飢饉研究、さらには沢山美果子のジェンダー史研究などによって支えられていた事情をふくめて、『第4次　歴史学の成果と課題1』に収められた大門・倉地・沢山などの論文を参照願いたい〔歴史学研究会編　二〇一七〕。

この「生存の歴史学」はたとえば大門が「生存の歴史学」を「生存が大きく問われた時代」を分析する方法として いるように、本来的に「生命」を脅かす条件を詳しく見つめる方法として提出されている。しかし、ここで述べたいのは「生存の歴史学」のそばにさらに意識的に「死の歴史学」を置くこと、別の言い方をすれば「生存の歴史学」の方法における「死者の声」の意味の問題である。

私は、前記の特設部会報告「地殻災害と「人新世」の歴史学」で、芝田進午の提言、つまり世界史の究極的な動因はたんに貧と富の階級的利害の対立をベースとする矛盾と闘争に求めるのではなく、むしろそれをふくむ生の勢力と死の勢力の矛盾を重視しなければならない。そして「核時代」の歴史学は後者に焦点を合わせるべきだという提言について論じた〔芝田 一九八四〕。ここで紹介したいのは、同じことをより具体的に論じたアキーユ・ムベンベの「ネクロポリティクス——死の政治学」である〔ムベンベ 二〇〇五〕。そこではアフリカの植民地化以降の時代における「死の政治〔ネクロポリティクス〕」、つまり死の力を振りかざして生命を屈従させる政治が論じられている。necropoliticsは一六世紀以降の資本の本源的蓄積と植民地支配のなかで強力に組織され、非対称的な暴力によって、大量の人々をほとんどliving deadに押し込めたという。奴隷制は「死」をもって人をおどしたり、「死」を聖化したりする政治・経済意思の貫徹であり、秩序化であり、固定化なのである。その経済的な関係は人の生をくじく力を媒介としている。それは貧困によって人をくじくのみでなく、死の恐怖と直接・間接の暴力によって直接に人をくじくことだったのである。

このムベンベの提起は、右以外の部分では残念ながら賛成できない部分も多い。しかし、フランツ・ファノンに次ぐアフリカからの提起として重大な意味をもつものだと思う。「生存の歴史学」との関係では、ムベンベも参照しているように、ネグリとハートの『帝国』のいう意味での「生政治」(biopolitical)という概念とつき合わせるべきものであろう。これはフーコーのいう「身体についての一種の経済学」という意味では〔フーコー 一九七七、二九頁〕、本質的には生産システムにも政治システムにも超歴史的に存在する事態である。たとえばマルクスも「単純協業では、活動するのはただ人間力の集団だけである。二つの眼等々をもった一人に代わって、多くの眼、多くの腕、等々をもった怪物があらわれる」〔マルクス 一九七八、四一四頁〕などと述べている。一九世紀の大工場制においても機械は人間を付着させた「怪物」として現れるのであって、この組織の全体的姿においては労働の具体性は捨象されて、「人間力の集団」からなる一種の海綿動物、サンゴのような群棲体を構成することになる。

しかし、ネグリがこの「生政治」を、「帝国の権力は諸装置を通じて、つまり一方ではコミュニケーション・システム、情報ネットワークに包み込まれた人間の脳を直接に組織化し、また他方では健康管理や個人情報追跡システムに取り込まれた身体に作用し、生活感覚や制作力を自己疎外する状態をもたらす」〔ネグリ・ハート 二〇〇三、四一頁。翻訳は若干変えた〕などと説明しているように、情報資本主義の情報回路は、いわば社会の神経繊維として直接的生産過程外にまで網の目を広げ、消費的・生活的あるいは医学的な情報ネットワークや宣伝・監視追跡網などをもって身体的自然の力を自己疎外させる。ネグリが「この権力が生活過程に完全に浸透したとき、社会の全組織は権力の機構によって構成され、可視化されて、あたかも裸で感情と性格をもった一つの肉体のように反応する」というとき、彼は、たしかに帝国のシステムに巣くう怪物の姿を捉えるのに成功している。

問題は、この「生政治」は裏返せば、「生」を守るという口実のもとに人の「死」を可視化し管理し、人を死によって脅かす本質をもっていることである。アリエスは『死と歴史』において前近代の死の場面においては「瀕死者は自分の死を奪われてはならなかった。彼はまた自分の死を司どらねばならなかった。人は公に生まれ公に死んだ」〔アリエス 一九八三、二一〇頁〕と述べているが、現代においては身体的自然の内側に「生政治」が差し込まれており、われわれが尊厳ある死の主役となることは容易ではない。戦争死や自死のみではなく、人類史上、工場事故死、病院事故死、交通事故死などなど、これだけ人為的な事故、人為的な偶然による死が一般化した時代は存在しない。そこでは無念な個《アトム》的な死に取り憑かれることこそが標準となっている。

歴史学は、中世ヨーロッパ世界における死の風景を描いたJ・ホイジンガの『中世の秋』を追って、いわゆる「核の冬」の予想に脅かされる現代を照射するために、死の歴史、死の風景と表象の歴史という問題を追求すべきなのかもしれない。

四　「地質政治」と「死政治」

他方、このような人間的自然に対する「生政治」的な規制力のみでなく、現代資本主義は、対象的な自然に対するグローバルな支配を圧倒的に強化することに成功している。C・ボヌイユとJ・B・フレソズ『人新世とは何か』は科学史家の立場から、その中核に一九世紀以降、資本主義が「地質学的な力」を手中にし、地球の自然を大きく組み替えることを支配と統治のスタイルとするにいたったことを論じた。「生政治」と対比すれば、それはいわば「地質政治」ということができる（なおgeopoliticsは、普通、地政学と訳されるように、国家の戦略を地理的な環境によって合理化するイデオロギーを意味するが、ここでは「地質学的な力」を経済的・政治的に組織する行為それ自体の意味で使用する）。

資本の本源的蓄積と植民地主義は、大地、対象的自然に対する世界的領有の体系を国家の関与のもとに作り出した。木畑洋一は、一六世紀以来、「新しい戦争」などといわれる現在の戦争まで、世界各地の民族の抵抗戦闘に対する非対称的な植民地戦争が同じ本質をもって連続してきたことを論じた〔木畑 二〇一八（歴史学研究会大会全体会報告）〕、ここで問題なのは、この植民地戦争が自然を広範囲に破壊したことであり、また旧い植民地主義は消えても、破壊によって歪められた二次的自然の構造が一貫して再編・強化されてきたことである。資本主義は最初から、生態系を変容させるのみでなく、土壌と地層を中心に地質学的自然を変化させ不可逆な自然破壊を行い、これによって旧来の生活様式のなかにいた人々を自然から切り離し支配した。とくに一九世紀後半のいわゆる第二の産業革命は、地質踏査と様々な鉱物資源の開発、地層の改変を進め、鉄道・船・電信ケーブルに結ばれた二次的自然を作り出す中で、世界的な物質代謝を組織したのである。また第二次世界大戦後、核物理学の成果を基礎とした情報化や核エネルギーの抽出による生産・流通構造のグローバル化は、この二次的な自然の改造を大規模化した。これが世界各地域の自然の自律性を破壊し、生態学的な不均等を固定したのである。

『人新世とは何か』の記述と分析は現象学的なレヴェルに止まっており、このような過程について十分に理論的にとらえている訳ではない。しかし、同書はこの自然の地質的な改変にもとづく世界的な大地の領有が世界資本主義の強固な「下部構造」となっているという緊要な指摘をしている〔ボヌイエ・フレソズ 二〇一八、二八九頁〕。資本制帝国の世界的土地所有の特徴は生態学的な土地所有を超えて地質的自然のレヴェルにまで系統的に領有を拡大することにある。実際に、すでに私たちの前にある二次的な自然は、資源エネルギー所有、軍事的所有、開発的所有と大地の切り分け、都市―農村関係の再組織などの複雑な所有関係のシステムの中にあり、しかもその規模は諸個人の日常感覚には不可視のグローバルな実態をもち、それをつらぬく意思関係はコンピュータというなかば物質的な姿をとっている。このように改造された自然は、人々と自然との自由で本来的な関係を疎外し、それによって人々は資本主義のシステムに固く縛りつけられる。資本主義を、この二次的な自然と大地に対する土地所有の世界から引き離して語ってはならない。私は、商品としての資本、あるいは物象化論で歴史過程を整理してしまうのは〔たとえばウォーラーステインのような議論をふくめて〕没概念な流通論主義にすぎず、それが自然をどのように二次的なものとして作りかえるかが問題の鍵であると考えている。そこではいわゆる物象化ではなく、二次的自然への物化こそが問題になる。『資本論』は本来のプランでは世界を最終テーマとしていたわけだが、近代世界は明らかに土地所有の世界的形態を作り出した〔物象化と区別された物化の概念については、たとえば〔平子 二〇一八〕を参照。ただし、これは土地所有論としてはさらに展開する必要がある〕。

資本主義的な大地の撹乱は災害のほとんどすべてを社会化した。そこでは純粋な自然災害というものは存在しない。自然は災害の誘因であって、災害素因は社会的な自然にあるというのが災害科学の原則的命題である〔ワイズナー 二〇〇三〕。そこでは大気海洋的な自然が災害誘因となる場合も、それが恒常化する中で、生態学的自然のみでなく、地質学的自然（土壌と地層）の変化との相互関係が規定的となる。それらをそのまま放置・拡大させれば、その先にあるのは人類社会の破滅であるが、すでに地質資源収奪やコンクリートやプラスティックの大量使用、多様な水文学的変化、放射性核物質の散布・蓄積など、破滅の要素は自律的な勢いをもっている。とくに最後の放射性核物質の問題は環境的自然のなかに直接に死の要因を入れ込んでいる。原子力産業はエネルギー産業と軍事産業の中枢であり、そのようなものとして、世界的な物質代謝のシステムの中枢を占拠している。これは戦争から生まれたという意味でも、大地を荒廃と死の絶対空間に追い込むことを前提にしているという意味でも死の産業というべきものである。ソ連と日本における「死の空間」の形成はいわゆる「核の冬」が最悪の場合に現在でも現出する可能性があることを示したきわめて大きな人類史的事件であった。

五　日本の社会に「敵」はいるか

二〇一九年元旦の『東京新聞』のインタビューで、元原子力規制委員会委員長代理をつとめた地震学の島崎邦彦は二〇〇二年の地震長期評価をくつがえし、大量の無念の死を招いた東京電力と内閣府を「敵」と名指している。島崎は「原発事故が起きて、それで僕は初めて知ったわけ。敵のターゲットを。僕はずっとだまされ続け、気づけないでいた。あの震災で亡くなった人には本当に申し訳ないと思っている」と述べるが、それは研究者として当然の反応であろう。社会科学は、これに対応して、日本社会に実は凶悪な「敵」がいて「平和と豊かさ」を偽装しているという単純な事実を正面から述べなければならない。このネクロポリティクスを操る「死の勢力」の姿を可視化し、理論的に位置づけることこそが学術の社会的責務である。島崎は「上品に、当人にだけ分かる批判をするのが研究者の世界。でも、それじゃ周囲の人には何がおかしいのかが分からない。だからもうしょうがない。お上品にはやっていられない」と述べる。この姿勢をアカデミー全体が共有しなければならない。

私は、このときに重要なのは、「人間社会にとってもっとも公共的なものは命である」という倉地がいう原則であると思う〔倉地 二〇一六〕。もちろん、これは社会の現実を「安全」なものとして脱色しようとするのではない。また無念の死というものはどういう時代になっても存在する。しかし、公共とは死の可能性を社会全体からぎりぎりにまで減らしていくことであると思う。

以上に述べてきたように、現在は「生政治」と「地質政治」が「死の政治」の条件となり、それによって「死の政治」が全面展開している時代である。別の言い方をすれば資本主義の収奪の形態が、身体的自然と地質的自然という二つの富の源泉の内部に意識的に踏み込むものとなり、それが「死」の可能性をだれにでも見えるものとし、死の脅迫と不安が世界を覆っているという時代である。その下で脅かされたものの利害を表現する集団的な怒り、その意味での階級的な怒りは、直接に公共的な性格に貫かれたものになっているのであり、その怒りの側にアカデミーが全面的に立つことが求められている。現在の精神労働と肉体労働の対立の中では、フーコーが「権力と知は相互に直接に含みあう、またある知の領域との相関関係が組み立てられなければ権力的関係は存在しない」「権力に有益な知であれ不服従な知であれ、一つの知を生み出すのは認識主体の活動ではない」〔フーコー 一九七七、三二頁〕とするのは確かな事実であるが、しかし、逆にそれだけに知の世界の総体が公共的世界のために逆回転する可能性は十分にあるのである。私たちは、私たちの先達であった戦後派歴史学の必死の営為に、その実験を見るべきだと思う。

参考文献

アリエス、フィリップ　一九八三『死と歴史』伊藤晃・成瀬駒男訳、みすず書房
石井寛治　一九九九「戦後歴史学と世界史」『歴史学研究』七二九

石母田正　一九六〇「『国民のための歴史学』おぼえがき」、後に石母田『戦後歴史学の思想』一九七七、法政大学出版局に所収
板垣雄三　一九九六「〈戦後史〉批判」永原慶二・中村政則編『歴史家が語る戦後史と私』吉川弘文館
大門正克　二〇一二「歴史家　遠山茂樹と〈東アジア〉歴史像」『歴史学研究』八九五
大門正克　二〇〇八「序説「生存」の歴史学」『歴史学研究』八四六
大門正克　二〇一七「「生存」の歴史学」歴史学研究会編『第4次　歴史学の成果と課題1』績文堂出版
木畑洋一　二〇一八「現代世界と戦争」『歴史学研究』九七六
木村朗子　二〇一八『その後の震災後文学論』青土社
倉地克直　二〇〇八『徳川社会のゆらぎ』（全集日本の歴史　第一一巻）小学館
倉地克直　二〇一五『「生きること」の歴史学』敬文舎
倉地克直　二〇一六『江戸の災害史』中央公論新社（新書）
倉地克直　二〇一七「災害と生存の歴史学」歴史学研究会編『第4次　歴史学の成果と課題1』績文堂出版
沢山美果子　二〇一七「「いのち」とジェンダーの歴史学」歴史学研究会編『第4次　歴史学の成果と課題1』績文堂出版
芝田進午　一九八四「核時代の歴史哲学、再々論」『歴史学研究』五二四、のち、芝田『核時代Ⅰ』青木書店に所収
島崎邦彦　二〇一二「東北地方太平洋沖地震に関連した地震発生長期予測と津波防災対策」『地震』二輯　六五（一）
島崎邦彦　二〇一九「「敵」が妨げた予測」東京新聞インタビュー。一月一日
添田孝史　二〇一四『原発と大津波　警告を葬った人々』岩波書店（新書）
平子友長　二〇一八「マルクスにおける物象化・物化と疎外の関係」『季論21』四〇
塚本学　一九九三「江戸時代人の生命維持のための情報」『歴史学研究』六五一
塚本学　二〇〇一『生きることの近世史』平凡社（選書）
二宮宏之　一九九九「戦後歴史学と社会史」『歴史学研究』七二九
日本地震学会地震予知検討委員会　二〇〇七『地震予知の科学』東京大学出版会
ネグリ、アントニオ、マイケル・ハート　二〇〇三『〈帝国〉』水嶋一憲・浜邦彦など訳、以文社
長谷川貴彦　二〇〇八「ポスト・サッチャリズムの歴史学」『歴史学研究』八四六
広渡清吾　二〇一二『学者にできることは何か』岩波書店
フーコー、ミシェル　一九七七『監獄の誕生』田村俶訳、新潮社
藤木久志　一九九八「中世の生命維持の習俗」『民俗学研究所紀要』（成城大学民俗学研究所）二二、のち、同『飢餓と戦争の戦

国を行く』朝日新聞社〔選書〕二〇〇一に所収
ホイジンガ、J　一九七一『中世の秋』堀越孝一訳、中央公論社
保立道久　二〇一四「地震・火山の観測研究5ヶ年計画の審議に参加して」『歴史学研究』九二二
保立道久　二〇一六「地殻災害（地震・噴火）の予知と学術」『地殻災害の軽減と学術・教育』学術会議叢書
保立道久　二〇一七「巨大災害の時代に問う」（日弁連災害復興支援委員会委員長津久井進弁護士との対談）『経済』二五九
保立道久　二〇一八「地殻災害と『人新世』の歴史学」『歴史学研究』九七六
ボヌイユ、C、フレソズ、J・B　二〇一八『人新世とは何か』野坂しおり訳、青土社
マルクス、カール　一九七八『資本論草稿集　経済学批判（1861-1863草稿）』4、大月書店
ムベンベ、アキーユ　二〇〇五「ネクロポリティクス――死の政治学」小田原琳・古川高子訳、『クァドランテ』（東京外国語大学海外事情研究所）七
歴史学研究会編　二〇一七『第4次　歴史学の成果と課題』全三巻、績文堂出版
ワイズナー、ベン　二〇〇三『防災学原論』岡田憲夫監訳、築地書院
渡辺洋三　一九七七「現代と災害」『法律時報』一九七七年三月増刊

3 東日本大震災がもたらした死者に関わる問題群

北原糸子

一　津波災害による大量死

東日本大震災は死者に関わる問題を大きくクローズアップさせたのではないかと感じている。宮城県名取市における震災処理に関わる問題でその一端を示したように、行政が対応しきれないほどの津波による大量死が発生したことによる〔北原　二〇一八〕。被災地においてはいまも遺体処理を巡る行政の対応力の不足、遺族の死者への強い思いと行政対応への違和感や不信感、遺族たちの寂寥感への一般社会の無理解、無関心、さらには引き取り手のない遺体、いまだ行方不明の遺体など、未解決のまま残されている問題も少なくない。なかでも、東日本大震災でのこれらの問題群を象徴するのは、遺体を火葬に付すための火葬場が津波で損壊、機能不全となり、火葬処理できなかった遺体は一旦仮埋葬（土葬）して再び掘り起こして火葬するという措置を採ることになった点ではないだろうか。土葬そのものは少し前まではほとんど日本各地で行われていた埋葬方法であったが、火葬が九九％となった現在、この点は一般には違和感をもたらす措置だったからである。

一体、東日本大震災での犠牲者はどの程度の数値になったのだろうか。二四年前の阪神・淡路大震災の死者・行方

表1　被災3県の人的被害

県名	死者	行方不明者	死者合計	負傷者
岩手県	4,667	1,322	5,989	188
宮城県	9,508	1,778	11,286	4,132
福島県	1,605	216	1,821	182
計	15,780	3,316	19,096	4,502

（警察庁発表 2012年2月3日）

出典）〔上田 2012, 23頁〕より.

不明者六四三四人、負傷者四万三七九二人と比べると、東日本大震災では、死者・行方不明者一万九〇九六人、負傷者四五〇二人であるから、人的被害の様相が全く異なることは歴然としている。阪神・淡路大震災の場合は行方不明者がわずか三人であったのに対して負傷者が死亡者の六倍近くにも達したが、東日本大震災の場合は負傷者は死亡者の四分一強を占めるにとどまった。これは、阪神・淡路大震災の場合には建物内での圧死が多く、したがって不明者も三名を数えるに過ぎなかったことによる。東日本大震災の場合には、いうまでもなく、津波による死者、行方不明者が大半を占めたが、それに比べて負傷者の数は極めて少ない。戦後の二つの大震災を比べても、災害の違いにより人的被害のあり様は全く異なるのである。

では、東日本大震災の場合での被災三県の死者・行方不明者、負傷者はどうだったのだろうか。表1によれば、宮城県の犠牲者が岩手県の約二倍に達していた。震源域とも関わるが、平野部の多い同県では、強烈な津波の流入が多数の人々の命を奪った。

もちろん、津波被害は多大の人的損傷をもたらしただけではなかった。沿岸部自治体では、多くの火葬場も地震による損壊、電源停止、燃料不足、交通路遮断などによって機能停止状態に追い込まれた。そして、このことがもたらした問題の余波は極めて大きかった。

以下では、東日本大震災で発生した死者・行方不明者の半数以上を占めた宮城県の場合を中心に、死者の埋葬に至るまでの経過を追い、この震災がもたらした深刻な問題の一端を考えてみることにする。そこで、実際にこの問題に関わった関係機関（行政機関、葬儀社など）への聞き取りと記録類に基づく調査を行い、前例のない災害による大量死の発生に社会がどのように反応したのかを検証しておきたい。

二　津波災害がもたらした遺体処理問題

1　遺体埋火葬の特例措置による対応

宮城県の沿岸部の市町村のうち、津波による大量の死者が発生したことにより、遺体の収容、警察・検死医による検視、遺族による遺体確認、火葬、埋葬までの通常の手順が滞った最大の要因のひとつは、火葬場の機能停止がもたらす問題であったという。

このことのために、遺体を一旦仮埋葬（土葬）して、火葬に付すことが可能になった状況で遺体を掘り起こし、他府県に搬送して火葬処理を行うという作業が発生したのである。この作業を請け負った葬儀会社に聞き取りを行い、作業の実際と問題点をお伺いした。聞き取りに対応していただいたのは、災害発生時を想定して、宮城県と防災協定を結び、作業を実施した葬祭株式会社の清月記である。社長の菅原裕典氏と業務部長の西村恒吉氏にご対応いただいた〔二〇一八年一一月一日聞き取り〕。なお、同社は、この間の遺体処理に関わる葬祭事業について、二〇一二年二月『3・11東日本大震災　清月記活動の記録』（以下、『活動の記録』と略記）を発刊している。以下の記述は、聞き取りした内容をこの記録と照合しつつ、事実経過を追うことにする。

さて、『活動の記録』には、資料編として、行政からの指示や防災協定などが収録されている。震災の翌日三月一二日には、厚生労働省から遺体保存、遺体搬送、火葬体制の確保などに関する「墓地、埋葬等に関する法律の埋火葬許可証の取扱い等について」（健衛発〇三一四第一号）が出された。これは、市町村の行政役所が被害を受け、埋火葬許可証の発行や本籍地の確認など、通常の埋火葬に伴う業務が不可能になった場合に対応すべく、すでに阪神・淡路大震災時に出された埋葬許可証の発行に関する特例措置に、さらに死亡診断書、死体検案書をもって埋火葬を実施できるとする条目が追加されたものであった。この政府からの要請以前の三月一二日早朝六時から仙台市生活衛生課において、行政と仙台地域の葬儀社の連絡協議会とが打ち合わせを行い、警察、および医師による遺体の検死後の処置、移送などについて協力する旨の申入書が出された。それによれば、仙台地域葬儀会館連絡協議会は以下のような準備態勢を整えるとしている〔『活動の記録』二〇一二、三七頁〕。

①棺（八部切プリント布団付き）一〇〇〇本
②仏衣　一〇〇〇着
③検死後の遺体安置または輸送のベースステーションとしての会場提供
④納棺業務（遺体処置／納棺）
⑤遺体移送（搬送業務）

さらに三月一六日には、宮城県警察本部通知として、遺体見分の措置内容として、指紋・掌紋の採取、DNA型資料、全身・顔の写真撮影、着衣・所持品など、後日、身元確認が可能になる作業は省略せずに実施するなどの要望書が出された。

2　行政と葬儀社組合の協定書に基づく納棺支援業務

・仮埋葬の発生事情

宮城県の死者は九四七二人、行方不明者は一七七八人（二〇一二年二月一日）で、東日本大震災では最大の犠牲者を出した。県内には二二ヵ所の遺体安置所が設けられた。納棺支援業務の取り決めにみられるように、最初の仕事は同一規格の棺の調達、安置所への棺の運搬である。県内二二ヵ所の指定箇所に各地から必要数の棺を調達するには、輸送ルート、車の調達など、道路事情や輸送手段の欠如から、さまざまな困難に直面した。しかしながら、全国の関連業者からの支援によって、三月一三日より四月二五日までに六九四〇本の棺の調達は目標レベルに達したという。しかし、さらに新たな課題が発生する。宮城県内で石巻市、東松島市、女川町の三市町で県内の五〇％以上の死者が発生し、遺体の火葬が追い付かず、仮埋葬（土葬）にならざるを得ない事態を迎えた。特に三月二五日以降は遺体の腐敗が激しく、ドライアイスの補給でも処しきれない腐敗臭など、公衆衛生上、限界を迎える状態であったためである。特に身元不明者の遺体については早急に火葬に付す必要が出てきたという。しかし、火葬場の被災状況から沿岸部の市町村では処理できないため、内陸部や遠方の市町村に遺体を搬送して火葬を行うことになった。震災発生以来、遺体の発見作業、警察および医師の検視後の仮埋葬については自衛隊が担っていたが、自衛隊は救出や復旧事業を担うべきとする意見に基づき、仮埋葬は民間にシフトされることになった。

・石巻市の仮埋葬とその後

仮埋葬せざるを得ない多数の遺体を抱えた石巻市は、宮城県と防災協定を結んでいた葬儀社清月記に遺体の仮埋葬業務を委託することになった。その委託の内容は、業務期間二〇一一年四月四日より仮埋葬が完了するまでとされ、約一〇〇〇体を石巻市が指定する仮埋葬場所に搬送し、埋葬作業を実施、その際の業務指示は石巻市職員が担うという骨子であった〔『活動の記録』二〇一二、六七頁〕。仮埋葬という事態に至ったことについて、石巻市役所生活環境部の担当者は、まず、火葬場は震災当日から四、五日間の停電後に復旧したが、収容される遺体の多さから長時間の連続使用による火葬炉の破損が懸念されたこと、市外の火葬場まで遺体を搬送することが困難であったこと、長期に遺体をそのままにしておくことはできなかったことなどを挙げている。本章の最初に挙げたように厚生労働省からの遺体埋葬に関する特例措置をふまえて仮埋葬と決めても、埋葬地の設定には周辺住民の苦情や地下水の問題など、多くの困難があったとしている。さらには、自衛隊に仮埋葬を依頼したが、後方支援が主たる任務であるとされたので民間業者に依頼したと、その経緯を語っている〔『活動の記録』二〇一二、七八―七九頁〕。

表２ 葬儀社清月記による石巻市の仮埋葬記録

月日	搬出場所	埋葬場所	仮埋葬実施数	遺族立会	東京火葬場へ移送	備考
4月4日	旧石巻青果市場	沢田日陰墓地	36	200名	0	
5日	旧石巻青果市場，石巻総合体育館	北鰐山・沢田日陰墓地	35	沢田日陰墓地立会70名	0	北鰐山墓地埋葬はすべて身元不明遺体
7日	旧石巻青果市場，石巻総合体育館	上釜墓地	37	140名	0	曹洞宗・浄土真宗僧侶による読経
8日	旧石巻青果市場	上釜墓地	39	記載ナシ	0	
9日	旧石巻青果市場	上釜墓地	21	記載ナシ	20	計画搬送41体，東京火葬20体と変更あり
10日	旧石巻青果市場	上釜墓地	20	記載ナシ	0	
11日	旧石巻青果市場		0		24	すべて身元不明遺体
12日	旧石巻青果市場		0	記載ナシ	24	
13日	旧石巻青果市場		0	記載ナシ	60	他に旧石巻青果市場への遺体移動の搬送26体
16日	旧石巻青果市場		1		60	牡鹿町体育館→牡鹿町オートキャンプ場へ1体仮埋葬
18日			0		0	利府グランディ21にて納棺作業2体
19日	旧石巻青果市場		0		60	60体のうち女川町の身元不明44体
20日	旧石巻青果市場		0		53	
23日	旧石巻青果市場	上釜墓地	36		（遺族が東京での火葬せず，仮埋葬）	仮埋葬キャンセル2体
24日	旧石巻青果市場	上釜墓地	26		17	
合計			251		318	

出典）〔『活動の記録』2012，69-75頁〕より．

表2は、その業務を引き受けた葬儀社清月記の責任者による仮埋葬日誌に基づく仮埋葬、身元不明遺体の火葬の実施状況である。

もちろん、以上の例に見られるように、仮埋葬とは、後に火葬場が使用可能になれば、遺体を掘り起こして火葬処理するということが前提であったから、これを望まない家族もあり、個人として独自に葬儀社へ火葬と埋葬措置を依頼された場合も少なからずあった。しかし、お金のかかるそうした対応を取ることができない遺族も少なからずいた。次なる業務として、葬儀社清月記に依頼されたのは、埋葬した遺体の掘り起こし作業であった。

火葬場の機能が回復し、遺体の火葬が可能になった五月七日、石巻市は仮埋葬の遺体の掘り起こしを清月記に依頼してきた。石巻市からの委託業務は、一日一〇体を目安に、埋葬地三ヵ所から指定された順に沿って棺を掘り起こし、棺が土圧で破損している場合には新しい棺への遺体の入れ替えなどを行うというものであった。一日目の作業状況によれば、埋葬地の木札に書かれた番号順に並ぶ埋葬地を重機オペレーターが約一・五メートルの土を掘り下げ、棺が見えると重機は止め、スコップなどで棺を傷めないように配慮しつつ丁寧に扱うが、作業の一体目から、「水を含んだ粘土質の土圧によって棺は変形し、中に溜まった水や体液、血液が大量に流れ出て」くる状況で、長期間土中に置かれた棺はいずれもこうした状態であったという。作業する側にとっても過酷極まりないこうした状態は、表3からわかるように、酷暑の約三ヵ月間続き、掘り起こし遺体八七二体、火葬処置の遺体は六六五体であった。葬祭業者としてもはじめて直面する仕事であり、遺体の尊厳を損なわないように慎重に進めたが、津波に傷つけられた遺体や、腐敗が進行して原型もとどめていない場合には遺族の希望があっても対面を避けることも多々あったとしている。それほどに、遺体掘り起こしは、委託されて作業をする側にも、遺族にとっても堪えられないような過酷さを伴うものであったという。

表3 葬儀社清月記による遺体掘り起こし作業（5月8日―8月17日）

月日	作業場（遺体数）	火葬業務	参列者	備考
5月8日	第3墓地（4），北鰐山墓地（3）	8	30名	
9日	北鰐山墓地（11）	8	あり	
10日	北鰐山墓地（5），沢田墓地（3）	8	記載ナシ	臭気激しい
11日	北鰐山墓地（9），沢田墓地（3）	9	記載ナシ	地震発生2ヵ月の黙禱
12日	第3墓地（3）	9	記載ナシ	
13日	牡鹿町墓所	0	記載ナシ	個人からの依頼，1体
15日	北鰐山墓地（13）	8	記載ナシ	
16日	北鰐山墓地（9）	0	記載ナシ	
17日	北鰐山墓地（10）	8	記載ナシ	
18日	北鰐山墓地（10）	8	記載ナシ	
20日	北鰐山墓地（10）	8	記載ナシ	
21日	北鰐山墓地（8）	8	記載ナシ	
23日	第2墓地（1），北鰐山墓地（5），第3墓地（1）	8	記載ナシ	
24日	北鰐山墓地（6），第3墓地（3）	8	記載ナシ	
28日	第2墓地（1）	0	記載ナシ	
29日	北鰐山墓地（9）	8	記載ナシ	
31日	0	0	記載ナシ	
6月1日	第3墓地（5），第2墓地（2）	9	あり	
2日	北鰐山墓地（10）	0	あり	
3日	北鰐山墓地（8）	9		
6日	第2墓地（3）＋遺族希望掘り起こし（4）	9	あり	
7日	北鰐山墓地（11）	9	あり	
8日	北鰐山墓地（8）	0		
9日	北鰐山墓地（13）	10		
11日	0	0		
12日	北鰐山墓地（9）	9		
13日	北鰐山墓地（9），第2墓地（2）	9		
14日	北鰐山墓地（11）	0		
15日	北鰐山墓地（11）	0		
18日	北鰐山墓地（8），第3墓地（3）	10	多数あり	石巻合同慰霊祭
19日	北鰐山墓地（13）	10		
――――（略）				
8月17日	終了，累計掘り起こし遺体872体，累計火葬665体			

出典）〔『活動の記録』2012，84-117頁〕より．

三　東京都内の火葬協力

宮城県沿岸部の被災自治体から東京都への大量の身元不明遺体が搬送されたことは以上の葬儀社清月記の記録から明らかになった。では、遺体を引き受け、火葬協力を行った東京都、および都内民間の葬儀社はどのように対応したのだろうか。以下は、関係機関への聞き取りおよび記録類から明らかになった状況をまとめた。

1　東京都の火葬協力体制

3・11発災後、東京都は被災地支援事務所を立ち上げ、宮城県から支援要請などを受け付ける機関を現地に設置した。この間、現地の被害状況から、火葬協力が必要になると判断したという。これに加え、三月一五日全国知事会からの協力要請によって、東京都瑞江葬儀所（火葬場＋葬儀所）を管理する東京都建設局公園緑地部公園課は遺体受け入れを決め、連絡機関を通じて被災自治体に通知した（東京都 二〇一五、公益財団法人東京都公園協会公園事業部霊園課 二〇一二）。なお、東京都の場合には、都立瑞江葬儀所の指定管理者である公園協会と都が三月二九日から四月一〇日までの間、遺体を受け入れ、火葬を担当、火葬後の焼骨を地方自治体へ返送するまでの保管を引き受けた。四月一一日以降は都福祉局健康安全部環境保健衛生課がこの事業を担当し、五月一日までに八〇八体、その後を含め八六〇体の遺体の受け入れ、火葬処理などを行ったとされる（東京都 二〇一五）。受け入れた被災自治体の火葬依頼数は以下のようである（表4）。

しかしながら、一九三八年に公営火葬場として開設された都立瑞江葬儀所は一九七五年に老朽化のため火葬炉二〇基を持つ葬儀所として全面改築されたとはいえ、現在では火葬炉の仕様も古く、要請される緊急の火葬処理に堪えら

表４　火葬依頼自治体（3月29日—5月1日）

自治体	名取市	多賀城市	七ヶ浜町	石巻市	利府町	女川町	東松島市	計
火葬遺体	150	9	2	467	71	27	82	808

出典）〔東京都 2015〕,『SOGI』140号.

表５　東京都内の火葬協力実施機関

期間	瑞江葬儀所	東京博善社	臨海斎場	計
3月29日—4月 3 日	127			127
4月11日—4月25日	34	579		613
4月28日—5月 1 日	4		64	68
	165	579	64	808

出典）〔東京都 2015〕,『SOGI』140号.

れないことも予想された。そのため、この間、一般の葬儀を中止して被災地支援のための火葬協力に専念する一方、民間葬儀社の株式会社東京博善社にも対応が求められた。なお、臨海斎場は東京の特別区が連携して開設した公営斎場である（表5）。

表5の数値に示されているように、大半の火葬協力を実施した東京博善社は一九二一年創立の歴史を持つ葬儀社で、六ヵ所ある同社の火葬施設のうち、四ツ木斎場は九基の高性能の火葬炉が設置されているため、四月五日から一〇日間で約一〇〇〇体の火葬が可能と見込み、同社単独の支援体制を構想したという〔『SOGI』一四一号〕。しかしながら、東京都の要請によって、同社は都の支援事業の下に、遺体搬送車両の製作と遺体搬送および火葬業務を委託事業として引き受けることになったという。遺体搬送については、運送業者はその後の車両の使い回しの点で難色を示して引き受け手がないため、遺体搬送用に適応できるよう四トントラックを購入して荷台に格子状の棚を設け、棺を安置するよう改造したトラックを三台準備した。以上の経緯を経て、同社は四ツ木斎場を一〇日間閉鎖して支援火葬を実施した。

以上、津波災害によって予想を超えた多数の死者が最終的に処置された過程をフォローしてきた。遺体の遠方への運搬、火葬支援、遺体の仮埋葬（土葬）など、いずれも予想外の事態に対応せざるを得なかった被災自治体、葬儀社、火葬協力の行政職員など、一連の作業に関わった人々が最も留意したことは、遺体の尊厳を損なわないという点であったとしている。

四　遺骨を納める場所がない！

しかし、死者、遺族にとっては、次なる問題が待ち受けていたのである。火葬を施された遺骨は遺族の許に戻される。しかし、東日本大震災の場合には、遺骨を埋葬すべき墓地、それにその管理を担う寺が流失、損壊、あるいは焼失などで埋葬することができないという事態が被災各地で起きた。大槌町の事例を二件紹介しておきたい。大槌町末広町にある曹洞宗江岸寺は寺の本堂（鉄筋コンクリート）に津波が侵入、木造の庫裏は津波の衝撃で倒壊して流された。大萱生良寛住職の父親と息子の遺体はいまも見つかっていないという。プロパンのボンベからの出火によって町の相当部分が焼失し、江岸寺も本尊、什器類、庫裏のみならず墓石も火災を受けた。震災前一八〇〇戸以上の檀家を持つ寺であり、本堂が建たないうちは自分の家を建てないと檀家にいわれ、寺院の再建を決意したという。震災直後、住職と奥さんは避難所や仮住まいなどを経て、震災八年目にしてようやく本堂再建にこぎ着けた。住職は「よくここまで来た」と述懐していた。しかし、多数の死者・行方不明者を出した大槌町であったから、これまで檀家の遺骨も受け入れることができず、いまなお、他の寺院に預かってもらっている現状だという〔二〇一九年一月一八日聞き取り〕。幸いにも本堂・庫裏などが流されずに住民の避難所となった寺院では、被害を受けた近隣寺院の檀家の遺骨をいまも預かる例が多々ある。聞き取りを行った大槌町の大念寺では、一時期三〇〇の遺骨（火葬済み）を預かり、現在もいまだ預けられている遺骨が本堂に安置されている状態であった〔二〇一八年一一月七日聞き取り〕。

表6　被災3県の寺院・神社への復興方針

岩手県	政教分離の原則から寺社への支援は積極的にできない。指定寄付金の周知を図る
宮城県	個人の墓地や宗教法人には助成していない。墓石の撤去などは市町村で行っている
福島県	宗教法人に県費は支出できない。基金は未定。寺社の働きかけにより原発の損害賠償審査会に宗教法人も加えられるようになった

出典）『Jimonkohryu』2011年9月号から引用.

1　放射能汚染地域の被災寺院

ここでは、放射能汚染にさらされ、祖先が眠る墓地へ遺骨を埋納できないばかりか、墓地管理の寺の住職すら自坊へ戻ることができない福島県の寺院の対応を紹介しておきたい。

浪江町にある真言宗豊山派清水寺は相当程度の地震による揺れをしのいで辛うじて倒潰を免れたものの、山門の四〇基ほどの燈籠、墓石のすべて、周囲の塀もすべて倒壊したという。しかし、清水寺住職と家族は、三月一二日夕方、放射能汚染による浪江町役場からの避難指示命令に従い、避難した。それ以降、浪江町全体が住民の一時立ち入り以外は禁止された。二〇一三年四月一日、放射能汚染区域の警戒区域再編により、沿岸部が避難指示解除準備区域、山間部が帰還困難区域、その間の区域が居住制限区域となった。清水寺は、一年間二〇ミリシーベルト以上、五〇ミリシーベルト以下の居住制限区域となった。当初の避難指示で避難して以来、寺に住むことはできず、被害を受けた寺は相馬市に借家を借りて避難した。この間、寺や庫裏にはイノシシなどが入り込み、荒れたままの状態であったという。

まず、被災寺院の数を掲げるデータを挙げ、続いて被災三県の宗教法人に対する対応についての比較表を挙げておく。

表6に示されるように、放射能汚染された福島県では、東京電力と国への損害賠償の要望を出した寺院側の動きを受け、損害賠償審査会に寺院が加えられ、交渉の末、賠償を受けることも可能になった。

表7のなかには二〇一一年段階では調査中とするものもあるが、概数はほぼ把握できる。現在、三県の宗派別被災寺院数を把握していないが、おそらく、約一割近い六〇〇〇寺がなんらかの被

害を受けたことになる。しかしながら、三県とも被災寺院の復興については、政教分離の原則を貫き、個人への援助はしないとする方針に変化はない。神社へは、地域コミュニティーの役割を果たしているとして復興支援がなされた。この点について、寺院側は、なぜ神社だけが地域コミュニティーの核で寺院がそうでないといえるのかとの質問に対して、行政側は、寺院は神社とは異なり個々人が信仰対象としているものであるからと回答したという〔『Jimonkohryu』二〇一一年九月〕。

表7　伝統仏教10大宗派の被災寺院数

宗派名	総寺院数	被災寺院数	被災割合
天台宗	3,342	734	22%
高野山真言宗	3,681	145	4%
真言宗智山派	2,907	250	9%
真言宗豊山派	2,643	調査中	
浄土宗	7,051	1,000 以上	14%
真宗大谷派	8,779	352	4%
浄土真宗本願寺派	10,414	291	3%
臨済宗妙心寺派	3,381	177	5%
曹洞宗	14,555	1,455（暫定）	10%
日蓮宗	5,177	780	15%
合計	61,930	5184	8%

出典）『Jimonkohryu』2011 年 9 月号から引用.

放射能汚染地域の寺院七四ヵ寺は、それぞれの宗派で結束して東京電力や国に対して交渉をしているという〔星野二〇一六〕。真言宗智山派清水寺住職林心澄氏は、この無残な状態を起こした原発事故への理不尽な対応に対して、東京電力と国に賠償を求めるために、原発二〇キロ圏内の真言宗豊山派の寺院一八ヵ寺で結成した東京電力第一原発事故被災寺院復興対策の会の事務局長を務める。約一年を経て、東京電力と直接の交渉にこぎ着けた。この間、妻の実家のある相馬市にまず借家を借り、五〇〇軒の檀家もそれぞれ避難、避難先も不明で連絡を取ることができない檀家も多く、また汚染除去が心配で浪江町には戻らないという檀家もいることから、相馬に別院を建立する選択をしたという。しかし、別院の場合には墓地を付属させることはできないので、浪江町の元地の寺を本寺として檀家の墓地を含めて再建することにした。基本的には別院の費用は住居も兼ねた個人資産で賄う建造物、檀家への宗教行事を執り行う宗教施設三〇％を含むものとして建築した。浪江町の本寺の再建費用の賠償は、法務に関わる収入が失われたことに対する補償（営業補償）、寺院の建物、仏像仏具、境内地、寺院所有地の賠償（財物賠償）など、寺院の営業補償とはどういう根拠に基づくものかなどの議論からはじめられなければならず、例のないことから交渉は難航した〔星野 二〇一六〕。

おわりに――開かれた寺院へ向けて

清水寺が別院を建てた相馬市は、原発被害の大きかった浜通りにある。この地域の被災寺院は、先に述べたように、遺骨を墓地に埋納することすらできない。この地域にある真言宗豊山派一八ヵ寺は、遺骨を預かり、供養する場を共同で設けるため、相馬市の中本山として古い歴史を持つ歓喜寺の境内地に「慈眼院」を建立することにし、豊山派の全国の寺院から寄付を募った。慈眼院に建てられた由緒書には、その経緯や理念が掲げられた。そこには、宗派を問わず、「祈りの場」とするとうたわれている。もちろん、帰るべき場所を失った遺骨の預かり場所でもある。福島県浜通り寺院が直面する苦難と檀家の困難に直接向き合おうとする意志がこうした開かれた御堂を建てることになった強い動機だったとされる。東日本大震災で被災した寺院の多くは、檀家の減少、離散、高齢化などによって、震災前の姿を取り戻すことはできないという危機感に覆われている。そのなかにあって、社会に向けて希望を託すこうした動きがあることは、寺院の今後のあり方の模索の結果として評価すべきではないかと思われる。

参考文献

上田耕蔵　二〇一二『東日本大震災　医療と介護に何が起こったのか――震災関連死を減らすために』萌文社

株式会社清月記『3・11東日本大震災　清月記活動の記録』編集委員会編　二〇一二『3・11東日本大震災　清月記活動の記録――鎮魂と追悼の誠を捧げて』

北原糸子　二〇一八「若者の未来志向と死者の行方」『歴史学研究』九七六

公益財団法人東京都公園協会公園事業部霊園課　二〇一一「東日本大震災における瑞江葬儀所の火葬協力」『都市公園』一九四
『Jimonkohryu』（興山舎）二〇一一年九月号
東京都　二〇一五『東日本大震災　東京都復興支援総合記録誌（平成23年3月11日から平成26年3月31日まで）』
星野英紀　二〇一六「被災地寺院の四年八ヶ月」『大正大学研究紀要』一〇一
「東日本大震災における東京での火葬支援の真実　上」『SOGI』（表現文化社）一四〇（二〇一四年）
「東日本大震災における東京での火葬支援の真実　下」『SOGI』（表現文化社）一四一（二〇一四年）

（付記）本章を成すにあたり、株式会社清月記、株式会社東京博善社、東京都建設局公園緑地部公園課、福祉局健康安全課、白石市常福院伏見英俊様、相馬市清水寺別院住職林心澄様、相馬市歓喜寺住職氏家拡誉様、気仙沼市浄念寺住職高橋一世様、大槌町江岸寺住職大萱生良寛様、大槌町大念寺大萱生修明様、淑徳大学アジア国際社会福祉研究所藤森雄介様、東京ＹＭＣＡ医療福祉専門学校渡辺義昭様、仙台市荒蝦夷社土方正志様、その他、多数の方々のお力添えをいただきました。なお、本研究は、東北大学災害科学国際研究所の「防災教育教材・郷土災害資料と災害教育実践事例に関わる研究プロジェクト」による研究助成成果報告の一部であります。

4 大規模自然災害時の歴史研究者と大学の役割

――地域の記憶を歴史として継承するために

奥村　弘

はじめに

東日本大震災の一連の余震以降、震度六弱を超える地震が相次いでいる。二〇一六年四月に阪神・淡路大震災と同規模の熊本地震が発生、六月の内浦湾地震、一〇月の鳥取県中部地震、一二月の茨城県北部での地震と、敗戦後はじめて年に四回、異なる地域で震度六以上を観測した。二〇一八年も六月一八日大阪府北部地震、九月六日に北海道で震度七の地震が起こった。さらに水害はほぼ毎年発生しており、二〇一八年には西日本豪雨や台風二一号等による大きな被害が発生した。現在、私達は、日本列島のどの場所においても大規模自然災害を前提に、日常の生活を考えねばならない状況に置かれるようになっている。

歴史文化の領域においても、地域の歴史遺産を保全し、大規模災害の記録を保存することで、地域の記憶を歴史として未来に伝えていくことが、日本列島に生きる私達の日常の課題となっている。各地のボランティアによる歴史資料保全組織（資料ネット）の活動も拡大し、神戸の歴史資料ネットワーク把握分で、二四団体となっている。二〇一六年の熊本地震では、熊本被災史料救出ネットワーク（事務局熊本大学）が結成され、鳥取県中部地震で山陰歴史資料ネットワーク（事務局島根大学）が保全活動を開始した。二〇一八年の西日本豪雨では、休止状態であった広島ネットの活動が再開し、愛媛ネット、岡山ネット、歴史資料ネットワーク等が協力しながら、それぞれの被災地を中心に被災歴史資料保全を進めている。また鹿児島県でも新たに鹿児島歴史資料防災ネットワークが設立された。

各地の資料ネットを軸として共同して歴史資料保全を進めるあらたな試みも進んでいる。東日本大震災被災地の被災史料の永続的な保存のための安定化作業は、全国的な共同作業として歴史文化関係者、被災地の市民やボランティアの手によって進められている。たとえば大船渡市での津波被災歴史資料は、奈良文化財研究所で真空凍結乾燥され、京都造形大学で保存科学の専門家を中心に水洗作業が行われた。水洗できない史料は歴史資料ネットワークが神戸大学を会場に、市民ボランティアの方々とともにクリーニング処理を継続的に行っている。

震災や原発災害の記憶を次世代に伝える活動では、震災資料を地域の歴史として位置づけ、活用しうる体制づくりが焦点となっている〔柳沼 二〇一九〕。二〇一八年の西日本豪雨では、歴史資料ネットワークを集約拠点とした全国的な人的物的支援に加え、被災地となった岡山、愛媛、広島の資料ネットを近接する各県の資料ネットが被災直後から現在に至るまで、人的物的な支援を継続的に進める新たな動きが生まれている（これについては〔歴史資料ネットワーク 二〇一八〕参照）。

シリーズ「3・11からの歴史学」では、災害資料を中心に大規模自然災害の記憶を次世代につないでいく際の歴史研究者の役割について「記憶を歴史として継承する場の広がりと歴史研究者の役割」（その五）で、持続的にこの役割を担っていくための大学のあり方について「地域歴史文化拠点としての大学の重要性」（その九）で議論を深めた。本章では、二つの論考を新たな展開を含めて再整理し、大規模自然災害が継続して起こる日本列島のなかで、記憶を歴史としていかに継承していくのか、そのなかで歴史研究者はいかなる役割を担えるのか、その活動の拠点となる日本各地の大学の位置について論じる。

一　記憶を継承する場における共振作用――阪神・淡路大震災と東日本大震災

一九九五年一月一七日五時四六分、淡路島北部、深さ一六キロメートルを震源に、マグニチュード七・三の直下型地震（兵庫県南部地震）が発生した。淡路島から神戸阪神間で、気象台観測史上初めて震度七が記録された。関連死を含め六四三四人が亡くなり、全壊家屋は約一〇万戸（東日本大震災が約一三万戸）に及んだとされている。地震被害は、兵庫県南部から大阪府に及び、日本列島を東西に結ぶ交通の要所を分断し、日本社会全体に大きな影響を与えた。同年二月一四日、政府は、これを「阪神・淡路大震災」と命名した。

それから二五年になろうとしている。わかりやすい時間で区切り、主体的に記憶を呼び起こす営みを「年忌」として捉えるならば、記憶継承のあり方を根本的に変える時機の到来を示す年忌として、二〇年は特別な意味を持つ。震災一五年の際、私は学生と伊丹市で阪神・淡路大震災の展示を行った（伊丹市博物館史料集八『阪神・淡路大震災伊丹からの発信　手引・資料編』二〇一一年三月参照）。当時の学生は、震災時、小学校入学前後で、何らかの形で震災についての記憶があった。二〇一五年度も同様の演習を行ったが、このときの学生は、明確な記憶を持たないか、震災以降に生まれた世代になっている。四年生でも震災時、二、三歳で、震災の記憶は曖昧で、両親から聞かせてもらった話として震災を語った学生もいた。二〇年という時間は、体験者の記憶を社会的に継承するために、大震災の記憶を歴史として再構成し、社会的に引き続いていくための作業、記憶の歴史化を必須としているのである。

この変化は、被災地の自治体やマスコミにも意識された。神戸市は、震災直前の居住地をもとに、震災後に「市外から転居」「出生」の割合を「震災を経験していない」割合として算出した場合、二〇一三年には四二パーセントとなり、二〇二二年には半数を超えるとの想定を行った。二〇一五年に地元新聞である神戸新聞社は、このことに注目し、同社のウェブ版でこのことを次世代への記憶の継承と関連して大きく扱った。

記憶の歴史化という点での二〇年の重要さに加えて、二〇一一年に東日本大震災が起こったことも、阪神・淡路大震災の記憶の継承に新たな意味づけを与えた。二〇一四年、震災一九年は、年忌として大きく注目されるものではなかった。にもかかわらず、二〇一四年五月の歴史学研究会総会でも述べたのであるが、記憶を継承していくさまざまな活動が盛り上がりを見せた。それは私にとっても予期しない出来事であった。

東日本大震災後、私は、神戸大学人文学研究科地域連携センターや歴史資料ネットワークの関係者とともに、神戸大学附属図書館と連携して、東日本の公立図書館や大学附属図書館の方々と東日本大震災の震災資料保存のための実践的研究を進めてきた。その一つとして、毎年一度、震災資料保存の現状を把握し、資料保存の社会的・研究的な位置づけを明確にし、具体的な手法を交流する研究会を継続して開催している（神戸大学大学院人文学研究科地域連携センター 二〇一一―二〇一八）。この研究会は、当初、阪神の震災資料保存の蓄積を東日本被災地に伝えるという点に中心があった。東日本大震災から三年が経ち、被災各府県の公立図書館や大学図書館で震災資料の保存公開が当初の手探りの段階から、持続的体系的な形へと変わる二〇一四年には、その役割が変化する。阪神・淡路大震災の体験者にとっては、東日本大震災を通して自己の記憶を歴史として問い返すものとなり、附属図書館の若い職員や学生にとっては、東日本大震災のイメージと重ね合わせながら、附属図書館震災文庫等の阪神・淡路大震災の資料を歴史資料として活用するものへと変化していった（現在、二〇〇四年の中越地震や二〇一六年の熊本地震での経験も加わり、この研究会での議論は、多様な災害の経験を基礎とした相互理解を深めるものへと変化しつつある）。

一九年目の盛り上がりは、震災に関係する様々な分野において、阪神・淡路大震災の記憶の継承が新たな段階に入り、東日本大震災でも継承という課題が意識されるなかで、二つの震災をめぐる記憶の継承という課題の共振が生じたのではないかと考える。このような共振作用は大震災の間や、大規模自然災害だけに止まるものではない。たとえば、阪神・淡路大震災の聞き取りのなかでは、阪神・淡路の避難所運営において、神戸大空襲後の避難所での体験が想起された事例が見られる〔奥村 二〇一五b〕。アジア太平洋戦争の様々な記憶が歴史となる場は、それを直接に記憶している世代は少なくなったとはいえ、現在もなお慰安婦問題等に見られるように鋭い対立の中で展開している。自然災害と人災との違いはあるが、大規模自然災害と戦争の記憶の継承との間もまた相互に共振し合っている。広範な人々を巻き込んで、記憶の継承をめぐって共振が起こる「巨大な場」が形成されているのである。

この場は、歴史的に考えるとはいかなることなのか、歴史として継承していくことがどのように行われるのかを、広範な人々が認知していく場でもある。そこに、歴史を専門家として扱う歴史研究者が関与し、その過程を成熟させることは、市民社会が成熟していく上で、その基礎学である歴史学の展開において必要不可欠である。その意味で、歴史を扱う専門家群として社会的な認知を受けている歴史研究者にとって、個別の領域の歴史的な事象を捉えて、これを社会へと還元していくことと、記憶が社会のなかで歴史として継承される場へ参加していくことは、同等な位置づけをもつものである。

二　記憶の歴史化と教訓の歴史化のせめぎ合いのなかで

それでは歴史研究者は、この場にどのようにして加わっていけばよいか。少し唐突になるが、災害の記憶を歴史として次世代へ引き継ぐ視点を考える際、足尾銅山鉱毒事件での天皇への直訴状書面についての幸徳秋水と田中正造とのやり取りは極めて興味深いものがある。

この直訴状をめぐるやり取りは、木下尚江「臨終の田中正造」（『中央公論』一九三三年九月号、近代日本思想大系一〇『木下尚江集』筑摩書房、一九七五年に所収）に詳しい〔木下尚江 一九七五〕。田中が幸徳秋水に文章を依頼し、その文章を田中が修正して、直訴に及んでいる。幸徳のもとの文章では、「魚族斃死し、田園荒廃し、数十万の人民、産を失ひ業に離れ、飢て食なく病で薬なく、老幼は溝壑に転じ、壮者は去て他国に流離せり。如此にして二十年前の肥田沃土は、今や化して黄茅白葦満目惨憺の荒野となれり」とされていた。木下によれば、田中は、「鉱毒地は広い。被害民は多い。害毒の激烈な処もあれば、希薄な処もある。黄茅白葦満目惨憺の荒野となる処もあれば、それ程にまでならぬ処もある。直訴と言う以上、その区別を明らかにせねばならぬ」としてこれを修正したという。「数十万の人民の中、産を失へるあり、営養を失えるあり、或は業に離れ、飢て食なく病で薬なきあり」「今や化して黄茅白葦満目惨憺の荒野となれるあり」と「○○あり」を多用し、被災地の状況が一様ではないとして修正を加えた（なお木下尚江の引用は、直訴原文と表記等に違いがある）。

木下によれば、田中の修正により文体が壊れたことについて、幸徳秋水は「頗る気にして」おり、「荒野となれるあり、では、君、文章にならぬぢやないか」と木下に述べたとされている。執筆を頼まれた幸徳は、被災地の状況を一般化し、これを強くイメージ化することで被災地の悲惨さを際立たせる文体を用意した。そのイメージを大きく損なう田中の修正は、文章の被災を訴える迫力を損ねるものとされた。これに対して、現場で地域の回復を掲げて活動する田中から見るならば、一様なイメージは、場所によって被害の差がある現地に即さないものである。むしろ様々な差を抱えながら事態が展開していることを正確に訴えることが、地域の回復のために重要であると考えられているのである。

大規模自然災害や人災におけるこのような二つの異なるイメージのぶつかり合いは、決して過去のものではない。阪神・淡路大震災では道一本隔てて、ほとんどの家が壊れている場所とそうでない場所が向かい合っていることさえあった。このことは地域の被災者には当たり前のこととして知られていたが、被害の激しい場所への取材が集中し、その激しい差異にカメラを向けるテレビ局はほとんどなかった。東日本大震災でも家屋被害の多様性が被災地外に報道されることはほとんどなかったのである。二〇一四年度、神戸大学と東北大学を中心とした私たちのグループが行った宮城県岩沼市での避難所を中心とする聞き取りと震災資料の保存の活動においても、ある被災者は「ＮＨＫで若い人たちが取材して歩いてるんだけど、そういう人に二回ぐらい取材受けてるんだけど、現在の状況に満足するようなこと言うとね、全然取り上げてもらえないから。やっぱりあそこが大変だとか、ここが大変だって言えば、たぶん取り上げてもらえるんだろうけど」と語っている〔奥村編 二〇一四、一一八頁〕。

さらに避難所となった市民会館館長の菅原清は「市役所に勤めていて建設関係に携わって、たぶん今でも現役だったら、今度同じような津波が来たって被害に遭わないように、「がっ」と止めなきゃならないって言う思いが、たぶんかなり強くあったような気がするね。（中略）ところが俺はもう一般市民で、地域のなかで暮らしているわけですよ。地域の人、ここだってこれくらいの津波が来たんだけれども、今度は全体止めてほしいなんて、誰も一言も言ってない。津波が来たら逃げると。逃げ道をつくってくれと。（中略）こういうのが一般市民の思いだなとつくづく思いますよ」と述べ、さらに、高台に住んで農業や漁業を行う時に下に降りていくという考え方に対して、「夕方のご飯食べてから田んぼに行って、「水どのくらいかかったかな、もう少しだな」って、それで、家にかえってきて寝る前一時ごろ毎回田んぼに行って水を止めたりして。あと、朝勤めに行く前に、五時から草刈りしたり。漁業だって一緒でしょう。（中略）生活と一緒に仕事をしているわけ。勤め人みたいに、八時半に出てきて漁業の仕事をして、五時になったら帰って来るのか。そういうことではないの」〔奥村編 二〇一四、三八・三九頁〕と、農業や漁業の具体的なあり方から反論した。

ここでは、一人の被災者自身のなかで、地域の再生において二つの対応策が存在している。一つは、住民を守るため高堤防、高台移転策をとるべきである自治体職員として対応策であり、もう一つは地域の歴史や被災の具体像を基礎として、高堤防・高台移転について批判した形で語られる住民としての具体的な対応策である。

被災地の状況を被災地外の人々に伝えようとする際、それを一般化することで強いイメージを発信しようとすることは、幸徳がそうであったように、悪意から生まれるものではないし、意図的に事実をねじ曲げようとしているわけではない。しかしながらそれが、悲惨な災害から復興すべきであるとの一般化に止まり、そこに内在する個々の具体性を欠くことになるならば、災害の記憶は歴史として継承されるよりは、「きずな」や「人々のやさしさ」「いのちの大事さ」という抽象的な教訓、さらには徳目として記憶されていくことになってしまう。たとえば、「阪神・淡路大震災記念 人と防災未来センター」の震災展示は、地震発生以前の被災地の歴史的な差異はほとんど触れられず、被災地一般のイメージで作成された破壊された、その意味ではどこにも存在しない原寸大の街の模型が展示されている。記憶の一般化、教訓化による歴史性の排除は、社会的には、一般化や教訓化、さらには徳目の形成こそが歴史であるという形で、歴史の意味を反転させてしまいかねない問題点をはらんでいるのである。

三　記憶の歴史化における歴史研究者の役割と学会・大学の位置

岩沼市の報告書は、聞き取りと避難所を中心とした震災資料との二つから構成されている。ここでの聞き取りと震災資料は密接に関係するものである。聞き取り作業では、東北大学の天野真志、小幡圭祐の二人が中心となった。二人は、市役所が作成した『東日本大震災　岩沼市の記録』（二〇一三年）を、菅原清は震災時のメモを手元に置きながら、聞き取りが行われた。天野と小幡は、『岩沼市の記録』の概括的な叙述や、情報の不十分な写真等を示しながら、菅原に質問を行い、菅原はメモを見ながらこれに応じるというスタイルで、避難所の姿を具体化していった。資料と聞き取りを深く関連させる方法は、この報告書全体を貫くものである。

このスタイルは、避難所の具体的なイメージを再構成する上でも重要な視点を提示する。たとえば二〇一一年四月五日朝引継の避難所引継書（同報告書、資料五七）によれば、「米軍軍楽隊によるロビーパフォーマンスがありました。一八：三〇から四五分程度、音楽とダンスなどで皆さん盛り上がりました」との記述ある。しかし聞き取りでは「アメリカの軍楽隊が来たんです。迷彩服着て、戦闘服みたいなの着て演奏したんだけど、それで一番最初に演奏した曲が、「星条旗よ永遠なれ」でした。こいつら、ほんと他人の国に来て国旗を立てるようなことして。こいつらいったいなんだと思いましたね」（同一一七頁）とされている。資料のみでは、このような思いを抱いた被災者がいたこと自身、忘れ去られてしまったであろう。

岩沼市の取り組みにおいて特別の方法が取られているわけではない。聞き取りを行った天野は維新期を、小幡は明治期を主な研究領域としており、避難所研究の専門家ではない。避難所という具体的な対象へのアプローチにおいて工夫はなされているものの、歴史資料を収集保存し、歴史資料の実証的な分析を通してその対象を深く捉え、それを当該期の歴史的な社会のなかに位置づけ、歴史的・能動的なイメージとして歴史像を形成し、社会に提示するという、私たち歴史学の専門家が共有している手法がとられているのである。歴史学の手法の有効性は、被災各地の取り組みでも明らかにされてきている。たとえば新潟での震災資料保存においては、矢田俊文らによって、古文書学を応用したユニークな取り組みが行われている。私は、歴史学の手法を自覚的に展開し、社会的な理解を深めることで、記憶の一般的な教訓化、歴史の道徳化に対抗する社会的な力を強めるとともに、それは歴史学の方法を鍛え、新たな研究対象を見いだす契機にもなっていくと考えている〔奥村編 二〇一四、菊地 二〇一六〕。

東日本大震災以降も、大規模自然災害は毎年のように続発しており、記憶が歴史として継承される場は、様々な歴史事象の共振作用のなかで大きく広がっている。災害時には、被災歴史資料保全についての課題が緊急性も強く、前面に出ることも多いが、この課題についても多くの歴史研究者が、それぞれの条件を活かして参加していただければと考える。

二つの実践的研究を進めるにあたり、歴史学研究会をはじめとする現代社会に強い関心を持つ総合的な歴史学会は大きな役割を担っている。研究者に対する組織的な支援と、その成果の歴史研究への還元の場があって初めて、この場に研究者が持続的に参加し、他の諸学との積極的に議論を展開し、歴史学の方法と対象を豊かにすることが可能となるからである。歴史資料ネットワークは阪神・淡路大震災で、歴史学会連絡会として生まれ、歴史学会に支えられながら、被災現場での被災史料と災害資料の保全活用を進めてきた。東日本大震災以降の新たな状況のなかで、全国の「資料ネット」と協力しながら、歴史学会の主体的な取り組みがますます求められているのである。

さらに「資料ネット」の活動においては、歴史学会とともに、日本各地の大学の役割が極めて重要となっている。二四ある「資料ネット」の内、国立大学に事務局を置く団体は一九、公立大学も入れると二〇団体となっている。このことは日本各地の国公立大学が歴史文化拠点として重要な位置を占めていることを示している。その理由は三つにまとめられる。

第一は、戦後国立大学が各都道府県に成立し、その後多くの大学で関係教員と学生、さらには地域住民と持続的な努力を展開するなかで、各地の大学が地域の歴史文化拠点として役割を果たしてきたことである。地域の歴史文化の研究や、地域で持続的に歴史文化に携わる市民育成は、すべての基礎である（この動向を捉え、全国的な交流を進めるものとして、地域史惣寄合の活動がある。これについては〔地域史惣寄合呼びかけ人編　二〇一〇・二〇一二、青木ほか編　二〇一三、和泉市教育委員会　二〇一六〕）。

第二は、災害時の緊急活動において大学は柔軟な対応が可能なことがあげられる。大規模地震災害の場合、自治体立の博物館や史料館の職員は、行政の一員として緊急対応に当たることとなる。その職務は都道府県や市町村の地域防災計画に規定されており、ここに歴史資料保全が書き込まれていない場合、長期にわたり、歴史文化以外の緊急対応を担うことも少なくない。書き込まれていても、被災が激しい場合、地域の歴史資料に手が回りにくい。さらに自治体はその性格上、協定等がない場合、職員が自治体外の地域に自由に公務として出ることは難しく、住民対応でも被災地内全域に対する平等性を求められており、緊急時の基本原則である「できるところから、保全活動をはじめる」という柔軟な対応を担いにくい（その意味で、熊本地震で熊本市立博物館が早期に歴史資料保存を公務として開始したことは画期的な意味を持つ。また広島大学と広島県立文書館が災害時の地域の歴史資料保全について相互協定をもっていたことは西日本豪雨の際、活動をパブリックに展開する上で重要な意味をもった〔第四回全国史料ネット研究交流集会実行委員会編 二〇一八〕）。

第三は、大学が地域と全国の関係者を結ぶ結節点となっていることである。日本の歴史学会の多くは、歴史資料保存を重要な学会活動と位置づけており、各地の大学の研究者は、学会を通した全国的な広がりのなかにある。その人的な連携を基礎にボランティアを受け入れる拠点として、各地の大学は重要な意味をもっている。他の災害ボランティアと同様、緊急時対応については、被災地外からの支援が極めて重要である。阪神・淡路大震災の際、神戸大学は大きな被害を受け、大学そのものの機能の復旧が第一義的な課題となり、教員・学生はすぐには、保全活動に入れなかった。被害が少なかった大阪や京都の若手研究者が保全活動において大きな役割を果たした。東日本大震災でも、被災した歴史関係者は、すぐに活動に入れなかった。医療における災害派遣医療チーム（ＤＭＡＴ）と同様、災害直後の歴史資料を救うためには、他地域の関係者との連携が組織的に取れるかどうかが重要な意味をもつのである。

四　地域歴史文化拠点としての大学と「資料ネット」の相互関係

各地の「資料ネット」関係者は、「資料ネット」の災害時の活動を日常時に活かすことで大学の拠点機能も深まるという相互関係があることに注目してきた。たとえば東日本大震災後、茨城大学人文学部の高橋修研究室の被災調査からはじまった、茨城文化財・歴史資料救済・保全ネットワーク（茨城史料ネット）の活動は、その典型といえる。茨城ネットでは、茨城大学人文学部の歴史文化遺産コースの学生を中心に、巡回調査と史料保全が行われ、さらに保全した史料を大学で展示するという形で、災害時の活動を大学での教育に活かす活動が進められた。現在、茨城ネットでは、同大学の学生が主体となって市民や歴史関係者とともに、毎週水曜日に東日本大震災の保存資料の整理作業を進めている。また毎年秋に自治体と協力して行っている「文化財・歴史資料の曝涼・公開」事業は、歴史資料の虫干しと地域への公開を組み合わせたものであり、公開された歴史資料の解説を茨城ネットに関係する学生が積極的に行っている。さらに二〇一五年九月台風一八号による多量の古文書や近代役場史料を含む常総市役所永年保存文書のレスキューに参加し、現在も保全活動を続けるなど、活発な活動を展開している。

この活動に参加してきた岩淵義弘は、二〇一五年に神戸で行われた第一回の全国史料ネット研究交流集会で、「茨城史料ネットの活動と学生ボランティア」というテーマで報告し、同ネットワークのもつ学生主体の活動のもつ意味について、世代交代が早く継承がむずかしいという課題はあるが、地域の住民と学生の間が近いこと、学生にとって地域社会のなかで地域の歴史資料に接することは「教育的・社会的経験」になることから積極的な活動が進められると述べた（『全国史料ネット研究交流集会報告書歴史資料ネットワーク設立二〇周年記念』二〇一五年）。このようななかで、茨城大学では、大学院進学も増え、その卒業生が地域の博物館等、歴史文化に関わる仕事に就職しはじめている。茨城ネットの災害時の活動が大学での教育研究につながり、地域社会のなかで歴史文化を担う若い世代が拡大し、それが茨城ネットの災害時の活動を支えていくという好循環が生まれているのである。

茨城ネットと茨城大学のような関係は、歴史資料ネットワークと神戸大学大学院人文学研究科地域連携センターにもみられる。阪神・淡路大震災において、歴史資料保全および震災資料保存を進めるための組織として生まれた歴史資料ネットワークは、二〇〇二年に恒常的な組織となり、大規模自然災害時の歴史学会の史料保全活動についての暫定的なセンター的役割も担っている（東日本大震災でも、参加学会の窓口としてカンパ活動や情報提供などを行った）。この年には、地域の歴史文化の課題に応えるために、神戸大学文学部に地域連携センターが設置された。同センターは、県下の博物館や史料館、図書館等の歴史文化関係者や地域住民と、阪神・淡路大震災時の経験を基礎に、兵庫県下を基本的な活動の場として、地域歴史文化形成のための実践的研究と、学部生から大学院生、社会人に至る体系的な教育を展開し、理論と方法を蓄積してきた。そのなかで、地域連携センターと地域との連携が深まり、自治体や地域住民との関係も強まり、その活動は県内全体に及ぶようになった〔奥村ほか 二〇一八〕。

阪神・淡路大震災後、神戸大学では、歴史文化の領域だけでなく、各部局に地域連携センター等を置き、大学全体の地域連携推進室がその活動をサポートする体制が整備された。すなわち、部局が主体となって持続的に地域と連携して活動を進めていく形が地域連携活動の基本をなしているのである。これは、阪神・淡路大震災で専門家が自分の持ち場と考えている領域から一歩踏み出すことによって、危機的な地域社会の状況へ対応していったことをふまえたものである。被災地の大学として、それぞれの部局のもつ高い専門性を活かし、さらに一歩踏み込んで、地域と持続的に関わることを、大学全体でも支援していくという形がとられている。

これらの事例にみられるように、現在、地域社会存続の危機のなかで、大学と地域社会のさまざまな主体（自治体、企業、地域団体等）の両者が、お互いに一歩踏み込んで関わり合い、大学のもつ「専門知」と地域社会の持つさまざまな「社会知」を積極的に環流させ、地域社会を支える豊かな知的な基盤を意識的に形成すること、そのための連携の拠点を構築していくことが求められるようになっている。その際、大学には、学知を担う主体として、知的な社会基盤全体を形成するための積極的な努力が求められている。このような観点から見るなら各地に生まれた「資料ネット」は、他の諸分野に先駆けて歴史文化の領域で、これを具体化したものであり、それが可能となった背景には、市民社会形成の基礎学としての歴史学のあり方を深めてきた、これまでの歴史学の大学における教育研究に対する蓄積があると考える。

歴史文化全体の次世代への継承という視点から考えるなら、大規模災害時の史料保全・震災資料保存を行う緩やかな組織体である「資料ネット」とともに、平時からの大学の地域歴史文化拠点としての取り組みが重要である。地域の博物館や史料館等と連携し、歴史資料の所在確認や保存を促進し、地域の歴史研究を展開するとともに、さらにそれを地域づくりにつなげ、地域の人々の関心を高めていくことが、大学の役割として重要である。また地域歴史資料は、それに価値を見出し残そうとする地域の多様な人々の営為があって、地域の歴史遺産として継承されていくものであることを考えるならば、専門家だけではなく、地域の人々が、地域の歴史文化の担い手となることが望まれる。大学は、そうした担い手を育成するための教育・研究拠点としての役割も果たしているからである。

各地の「資料ネット」の活動と経験から、大学の歴史文化領域でのさまざまな活動が広がっていることは、地域歴史文化拠点としての大学の役割の重要性を広範な市民に理解してもらえていることを示している。それとともに、社会的な理解が深まれば深まるほど、地域社会の側からも、その役割を大学に強く求めるようになっていることを示すものでもある。

おわりに――地域社会と大学の危機のなかでの全国的な連携事業のもつ意味

現在、いわゆる人文社会系不要論が喧伝されるなかで、各地の国公立大学で人文科学系や教員養成系学部・学科の転換や縮小が起こっている。このような動きのなかで、歴史文化を担う部門の維持そのものが危機を迎えている。歴史文化に関する高い専門知は、地域史と世界史を全体として捉えるなかで形成されるのであるが、そのような基盤はますます奪われており、都道府県レベルの国立大学のなかで、地域の歴史文化を担う研究者が全くいないという状況さえ生まれつつある。このことは、各地の国立大学がこれまで担ってきた地域社会を支える知的基盤形成の重要な柱である歴史文化の領域を弱体化させ、地域社会の危機のなかで求められている大学の機能そのものを維持することを困難にするものである。

それに対して私たちはどのように対応していけばよいのか。東日本大震災以降の歴史資料保全活動は、その点で重要な示唆を与えるものである。広域で多様な巨大災害である東日本大震災への対応は、歴史文化の領域でも広域で多様な支援体制を生みだした。各地の「資料ネット」の全国的な連携による被災地支援は深まり、国立文化財機構を拠点とした文化財防災ネットワークは、日本において初めて地域文化に関わる多様な組織を広範に結集するものとなった。このような動向は日本学術会議でも取り上げられていく。二〇一四年六月、日本学術会議は、「資料ネット」に参加する研究者と文化庁や自治体との連携を基本とした、大規模災害の発生を前提とした文化財保護政策の効果的な実現のために、提言「文化財の次世代への確かな継承――災害を前提とした保護対策の構築をめざして」〔日本学術会議 二〇一四〕をまとめた。

各地の「資料ネット」は、このような全国的な連携と多様な分野の関係者や市民がそのなかで地域歴史文化についての共通認識を深めていくことが重要であるとして、二〇一五年二月、国立文化財機構と協力して、神戸で第一回全国史料ネット交流研究集会を開催した。そこで「地域歴史遺産の保全・継承に向けての神戸宣言」を採択し、「歴史文化に関わる多様な分野の専門家と地域の歴史文化の多様な担い手が、ともに手を取りあって、文化財等の保存・継承活動を一層強め」ること、「政府、地方公共団体および大学等が、この活動を支援し、地域の歴史文化を豊かにするための基礎的な環境を、縦割りを超えて整備する」ことを提言した。「資料ネット」の全国研究交流集会は、二〇一六年三月に福島で第二回、同年一二月に愛媛で第三回、二〇一八年一月、岡山で第四回、同年一一月に新潟で第五回が行われた。そこでは、全国的な課題の共有と相互支援体制の強化が図られている。

他方、大学では、神戸大学人文学研究科地域連携センターが、そのための努力を先駆的に進めた。二〇一一年一二月、「地域歴史文化の育成支援拠点としての国公立大学　地域歴史遺産の保全・活用と防災」をテーマに、第一回「国公立大学フォーラム」を開催し、参加二二大学と「地域文化大学連絡会」を結成した。二〇一三年二月には、第二回フォーラム「地域歴史文化の保全・継承と広域災害に備えた大学間ネットワークの形成のために」を開き、東日本大震災後の大学の対応や状況交流、文化庁の地域での事業と大学との連携について議論を深めてきた〔神戸大学大学院地域連携センター編 二〇一二、二〇一三a〕。さらに、二〇一六年一一月一二日、私立大学も含め、地域歴史文化大学フォーラム「地域歴史文化継承における大学と研究機関の役割――広域災害への備えと人材育成」を開催した。ここでは人間文化研究機構、神戸大学、佐賀大学、愛媛大学等の取り組みが報告され、討論のなかで大学の歴史文化系学部・学科の置かれている状況について議論が深められた。

このフォーラムでは、大学共同利用機関である人間文化研究機構も主催者とした参加している点で新たな意味をもつものであった。歴史学研究会二〇一五年大会特設部会の平川南報告〔平川 二〇一五〕にあるように、同機構は、二〇一六年度から国内外の大学等と連携して行う広領域連携型研究基幹プロジェクトの一つとして「日本列島における地域社会変貌・災害からの地域文化の再構築」を展開してきた。さらに同研究機構は、二〇一八年一月、神戸大学、東北大学と協定を締結し、新たに「歴史文化資料保全の大学・共同利用機関ネットワーク事業」を開始した。これは、平時には地域社会の歴史文化継承を支援し、大規模自然災害時には関係組織と「資料ネット」を結成し歴史資料保全にあたることを目指すために、大学共同利用機関として、大学間ネットワークと大学の教育研究機能を強化するものである。二〇一八年度から同事業は本格化し、西日本豪雨では被災地で技術支援を行い、九月には、鹿児島歴史資料防災ネットワークの結成を支援した。また同月、大阪で第一回歴史文化資料保全西日本大学協議会を、一二月には神戸大学で全国の大学等が参加する地域歴史文化大学フォーラムを開催、二〇一九年一月に千葉で東日本協議会を開催するなど、活発な連携事業を展開している。大学の教育研究機能を豊かに発展させる、全国的な研究者と地域住民の連携をいかに強化していくかも、日本の地域歴史文化の継承のための大きな課題となっているのである。

参考文献

青木歳幸・奥村弘・塚田孝・吉田伸之編　二〇一三『地域史の固有性と普遍性』佐賀大学地域学歴史文化研究センター
和泉市教育委員会編　二〇一六『地域の全体史と現代』塚田孝監修、和泉市史編纂委員会
伊丹市立博物館編　二〇一一『阪神・淡路大震災　伊丹からの発信　手引・資料編』（伊丹市博物館史料集8）伊丹市立博物館
岩沼市　二〇一三『東日本大震災　岩沼市の記録――震災から2年　地域再生に向けた軌跡』岩沼市
奥村弘　二〇一五a「記憶を歴史として継承する場の広がりと歴史研究者の役割――阪神・淡路大震災20年、東日本大震災4年の中で考える」『歴史学研究』九二六
奥村弘　二〇一五b「住吉の記憶を未来へ」『阪神・淡路大震災資料集I　住吉の記録「住中と水」』一般社団法人住吉学園・住吉歴史資料館
奥村弘　二〇一七「地域歴史文化拠点としての大学の重要性――災害が続く日本列島の中での取り組みから」『歴史学研究』九五五
奥村弘編　二〇一四a『宮城県岩沼市における震災資料所在調査報告書』神戸大学大学院人文学研究科
奥村弘編　二〇一四b『歴史文化を大災害から守る――地域歴史資料学の構築』東京大学出版会
奥村弘・村井良介・木村修二編　二〇一八『地域歴史遺産と現代社会』（地域づくりの基礎知識1）神戸大学出版会
菊地慶子　二〇一六『仙台藩の海岸林と村の暮らし――クロマツを植えて災害に備える』蕃山房
木下尚江　一九七五「臨終の田中正造」『木下尚江集』（近代日本思想大系一〇）筑摩書房、一九七五年（初出は『中央公論』一九三三年九月号）
神戸大学大学院人文学研究科地域連携センター　二〇一一―二〇一八『事業報告書』
神戸大学大学院人文学研究科地域連携センター　二〇一一―二〇一八『事業報告』（「阪神・淡路大震災資料の保存・活用に関する研究会」（http://www.lit.kobe-u.ac.jp/~area-c/sinsai.html）
神戸大学大学院人文学研究科地域連携センター編　二〇一二『特別研究プロジェクト平成23年度事業報告書　地域歴史遺産保全活用教育研究を基軸とした地域歴史文化育成支援拠点の整備』
神戸大学大学院人文学研究科地域連携センター編　二〇一三a『特別研究プロジェクト平成24年度・最終報告書』

神戸大学大学院人文学研究科地域連携センター編　二〇一三b『「地域歴史遺産」の可能性』岩田書院
第4回全国史料ネット研究交流集会実行委員会編　二〇一八『文化財防災ネットワーク推進事業　地域の文化財防災の関する研究集会報告書1　第4回全国史料ネット研究交流集会』独立行政法人国立文化財機構文化財防災ネットワーク推進室
地域史惣寄合呼びかけ人編　二〇一〇『地域史の現在』飯田市歴史研究所
地域史惣寄合呼びかけ人編　二〇一二『地域史と住民・自治体・大学』神戸大学大学院人文学研究科地域連携センター
日本学術会議史学委員会「文化財の保護と活用に関する分科会」二〇一四「提言　文化財の次世代への確かな継承——災害を前提とした保護対策の構築をめざして」(http://www.scj.go.jp/ja/info/kohyo/pdf/kohyo-22-t193-6.pdf)
平川南　二〇一五「歴史学研究の研究システム構築と可視化・高度化——国立歴史民俗博物館の実践と人間文化研究機構の計画」『歴史学研究』九五〇
矢田俊文・長岡市立中央図書館文書資料室編　二〇一三『震災避難所の史料——新潟県中越地震・東日本大震災』
柳沼賢治　二〇一九「福島における東日本大震災関連資料の収集・保存をめぐる現状と課題」『史料ネットＮｅｗｓ Ｌｅｔｔｅｒ』九〇、歴史資料ネットワーク
歴史資料ネットワーク　二〇一八『史料ネットＮｅｗｓ Ｌｅｔｔｅｒ』八九、西日本豪雨特集号、歴史資料ネットワーク

（付記）本章は、科学研究費基盤研究（S）「災害文化形成を担う地域歴史資料学の確立——東日本大震災を踏まえて」（研究課題／領域番号26220403）の成果の一部である。

II　博物館・美術館展示と地域の復興・再生

1 原子力災害と博物館活動

本間　宏

はじめに

二〇一一年三月一一日、東北地方太平洋沖地震に起因した大津波は、福島県双葉郡双葉町・大熊町に所在する東京電力福島第一原子力発電所（以下「原発」）の非常用電源装置を呑み込んだ。これにより、電源を喪失した原発は制御不能となった。翌朝、政府は、原発から半径二〇キロメートル圏内を強制避難指示区域とし、区域内の住民全てを直ちに避難させる緊急措置を講じた。原発は、同日午後に一号機が、一四日に三号機がそれぞれ爆発した。

岩手県と宮城県の博物館は、津波等により損傷し、あるいは消失の危機にある文化財等をいかに保護していくかという課題に直面した。福島県では、前年に組織されたふくしま歴史資料保存ネットワーク（以下「ふくしま史料ネット」）が、被災地域資料の救出を自主的に進めていた。しかし、原発から半径二〇キロメートル圏内の資料については手の施しようがなかった。当時の困惑は、災害発生から四ヵ月後に国立歴史民俗博物館で開催された特別集会の記録に詳しい〔本間 二〇一二、一八八―二〇五頁〕。

本章は、「原子力災害と地域資料保護」という特殊課題に取り組んだ博物館活動を回顧し、その意義と課題を整理するものである。

一　飯舘村の地域資料展と村民文化祭

原発から放出された放射性物質は、原発周辺地域にとどまらず、広範囲に拡散した。四月二二日、政府は、原発から半径二〇キロメートル圏内を警戒区域に指定しこのエリアへの立入を禁止した。また、この区域外においても、人体への放射線の影響が年間二〇ミリシーベルトを超えると推定された浪江町・飯舘村・葛尾村の全域と、南相馬市・川俣町の一部地域が、計画的避難区域に指定された。

ふくしま史料ネットの有志は、二〇一一年六月、放射線リスクへの不安が募るなか、自己責任において飯舘村に参集した。全村避難という異例の事態により、文化財の盗難や劣化が危惧されたためである。飯舘村内の考古・歴史資料は、彼らと飯舘村教育委員会により、福島市内の県有施設に搬送された。このとき保護された資料は、被災した福島県歴史資料館の耐震復旧工事が完了した二〇一二年九月、同館の企画展「いいたての歴史と風土」において公開された。また、企画展の会期中には、会場に隣接する福島県文化会館において、飯舘村民文化祭も開催された。前年六月に全村避難となった飯舘村にとっては、二年ぶりの文化祭であった。

この行事には、二つのねらいがあった。一つは、全国各地に避難している飯舘村民が集まるためのきっかけづくりである。資料館を持たない飯舘村では、村民が地元の文化財に触れる機会自体が少なかった。この企画展が村民の集いの場として利用されることにより、文化財を介した郷土認識が深まると考えたのである。もう一つは、郷土の伝統と文化が失われてしまった場合、二度と取り戻せないという認識の共有化であった。この行事を通じて、飯舘村の歴史に培われた人々のつながりを実感し、苦境を乗り越え、村民みずからの手で伝統を保護していく一助になってほしいという思いがあった。

飯舘村民文化祭では、太鼓、神楽、民謡をはじめとする新旧さまざまな芸能の上演や、避難先で製作された美術工芸品、文芸作品などが披露された。来場した村民は約二〇〇〇人で、全村民の三分の一にあたるものであった。村民たちの笑顔と涙が会場にあふれ、文化の力を再認識する機会となった。その「文化」とは、人々の日常のなかで当たり前に存在し、生きがいの一部を形成していたものであった〔本間　二〇一三b、一五七—一六九頁〕。

この取り組みを総括するなかで、筆者は、「人々が、その土地で人間らしい暮らしを取り戻すには、地域の自然、歴史、文化を回復し、地域固有の価値を共有することが基礎になる」と述べた〔本間　二〇一三a、二六—二九頁〕。しかし、「自然・歴史・文化の回復」のためには、それを支え、伝えていく「人」の存在が何よりも重要であった。二〇一七年三月、飯舘村への避難指示は、村南端の帰還困難区域を除いて解除となった。村民の帰還率は、二〇一八年一二月現在において、いまだ二割に及ばない現状となっている。

二　旧警戒区域内資料の救出と展示公開

二〇一一年三月三〇日、文化庁次長通知により、東北地方太平洋沖地震被災文化財等救援事業の実施が発表された。そして、国立文化財機構東京文化財研究所に事務局を置く「東北地方太平洋沖地震被災文化財等救援委員会〔以下「救援委員会」〕」が組織された。

同年七月、福島県教育委員会は、警戒区域〔原発から半径二〇キロメートル圏内〕などにおける文化財の救出協力を文化庁に要請した。しかし、高放射線区域における文化財保護作業は電離放射線障害防止規則と人事院規則に抵触するため、救援委員会の呼びかけによる現地活動は、当面見送られることとなった。

警戒区域内の双葉町・大熊町・富岡町には町立の資料館があったが、いずれも停電により空調管理ができない状態となっていた。地震によって建物が損傷し、雨漏りが発生している館もあった。収蔵品のなかには、町民から寄託された資料や、展示中だった借り受け資料などもあり、劣化や虫菌害を防ぐ早急な対応が必要であった。学芸員の吉野高光（双葉町）・中野幸大（大熊町）・三瓶秀文（富岡町）は、避難所運営をはじめとする被災町民対応に追われながらも、一時帰還時に館内の現況調査を行った。その結果、気密性の高い資料館内においては放射性物質の影響を認めにくいという事実を把握するに至った〔吉野 二〇一二、一一〇―一一三頁〕。この情報を得た福島県教育庁文化財課は、文化庁の担当者とともに双葉町歴史民俗資料館内の調査を行った。この結果、館内及び収蔵資料の放射線密度はかなり低いことが判明した。しかし、館内にはすでにカビが発生しており、放射線よりも、収蔵資料に対するカビ対策の方が急務であるとの認識に至った〔荒木 二〇一二、五九―六三頁〕。

翌年度、厚生労働省は、「特定放射線量下業務に従事する労働者の放射線障害防止のためのガイドライン（二〇一二年六月一五日付）」を新たに定めた。警戒区域内資料館の館内放射線量は、このガイドラインに抵触するものではなかった。これにより、警戒区域内の文化財保護対策が動き出し、東京文化財研究所による「警戒区域内からの資料の搬出作業マニュアル」が策定された〔東京文化財研究所 二〇一三、一六九―一七六頁〕。福島県内の体制整備も進み、県教育庁・県立博物館・県立美術館・県文化振興財団（福島県歴史資料館・福島県文化財センター白河館）・福島大学・ふくしま史料ネット事務局・被災市町村による福島県被災文化財等救援本部（以下「県救援本部」）が組織された。

二〇一二年九月、救援委員会と県救援本部により、双葉町・大熊町・富岡町の資料館の文化財レスキューが始まった。この作業には、国立文化財機構・日本博物館協会・全国美術館会議・各地文化財救援ネットワークなどの呼びかけにより、全国の専門家が集結した。救出された資料は、避難区域外の廃校校舎に一時保管され、点検・記録・燻蒸を経たのち、福島県文化財センター白河館（以下「白河館」）に設置された仮保管施設に搬送された。この仮保管施設に移送された三町の資料は、文化庁被災ミュージアム再興事業の支援を受けて保全作業が進められ、白河館で適宜公開される運びとなった。

二〇一三年三月、その嚆矢となる企画展「救出された双葉郡の文化財Ｉ」が白河館において開催された。旧警戒区域内の資料が二年ぶりに公開されるというニュースは、福島県が復興に向けて歩み出した象徴的な出来事として、マスコミによって大々的に報じられた。各地に避難している多くの被災者が企画展を訪ね、郷土を偲んで涙を流すという光景がしばしば見受けられた。

白河館における「救出された双葉郡の文化財」展シリーズは、二〇一四年にも二度開催された。しかしながら、双葉郡内から避難している人々の来訪は、回を追うごとに減少していった。その背景には、避難の長期化という現実的な問題があった。

三　避難指示区域再編と中間貯蔵施設

二〇一二年六月、政府原子力災害対策本部は、避難指示区域の再編を発表した。年間積算放射線量に基づき、それまでの警戒区域と計画的避難区域を、避難指示解除準備区域・居住制限区域・帰還困難区域に編成し直すという内容であった。この再編は、同年七月から運用が開始された。これにより、避難中の住民たちは、郷土に帰還できるか否かの見通しを自ら予測し、その後の生活設計を決断せざるをえない状況に置かれた。

避難指示の解除が見込まれた地域においても、前年の三月以来放置されてきた住家は傷みが激しかった。なかには、ネズミやイノシシなどに荒らされ、カビも生え、除染しても住める状態に戻せないという場合もあった。リフォームを行って帰還したとしても、職場・学校・病院・商店の再開なしには生活が成り立たない。このため、自宅を除染して帰還するのではなく、解体処分してしまう「解体除染」が盛んに実施されるようになった。解体費用の自己負担を要しない期間が限られていたため、家屋解体は急速に進行していった。

こうした家屋のなかには、先祖伝来の古文書や民具が残っている場合があった。当該自治体の学芸員は、家屋所有者の了承を得た上で資料調査を行い、地域資料として重要なものを保護する対応に奔走することとなった。原子力災害に伴う文化財救出活動のピークは、災害発生から数年遅れでやってきたのである。

国によるもう一つの重大決定として、中間貯蔵施設の建設があった。二〇一一年八月末に成立した特別措置法に基づき、環境省は、二〇一三年一二月、除染に伴う土壌や廃棄物・焼却灰を貯蔵する中間貯蔵施設の建設を、福島県と関係自治体に要請した。福島県・双葉町・大熊町は、二〇一四年九月から二〇一五年一月にかけて、中間貯蔵施設の建設受け入れを容認した。これにより、双葉町・大熊町の対象エリア内に伝わった歴史資料や民具、古い建造物、無形文化財、石碑・記念碑、古地名、方言などは、消滅の危機を迎えるに至った。当該二町の学芸員は、これらを保護するための苦闘を続けて現在に至っている。

避難指示区域の再編と中間貯蔵施設の建設は、郷里への帰還が叶わない地域の現出を決定的なものとした。このことは、博物館活動の指向性の変化に大きく影響していった。

四　白河館における指向性の変化

二〇一四年、白河館は、「発掘された大堀相馬焼」展を開催した。大堀相馬焼は、浪江町大堀を中心とする地域において江戸時代から生産が続けられ、一九七八年には国の伝統工芸品に指定されている。伝統工芸品は、伝統的な技術・技法・原材料により、その地で生産されるのが基本となる。しかし、浪江町大堀地区は帰還困難区域に指定され、その地での生産継続は不可能となった。大堀相馬焼の特徴である青ひびは、浪江町で採れる砥山石を原料とした青磁釉を使用するため、その再現は困難であった。しかし、窯元たちは、代替釉薬の開発を進め、避難先で生産を開始した。この企画展では、遺跡から出土した古期の大堀相馬焼と、窯元からの提供による現代の大堀相馬焼とを比較できるよう展示し、伝統工芸への理解促進と、継承の意義を伝えることを企図した。

二〇一五年には、震災からの文化財救出活動を中間的に総括する企画展「よみがえる文化財」を開催した。展示は、「東日本大震災による福島県内の文化財の被災状況」「ふくしま歴史資料保存ネットワークの活動」「南相馬市における被災資料の救出活動」「須賀川市長沼における被災資料の救出活動」「国関係機関の支援による避難指示区域内資料の保護」「無形民俗文化財の被災状況とその保護活動」という六つのコーナーで構成された。これらのコーナーには、震災発生直後の文化財保護対応を示す資料や、象徴的な救出資料が陳列され、文化財保護の意義が伝わるよう試みられた。また、この企画展を契機として、子ども向けの解説会が定例的に開催されるようになった。

避難区域における伝統的な民俗技術のなかには、突然の避難指示によって工房を失い、放射能汚染のために材料採取もままならず、「生業」としての継承が絶望視されるものがあった。しかし、技術伝承者の「ワザ」の情報を収集できる時間は限られていた。白河館（当時）の國井秀紀は、震災発生の五年前に撮影されていた映像記録に基づき、南相馬市小高区に伝承されてきた箕の復元製作実験に挑戦した〔國井 二〇一五、三一—四〇頁〕。そして、材料の選択・採取・加工の工程と、それに用いる工具、仕立てから仕上げへの工程を再現し、民俗技術の記録方法に関する問題提起を行った〔國井 二〇一六、九三—一〇四頁〕。また、上記映像記録の作成に関わっていた大山孝正は、体験学習活動を通じた技術伝承の可能性を提唱した〔大山 二〇一五、二一—三〇頁〕。白河館が二〇一七年に開催した企画展「編む・組む・削る——植物利用の技術史」は、こうした研究を基礎とするものであった。その内容は、「編み組製品のルーツ」「編み組の技術」「土器に残った痕跡」「素材の硬さによる技法の違い」「映像記録に基づく箕づくり再現——存続

図1　白河館「双葉高校史学部の歩み」展示風景

が危ぶまれる技術」「木製品生産の場」という六つのコーナーからなり、考古学と民俗学の両側面から、縄文時代以来の技術史にアプローチするものであった。関連する実技講座・講演会・研修会も実施し、失われゆく民俗技術の記録と伝承について、文化財保護上の課題を提起した。

二〇一七年一二月、白河館の企画展「双葉高校史学部の歩み」が開幕した（図1）（山内 二〇一九）。福島県立双葉高校の史学部は、昭和二〇年代から活動を始め、福島県浜通り地方の文化財調査、城下町調査、民話調査、空襲被害聞き取り調査などを精力的に進めていた。しかし、同校は、原子力災害による帰還困難区域に立地するため生徒募集が停止され、二〇一七年三月三一日をもって休校となった。この企画展は、郷土の歴史を調査してきた卒業生たちの活動を顕彰し、長期的避難による郷土との分断を乗り越え、ふるさとの歴史と文化を未来につなぐあり方を考える機会とすることを目的とした。同校に残されていた収集品・調査記録・調査マニュアル・部誌・感想文・活動風景写真などを展示したほか、同校卒業の研究者（吉野高光・泉田邦彦）による講演会も実施した。会期中は、多くの双葉高校卒業生が来館し、アンケートや自由帳に多数の書き込みを行った。その数例を拾い上げてみよう。

・このように多くの展示物があることに改めて敬意と感謝の気持ちでいっぱいです。（中略）。故郷の地名の数々に云々と納得し、先輩・後輩の皆様の地道な調査と足跡を有難うございました。

・兄、叔父、同級生、知人を写真で見つけ、感慨深かった。兄が史学部に入り活動していたが、すばらしいものを残してくれた事を感謝しています。史学部のみなさんありがとう。

・昭和四六年双葉高校入学で史学部に在籍しました。発掘にも参加し、土器片などを見つけて喜んだ思い出が残っています。（中略）。懐かしく、今は亡くなられた恩師の写真に涙が出そうでした。休校となってしまっただけに、とても貴重な企画展でした。

また、「思い出の写真」コーナーに付箋紙と鉛筆を備えたところ、写っている人の名前、写真の撮影者、撮影場所、撮影年、エピソードなどが書き込まれ、展示情報が日々更新されていった。企画展への反響は大きく、翌二〇一八年以降も、福島県立図書館、富岡町図書館、福島大学図書館、楢葉町コミュニティセンターで移動展を実施している。

五　震災遺産の保全と公開

福島県立博物館（以下「福島県博」）は、二〇一二年の避難指示区域再編と、復興関連工事などによる被災地の急激な変化に備え、震災の物証となる資料の保全に着手した。

二〇一四年、文化庁事業の支援を得て、福島県博、南相馬市博物館、富岡町歴史民俗資料館、ふくしま海洋科学館、双葉町歴史民俗資料館、いわき市石炭・化石館、相馬中村層群研究会、いわき自然史研究会による、ふくしま震災遺産保全プロジェクト実行委員会（以下「実行委員会」）が構成された。事務局の福島県博は、考古・歴史・民俗・自然・美術・保存科学の学芸員一〇名前後によるチームを編成して活動を進めた。

「震災遺産」という用語は、震災記録・震災遺構・震災遺物などの概念とは異なり、被害・避難・避難生活・支援・復旧・除染・帰還・復興というステージにおける、自然・人文を含めたあらゆる資料を意味していた。資料の収集にあたっては、場所・モノ・物語が一体となるものを重視し、聞き取りを含めた所在調査を入念に実施した。現地調査においては、きわめて考古学的な手法が採用された。高橋満らの指揮により、多角的な写真撮影、震災遺構内における震災遺物の分布図作成、震災遺物の原位置情報と時間的前後関係を示す証拠の記録、土層剝ぎ取りなどが実施されている。言葉では伝えきれない震災の事実を、状況証拠の記録と物証によって保存していく画期的な取り組みであった〔ふくしま震災遺産保全プロジェクト実行委員会 二〇一七〕。

収集された資料の登録数は、二〇一七年二月末段階で、二〇三六点を数える。資料の内容は、①災害発生直後の状況を伝えるもの（地震発生後の火災で溶けた街灯、津波で流された郵便ポスト、地震発生直後の時間で止まった看板時計、住民に避難を呼びかけて津波に呑まれたパトカーの部品など）、②震災と原発事故に伴う避難の実態を伝えるもの（富岡町の避難所に未開封のまま残された非常食、環境の変化を通時的に追うことができる避難所の張り紙や配布物、仮設住宅団地の案内看板など）、③原発事故により「日常」が突然断絶した状況を伝えるもの（浪江町の新聞販売店に配達されないまま残された三月一二日の新聞や広告類、富岡町で四月に開催予定だった「夜の森桜まつり」のポスターなど）、④災害を契機として思いがけず招かれた状況を示すもの（富岡町の国道の歩道橋に掲げられた「富岡は負けん！」の横断幕、立ち入り禁止区域への車両通行許可証、津波被災地に復活した絶滅危惧種のミズアオイの標本）など、きわめて多岐にわたった。

こうして収集・保全された資料は、福島県博においてはもちろん、県内外でのアウトリーチ事業（南相馬市・富岡町・いわき市・郡山市・福島大学・白河館・仙台市・明治大学などにおける展示・講演会・シンポジウム・現地見学会など）や、学校連携事業（震災遺産活用に関する教員向け研修会・出前授業・学校文化祭への参加など）に活用されている。

公開された資料のうち、特に多くの来場者の涙を誘ったのは、避難所で作成された児童の寄せ書きであった。旧相馬女子高校の避難所では、新年度になっても小学校を再開できない状況のなか、学年を超えた特設学級が設けられた。展示されたのは、そこで作成された「みんなの夢」というテーマの寄せ書きである。通常であれば「サッカー選手になりたい」とか「ケーキ屋さんをやりたい」などという思いが綴られるはずだが、「はやく家に帰りたい」「はやくともだちにあいたい」という言葉で埋め尽くされていた。ありふれた日常を取り戻すことが「夢」と化したことを示す象徴的資料であった。

実行委員会解散後の二〇一七年度、福島県博は、収集資料を博物館資料とし、震災遺産の保全・活用を、博物館事業として明確に位置づけた。そこには、報道によって収斂された震災像に対し、現場・現物を起点とする多様な震災像の醸成が必要だという認識があった〔内山 二〇一八、二一―二六頁〕。今後は、3・11を地域の歩みと断絶した特別な出来事と評価せず、地域史・災害史のなかに位置づける活動が展開されていく予定である。

この姿勢は、実行委員会を構成していた富岡町にも連動し、町役場内組織の枠を超えた職員集団「富岡町歴史・文化等保存プロジェクトチーム」が構成された〔三瓶 二〇一七、一九―二六頁〕。福島大学との共同のもと、震災遺産を含む地域資料の収集・整理・公開を続け、二〇一七年三月の町議会において「富岡町震災遺産保全等に関する条例」が成立するという画期的成果を獲得した〔門馬 二〇一八、二七―三一頁〕。現在、「富岡町アーカイブ施設（仮称）」を二〇二〇年度に開設する準備が進められている。

なお、福島県博は、文化庁事業の支援を受け、二〇一二年度からの六年間、「はま・なか・あいづ文化連携プロジェクト」と題する事業も展開してきた。①福島の文化の再発見・継承・創造、②福島が直面する課題共有の場の設定という二つの柱を設け、文化・芸術の視点からこれを実践したものであった。アーティストとともに被災地の記憶をとどめ、地域に新たなアートを定着させ、子どもたちを対象とするアートワークショップ等を行っている。また、県内外各地で展示やフォーラムを開催して情報を発信し、さまざまなネットワークの構築に努めてきた〔はま・なか・あいづ文化連携プロジェクト実行委員会 二〇一八〕。こうした取り組みは、震災遺産保全と同様、博物館利用者の増加に直結するものではない。しかし、被災県の総合博物館として、その使命を自覚し、未来に向けて取り組むべき課題を優先させた姿勢は、社会的に高く評価されるべきものであろう。

おわりに

避難住民の早期帰還が困難になった時点を契機として、それまで避難住民を対象としてきた博物館活動は、記憶と遺産を未来につなぐ方向へと変化してきた。

その記憶と遺産には、①3・11以前に存在したもの、②3・11を契機に失われたもの、③3・11を契機に生じたもの、④3・11を経ても継承されたものという四種が存在する。今後の活動では、その意味するところを見極め、研究を進めていくことが必要となる。

折しも、文化財保護法が改定され、二〇一九年四月から施行となる。改定の趣旨は、未指定を含めた文化財をまちづくりに生かしつつ、地域社会総ぐるみでその継承に取り組んでいくためとされている。言うまでもないが、住民のいない帰還困難区域において、この趣旨は通用しない。原子力災害に伴う活動を経験してきた博物館関係者は、文化財保護行政の方向性決定に、これまで以上に関与していかねばならないであろう。

参考文献

荒木隆　二〇一二「福島県における文化財レスキュー事業の取り組み」『東北地方太平洋沖地震被災文化財等救援委員会平成二三年度活動報告書』東北地方太平洋沖地震被災文化財等救援委員会
内山大介　二〇一八「博物館資料としての「震災遺産」——場所・モノ・物語の継承のために」『ふくしまの未来へつなぐ、伝える　シンポジウム資料集二〇一七』ふくしま歴史資料保存ネットワーク事務局
大山孝正　二〇一五「民俗技術の保護と活用に関する考察——体験学習への応用とワザの復元に向けて」『福島県文化財センター白河館研究紀要二〇一四』
國井秀紀　二〇一五「記録映像から復元する箕の製作技術」『福島県文化財センター白河館研究紀要二〇一四』

國井秀紀　二〇一六「箕の製作から見えてきた民俗技術の記録作成の課題」『福島県文化財センター白河館研究紀要二〇一五』

三瓶秀文　二〇一七「富岡町の歴史資料保全活動と今回の企画展の内容」『ふるさとを想う　まもる　つなぐ――地域の大学と町役場の試み』富岡町・福島大学

東京文化財研究所　二〇一三「警戒区域内からの資料の搬出作業マニュアル――測定・梱包作業まで」『東北地方太平洋沖地震被災文化財等救援委員会平成二四年度活動報告書』東北地方太平洋沖地震被災文化財等救援委員会

はま・なか・あいづ文化連携プロジェクト実行委員会　二〇一八『語り合う希望　二〇一三―二〇一七はま・なか・あいづ文化連携プロジェクト　トーク集』

ふくしま震災遺産保全プロジェクト実行委員会　二〇一七『ふくしま震災遺産保全プロジェクトこれまでの活動報告』

本間宏　二〇一二「東日本大震災と歴史資料保護活動――福島県の現状と課題」国立歴史民俗博物館編『被災地の博物館に聞く』吉川弘文館

本間宏　二〇一三a「地域崩壊の危機と地域資料展――福島県飯舘村の事例」『歴史学研究』九〇九

本間宏　二〇一三b「『計画的避難区域』における文化遺産の保護――復活した飯舘村文化祭が語るもの」阿部浩一・福島大学うつくしま未来支援センター編『ふくしま再生と歴史・文化遺産』山川出版社

門馬健　二〇一八「地域史料・震災遺産・文化財～のこす意味・伝える理由―震災遺産を地域資料化する雑考」『ふくしまの未来へつなぐ、伝える　シンポジウム資料集二〇一七』ふくしま歴史資料保存ネットワーク事務局

山内幹夫　二〇一九「企画展「双葉高校史学部の歩み」について」『福島県文化財センター白河館研究紀要二〇一八』

吉野高光　二〇一二「警戒区域における文化財レスキュー」『東京低地災害史』葛飾区郷土と天文の博物館

2

「災害とミュージアム」リアス・アーク美術館

山内宏泰

一　苦境に立つ被災地ミュージアム

大規模災害が発生した場においては、いわゆる災害復興事業の一環として、その伝承を趣旨とした災害記録資料展示施設を設置する事例が多く見られる。現在、東日本大震災の被災地ではそういった施設の建設ラッシュが続いているのだが、はたしてそれらの施設は今後、「未来を守る」という重大な使命を全うすることができるだろうか。

直前に発生した記録的大災害からの復旧、復興事業を展開する社会状況下において、被災地に新設される災害資料展示施設が復旧、復興という概念から解放されることはない。特に復興事業の一部として設置構想がまとめられる場合、展示内容には暗黙のうちに復興の過程や、犠牲者に対する慰霊、鎮魂や救援、支援活動に対する感謝の念、防災意識などを表現することが求められ、災害そのものや、災害が大規模化した歴史的背景などを追究する展示に特化することは容認されない。

結果として災害記録資料展示施設の展示内容は、その半分程度を復旧、復興、防災関連資料によって占められることになっており、同時に地域住民の多種多様な要望が付加された被災地復興の拠点施設といった役割を求められることにより、ミュージアムとしての理念、独立性を失うことになっている。

さまざまな社会的機能を失った被災地では、施設建設に当たり多用途に活用可能な多機能性と、経済的にマイナスとならない運営形態、マネージメントが行われることを住民に熱望される。専門家は採算性よりも学術的価値や、教育的有効性を求め、施設が博物館たることを要望する傾向にあるが、管理運営に地域財政が圧迫されることを許さない、とする民意によって災害記録資料展示施設は収支のバランスを独自に保つことが可能な複合施設、観光施設というコンセプトで整備されることになる。

子や孫の命を守るため、文化を守るための伝承施設、教育施設として被災地ミュージアムを整備したいとする、実に純粋な一部被災者の想いは、同じく自らの暮らしを守りたいとする地域住民の想いによって幾重にも上塗りを施され、その芯に込められた「未来を守りたい」との祈りを実現するミュージアムの設置を困難にしている。筆者自身、気仙沼市における遺構施設建設に係る検討委員をはじめ、東日本大震災によって被災した他の市町村における同様の施設建設担当者らよりさまざまな相談を受けてきたが、そのほとんどの事例において、前述のようなジレンマは顕著であった。そういったジレンマを今後解決していくためには、やはりそうではない形で成果を上げている先行事例が必要であり、リアス・アーク美術館はその先行事例となるべく今日まで活動を重ねてきた。

二　リアス・アーク美術館の活動

リアス・アーク美術館では二〇一一年三月より約二年間、気仙沼市並びに南三陸町の津波被災現場における記録調査を行い、その活動から得られた膨大な資料の一部を自館にて二〇一三年四月より常設展示している。

「東日本大震災の記録と津波の災害史」と銘打った常設展示には被災現場写真二〇三点、被災物一五五点、地域の

図1　「東日本大震災の記録と津波の災害史」常設展示状況

津波災害史に関連する資料一三七点の計五〇〇点を展示している。オープン以来、この常設展示には年間、平均で約一万人の観覧者が訪れている。観覧者の相似経験を基に、喜び、悲しみ、怒り、恐怖などの身体的共感を引き出し、震災記憶の分有、共有、拡散を図るための展示手法として、リアス・アーク美術館では、開館以来、当館に蓄積されてきた美術展示手法や、インスタレーション手法による展示、比喩表現による展示解説などを行っている（図1）。

博物館展示において、他館には前例が見られない想像力の発現を促す主観的な資料（補助資料としての表現物、例え話の提供）を展示に組み込むことについては、批判的意見が寄せられることも想定できた。しかし、当館では伝えるべき主題を最も効果的に伝える展示手法にこだわった。なぜなら、この展示は地域住民の命を守るための展示、伝わらなければ意味のない展示だからである。

他には例がない当館独自の展示手法はさまざまな学問領域より一定の評価を得てきた。また一般の観覧者からは、「多くの機会を得て被災地を巡ってきたが、初めて明確な意図、被災地、被災者の意志を確認できる展示に出会えた」、との評価も複数いただいている。また当館では貸出資料として写真パネルのフルコピーを用意しており、それら資料による他県での移動展なども複数行ってきた。尾道市立美術館、東京都目黒区美術館、明治大学博物館における展示がその例である。また被災現場写真のデータ貸し出しによる展覧会の開催にも応じており、鎌倉市の各公共施設、名古屋市民ギャラリー、清水文化会館マリーナその他にて、これまで複数の展覧会が開催されている。当館が取り扱う写真資料は、全て筆者をはじめとする学芸員の独自取材によるものであり、著作権は当館に帰属する。よってデータでの貸し出し、借用側でのパネルの製作なども許可している。ゆえに資料の貸し出しは博物館、美術館に限定されないことからさまざまな地域、施設での展覧会が可能となっている。

三 常設展示化を急いだ理由

二〇一一年まで、日本国内における大規模災害被災地に整備されてきた災害資料展示施設の多くは、「自然の驚異を伝えるとともに、それを乗り越えた復興の軌跡と成果を伝えるもの。また、最新のデジタル機器などを駆使した体験コーナーを設け、防災を楽しみながら学べる展示」といったコンセプトで設置されている。そのような設置概念は災害と災害復興のステレオタイプな一般概念を固定化してきたが、筆者が自ら経験し、学んできた津波災害とその復旧、復興を論じる上で雛形として受け入れられる概念ではなかった。あの経験から、筆者は新たな価値観の必要性を強く意識させられ、同時に、新たな価値観を自らが創造していかなければならないという社会的使命を強く意識させられた。

東日本大震災の津波被害は「防災」すなわち「防ぐ」ということではなく、「減災」すなわち「防ぎきれない被害を減らす」という視座に立ち、その実現に向けた研究を行わなければならないとの課題を明るみにした。

地震、津波災害というものは周期性がはっきりしており、隕石落下のような突発的な自然災害と異なる点として、災害史、災害伝承、文化形成など、いわゆるソフト面における歴史的・文化的な理解に基づく「備え」が減災と直結している。一般的には、防災、減災を実現するために構造物を造るハード面の事業が優先されているが、東日本大震災の経験からわれわれが得た教訓として、地域災害史、地域文化、気候風土への住民理解とその浸透が何よりも大事であり、防災構造物に頼った従来の価値観を踏襲するべきではないとの結論を得ている。しかしながら、二〇一一年以降、現在に至るまで東日本大震災津波被災地で行われてきた復興事業の軸は防潮堤建設と嵩上げであり、残念ながらハード面の防災という概念は従来のままとなっている。

筆者らリアス・アーク美術館学芸員が被災現場の記録調査活動から得た多くの資料は、三陸沿岸部における津波防災の限界を示していた。つまり、構造物による津波への対抗、津波と戦い勝利することの不可能性を突き付けられたのである。そしてさらに、二〇一一年の津波被害があれほどまでに拡大した原因が、他でもない、それまでに行われてきた津波防災対策であったことをはっきりと認識させられたのである。

隣県である岩手県では巨大な防潮堤が崩壊し、宮城県内でも気仙沼地域をはじめ、多くの防潮堤、防潮水門などの構造物が崩壊していた。そのような実態を目の当たりにしたにもかかわらず、国が示した復興事業の根幹には防潮堤建設が絶対的位置を占めており被災地域住民の多くが困惑した。しかしながら、防潮堤建設に頼らない減災を、何を根拠にどのような理念を掲げて進めるべきか、その拠り所となる理念を地域住民は有していなかった。ゆえに、当館は復興事業というものが半ば強引に進められてしまう前に、地域住民が必要とする理念構築のための資料を一刻も早く提供しなければならないと考え、発災から二年、われわれが成し得る限り早いタイミングでの常設展示公開に踏み切った。

四 知っておかなければならない地域史

宮城県気仙沼市における、東日本大震災の津波被害規模が拡大した理由を検証する上で、近代以降の地域史を無視することはできない。なぜなら、同市における津波被害が集中したエリアの多くが埋め立てなどによって整備されてきた造成地であり、それら造成地のなかでも戦後の埋め立て、開発によって整備された土地に大きな被害が集中している事実があるからである。

東北地方太平洋沿岸部と言えば、V字状の深い入り江が平地を介さず山並と接する、いわゆる典型的なリアス地形として知られている。外洋の影響を受けにくい入り江内には川が流れ込み、栄養豊かで静かな内湾が形成されている。また外洋に出れば、世界三大漁場にも数えられる三陸沖の好漁場が存在し、多種多様な海産資源を安定的に得ることができる。そのような環境によって、気仙沼湾沿岸部には古くから人が定住し、海から生活の糧を得る漁労文化が形成されてきた。

海の資源に頼った同地域の暮らしにおいて、一方で常に不足していた食料が米である。リアス海岸は、狩猟採集の暮らしには適しているが、平地を必要とする稲作には不向きである。同地域では近世以降、限られた平地を開拓して農地を拡大し、同時に水際を海方向へと埋め立てることで居住地や水産、加工業用地を拡大、さらに大型化する漁船などを停泊、係留、水揚げできる港を築いてきた。

一九四八年から一九五三年にかけて、気仙沼大川河口に位置する大川デルタと呼ばれた砂洲、潟が大規模に埋め立てられ、大型漁船による大量の水揚げを可能とする新魚市場が建設され、一九五六年に開業している。この間、一九五三年には気仙沼町、鹿折町、松岩村が合併し気仙沼市が誕生した。一九五五年に階上村、新月村、大島村が気仙沼市に合併している。大川河口の埋立地は南気仙沼地区となり、水産加工業の中心地化が進められた。その後、高度経済成長期へと向かう過程で一部農地化されていた埋立地も宅地化が進み、気仙沼市の中心地は内湾エリアから南気仙沼エリアへと移転、その背後地は水田から宅地、商業用地へと転用された。

一九六〇年五月にはチリ地震津波が襲来している。気仙沼市におけるチリ地震津波被害は約四〇〇〇戸の浸水被害と二名の行方不明者を出した。また養殖業への被害は甚大だった。しかし、この津波が沿岸部の埋め立て、開発に見直しなどの大きな影響を与えることはなかった。

一九六七年には南気仙沼地区のさらに先端部が埋め立て整備され、商港一〇〇〇トン岸壁が完成し、翌年には商港石油基地にタンカーが初入港した。一九七三年、かねてから埋め立て整備が進められてきた港町に臨港道路が完成。翌年には気仙沼大川の上流部に位置する新月地区に新月ダム建設の構想が発表された。

以上のように、気仙沼市では昭和初期から一九七〇年代にかけ、大規模な沿岸部埋め立てや開発が行われてきた。特に、戦後のそれは戦前の規模をはるかに上回るものであり、気仙沼湾の水質汚染なども深刻化していた。また同時期に発生したチリ地震津波は、本来であれば沿岸部開発の是非を根本的に問い直すべき出来事でもあったが、「チリ地震津波特別措置法（一九六〇年六月公布）」による防潮堤、防潮壁、津波防波堤、津波水門などの設置促進の方針を受け開発は逆に加速化した。

津波は防ぐことが可能との前提を得たことで、海抜わずか二メートル程度の埋立地でさえ、防潮堤に守られているとの幻想の下、宅地化が進められてきた。前述の通り、気仙沼市は過去に数回の合併を経て現在に至っている。明治と昭和の二度の三陸大津波では、一九五三年以降に合併している鹿折、松岩、階上、大島のそれぞれの場所で大きな被害が出ている。二度の合計で死者数は約二〇三〇人、発生の間隔は三七年ほどである。しかし、合併以前の旧気仙沼町史においては、この二つの巨大津波による被害記録がない。よって、住民意識としては、「過去二回の巨大津波が発生したが、気仙沼町には被害がなかった、気仙沼市は半島と島に守られている」との解釈が一般化していた。そしてそのような意識をわずかながらも変えた出来事がチリ地震津波だったが、実際には家屋が倒壊、流出するほどの被害はなく、当時の写真資料によれば、引き波が岸壁から流れ落ちるさなか、浸水した街を膝下まで水に浸かった地域住民が平然と歩いているような状態であり、過去二回の津波被害とは比較にならない小規模な津波だったことが分かるとともに、地域住民の津波に対する危機意識の低さを知ることもできる。

一九三三年に発生した昭和三陸津波は日本における津波防災対策のきっかけとなった。宮城県では同年六月に県令第三三号「海嘯罹災地建築取締規則」を決定公布し、同津波による浸水域の住宅地使用を禁止している。しかし、そのように規制がかけられた土地の海側にその後埋立地が造成され、実質的にこの県令は意味を失ってしまった。

一九六〇年以降の気仙沼市では、「気仙沼に被害を出した唯一の津波がチリ地震津波」との一般認識が成立していた。そして高度経済成長政策とチリ地震津波特別措置法の両輪をフル回転させ、津波防潮堤などが建設され、気仙沼市は津波被害を受けない安全な町であるとの幻想を「あの日」まで根付かせるに至ったのである。

ここまで概略的に述べてきた気仙沼の地域史から言えることは、経済性を最優先とし、いわゆる防災という考え方を基本に繰り返されてきた防災構造物の建設や、それを前提とした沿岸部の埋め立てや開発といった歴史上の行為の結果が、東日本大震災における気仙沼市の被害拡大に根深く関与しているということである。

なぜ、過去の経験がありながら再びあのような大被害を回避できなかったのか。一般には記憶の風化などと抽象的な理由が挙げられているが、実体としては明治以降、旧気仙沼町から受け継がれてきた住民意識に津波被災経験の記憶はそもそも存在していなかった。そして、昭和三陸津波の経験に基づいて戦前に講じられた津波対策などは戦時下で停止状態となり、戦後の復興期、高度経済成長期とチリ地震津波を経て全く基準の違う対策（チリ地震津波を基準とするもの）へと転換され、かつその対策は完成されたものとされてきた。ゆえに二〇一一年当時の気仙沼地域住民が、巨大津波発生への備えや意識を持っているはずがなく、被害の拡大は必然の結果だった。

平成の大合併により、旧唐桑町、旧本吉町、旧気仙沼市が合併し、現在の気仙沼市が形成されたのは二〇〇九年九月（唐桑町の合併は二〇〇六年三月）である。合併前の唐桑、本吉の両町は過去二度の大津波で大きな被害を受けており、特に唐桑町では津波災害に対する意識が比較的高く、集落が高台移転されている事例も少なくなかった。しかし、旧気仙沼市については、昭和の合併以前の津波被災経験が地域づくりに反映されている例は非常に少なく、戦後の開発によって築かれた低地の集落は壊滅、甚大な被害を発生させることになった。

五　震災を文化的視点から捉える必要性

ここまで、気仙沼市における近代以降の地域づくりが津波被害を拡大する結果に至った背景、さまざまなヒューマンエラーの蓄積について述べてきた。もちろん、それだけが被害を拡大した要因だというつもりはない。東日本大震災の津波規模は、それまで過去最大と捉えられてきた明治三陸大津波を超えるものだった。よって仮にそれを基準として防潮堤による津波防災、減災を進めていたとしても、やはり甚大な被害は避けられなかったと思われる。それは岩手県宮古市田老地区の被害例からも明らかである。

本来、津波防潮堤建設の目的は、直撃波の破壊力を減衰し、一時的に浸水を食い止めることで残留する住民の避難行動時間を一分でも長く稼ぐことであり、津波の浸水を絶対的に防ぐことではない。しかし、その名称から、一般には防ぐ、シャットアウトするものと誤認されている。結果、避難しなければならないという意識が希薄化してしまう。田老地区の被害はその典型的な事例であった。

構造物に頼った津波防災対策が、逆に地域住民の津波に対する理解や認識を狂わせる結果を招いてしまったことは否定できない事実である。東日本大震災発生までに建設整備されてきた、多くの防災設備が、本来ならば地域の重要な記憶文化遺産として語り継がれてこなければならなかったはずの津波災害の記憶伝承を、結果的に阻害してしまったのである。

近代以降の自然災害に対する防災対策は、気候風土の特徴によってその地域で繰り返される自然災害の発生を抑止できるとの前提で展開されてきた。しかしその考えは間違いであったことが東日本大震災の発生によって証明された。過去の津波対策がなにゆえ十分に機能していなかったのかと言えば、最も重要だったはずの「津波を防ぐことはできない」という前提が希薄化してしまったからに他ならない。

日々繰り返される生活の諸事象が記憶、蓄積され、暮らしの型として定着すればそれは文化となる。文化は日常生活の文化的昇華、すなわち、その場における気候風土が織りなす諸現象が人間の日常生活に深く織り込まれ、無意識のうちに固定化され、習慣や行為として安定し、建造物などにも具現化されていくことで形成される。

東北地方太平洋沿岸部は世界でも他に類を見ないほど頻繁に津波が襲来する津波常襲地域であり、ひとたびそうなればリアス地形がその被害を拡大する宿命を負っている。同地域において津波の襲来は気候風土が織りなす一つの自然現象であり、それは同地域に暮らす人間の文化形成と不可分の絶対的環境条件とも言えよう。

これまで、同地域では防災という考えの下、震災や津波災害を日常生活の外へと追いやってきた。そして二〇一一年の津波被災を経た現在もその考えを変えられず、防災を軸として大規模な構造物を建設し続けている。しかし、積み重ねられてきた地域史を振り返ってみれば、そのような考え方が正解を導き出さないことはもはや明らかである。地震や津波の発生は阻止できない。またそれを阻止しようと考えること自体が間違いであるとも言える。一方、人間が自らの判断で積み重ねてきた行為については変えることが可能である。

近代以前、気仙沼周辺に暮らす地域住民が気候風土に基づいて築き上げてきた文化は、津波襲来に対して脆弱ではあったものの、それゆえ自然に対する「畏れ」の意識を失うものではなかった。しかし、国家が示す画一的な方針に則って行われてきた戦後の開発は、地域住民に代々受け継がれてきた風土感覚を薄れさせ、同時に「畏れ」の意識も薄れさせた。

筆者らは東日本大震災によって被災した気仙沼市の地域史と、被災現場の被害状況から、被災者であるわれわれが反省すべき問題点、課題を数多く見出した。そして、それらの問題や課題を解決し、これまでの津波防災対策が成し得なかった減災を可能にする新たな価値観を展示によって示すこととした。当館が掲げる新たな価値観とは、「津波を受け入れ、津波とともに生きる地域文化を育むこと」である。

昭和三陸津波発生以降、津波防災を目的とする科学技術は飛躍的に進歩し、現在、地震発生や津波発生のメカニズムもほぼ解明され、その周期性、発生率は明確な数値として示されるまでになっている。しかし、それでも人々はそれを受け入れず、人間本位な解釈で危険な生活を現在まで続けてきた。われわれは三陸沿岸部に生きる上で必要不可欠な津波に関する知識や経験を文化的に継承できていなかったのである。ゆえにあのような大被害を招いてしまった。裏を返せば、科学技術がどれほど進歩し、防潮堤などの防災設備がどれほど整備されようとも、日々の暮らしを営む人々の文化的成長、成熟がなければ大災害は繰り返されるということである。

地域の文化的成長を促進する上で最重要視しなければならない社会的機能と言えば、疑いの余地なく教育ということになる。その中核を担うものとして学校教育が挙げられるが、現状、学校教育における地域文化学習は、総合的な学習の時間枠で多少触れられる程度に留まっており、地域文化や津波災害を文化的視点から学ばせ、身につけさせることは困難である。

学校教育における地域文化学習が困難であるとすれば、その学習機会は博物館などの社会教育、生涯学習施設が補塡していかなければならない。「災害の発生を不可抗力の現象とせず、異常な自然現象が災害化する背景に見られる地域史や文化史、蓄積されてきたヒューマンエラーの存在に目を向けさせ、同じ過ちを未来に繰り返させないための新たな価値観を創造し、地域文化を進化させるための恒久的な学びの場」、そのような場として当館は「東日本大震災の記録と津波の災害史」常設展示を整備、公開している。

六 災害伝承における想像力の重要性

「伝承」という言葉は、前世代からの伝統的文化遺産を次の世代が引き継ぐこと、または継承されたその内容を意味するが、「文化的要素」が世代を経て伝達されるためには、次の世代における「必要性」が前提とされる。災害伝承とは災害に関する「文化的要素」を、世代を越えて伝えることだが、不定期あるいは長周期の災害の場合、日常的必要性の持続が難しく、ゆえに必要性によって持続される伝承行為は現実的に困難と言わざるをえない。

災害に関する文化的要素、すなわち歴史的・時系列的な災害の記憶などを伝承していくためには被災経験のない者に日常的必要性、「過去から未来への橋渡しをする者の責任」を意識させる必要がある。しかしながら過去の出来事を知るためのさまざまな記録資料や学術資料などの客観的情報のみでそれを意識させることは難しく、身体的感覚、感情などを刺激するような何か、例えば物語などが必要だと筆者は考えている。自らが持つ相似の経験を想起させ、未経験の事柄に現実味を帯びさせるためには、伝え聞く者の「想像力の発現」が不可欠であり、伝える側は想像力を発現させるような伝え方、例えば時代や世代を越えても共感可能な物語の編集や、そのような物語を基にする演劇、映画、アニメ、漫画、それらを共有する場としての「祭り」など、適切な表現とそれを共有する機会を創造していかなければならないだろう。そして、そのような表現の追求においては、科学的視点のみならず、芸術的視点、感性に訴える表現が必要とされるはずである。つまり、災害の記憶を伝える上では想像力の発現を促すような「表現」を積極的に行っていくことが非常に重要であり、そのような課題を理解すれば、アーティストやミュージアムが災害とどのように関わっていくべきか、その答えは自ずと見えてくるはずである。

七　ミュージアム――自然災害を再定義する場所へ

平均すれば約四〇年毎に、三陸地方は大規模な津波災害に遭遇してきたとされている。明治、昭和の三陸大津波、一九六〇年、二〇一〇年のチリ地震津波、そして二〇一一年の東日本大震災大津波。これら近代以降の主な津波災害は三七年、二七年、五〇年、一年という間隔で発生しており、二〇一〇年のチリ地震津波までの間隔を平均すれば三八年に一回、生涯をその地で過ごした場合、一人の人間が二、三度、大津波を経験する頻度となる。

東日本大震災の発生から八年以上が経過した現在、当館では、災害資料展示の主題を「地球環境、自然環境との共生を考え、気候風土に根差した文化を醸成していくこと、その結果として減災が実現されたまちを、地域住民の手で時間をかけて築き上げていくこと、そのために必要な資料を提供すること」と再定義している。それはつまり、「自然との戦い」といった発想に終止符を打ち、「自然と分け合う生き方」を考えようとする意識の提案である。

現在行われている被災地復旧、復興事業においては自然災害の原因を一方的に自然現象に押し付け、人間側の問題を棚上げした考えが基本とされている。ゆえにその発想は原因となる自然現象をはね除ける構造物の建設という形で具現化され、防災、災害復興という旧来の思想を未だに踏襲している。かつては無知ゆえに自然を侮り、ヒューマンエラーを蓄積してしまったが、現在は多くを知った上でなお、その過ちを繰り返そうとしている。その根拠とされている法制度は、日本の近代化を推進するために整備されてきた旧来の価値観であり、現在必要とされている創造するべき未来の価値観とは、かけ離れた古い思想に裏付けられている。

「災害復興」という言葉は関東大震災以降に定着したものである。旧来の社会構造を否定し、近代国家、新国家を創ろうとしていた大正時代、そのとき発生した関東大震災からの復旧事業は「特別都市計画法」に則って行われたとされている。著しい人口増加に対応するための刷新と開発と防災を目的とする特別都市計画法の適用を受けて行われた「帝都復興事業」は、災害を契機に都市公共インフラの近代的整備を施す、いわゆる災害復興の成功例とされ後続の災害におけるモデルとされてきた。三陸沿岸部でも、明治三陸津波の際にはなかった復興という概念が、昭和三陸津波被害を機に適用され、現在まで通ずる災害復興事業、法整備が具体化された。そして戦後は、戦災復興という新たなイメージをまとい、特別都市計画法、高度経済成長政策を追い風に暴走した。その結果が津波被害の拡大を招いた沿岸部の埋め立てや開発、原発事故、地域独自文化の衰退につながったのではなかったか、筆者はそのように考えている。

われわれは過ぎ去った時間を変えることができない。しかし、現在まで続いてきた負のループを断ち切ることで未来は変えられるはずである。われわれは過去を見直し、現在に正対し、新たな価値観を築いていかなければならない。そのためには過去から現在へと積み重ねられてきた地域史、文化史、災害史と、それを包み込む地域の気候風土、自然環境を学ぶことが必要不可欠である。

ミュージアムの本分は客観的事実を世に伝えることとされている。しかしながら、客観的事実をただ羅列するだけで未来が変わるとは思えない。リアス・アーク美術館はミュージアムの向こう側へ一歩踏み出し、固定された価値観を再定義する場を目指していく。次の巨大津波襲来まで、われわれに残された時間は限られているのだから。

3 地域復興と博物館
――陸前高田市立博物館の七年半

熊谷　賢
（聞き手：鈴木　茂）

はじめに――博物館の被災

鈴木：『歴史学研究』のシリーズ「3・11からの歴史学」では、「史料と展示」というコーナーを設け、被災史資料のレスキューや保存、展示など全国各地の取り組みを紹介するとともに、博物館のあり方を議論してきました。陸前高田市立博物館については、「大津波プロジェクト」（大津波被災文化財保存修復技術連携プロジェクト）の企画展として山梨県立博物館で開催された「よみがえる、ふるさとの宝たち――3・11被災資料の再生」を同博物館学芸員の西願麻以さんにご紹介いただきました。今日は、被災以来、陸前高田市立博物館の所蔵資料の再生の中心となって活動されてきたご経験をふまえ、3・11を経て、地域にとって博物館がどういう意味を持っているのか、明確になった意味、再認識された意味、あるいは新たに獲得した意味を中心にお聞きしたいと思います。

ところで、現地時間九月二日未明、ブラジルのリオデジャネイロにある国立博物館が全焼しました。この博物館は独立前の一八一八年に創立され、ちょうど二〇〇周年を迎えたところでした。総合博物館で、特に自然史と民族学の資料が有名で、膨大な化石や動植物標本類、先住民関係の民族資料を収蔵していました。焼け残った被災資料のレスキューが始まろうとしているようですが、絶滅した先住民に関するものなど多くの貴重な資料が消失したことで、この博物館の重要性を再認識する声が聞かれます。博物館が津波や火事で被災した後、その価値が改めて認識されるということがあると思いますが、陸前高田市立博物館の場合はどうでしたか。市民の間に、被災する前と後では、何か認識の違いが見られるでしょうか。

熊谷：おそらく、意識のなかではあると思います。実際、被災した現場から資料を救出する作業をしていたときに、被災後、大変お世話になっている国立科学博物館の真鍋真先生がお話しされたらしいのですが、夕方近くになって、あるお年寄りの男性が被災した博物館にいらしたのだそうです。その方に、「どうしたんですか」とお尋ねしたら、「自分の家も流されてしまって何もなくなってしまった。だけど、ここに来れば高田のものが何か残っていると思って見にきた」というお話をされたそうです。陸前高田市立博物館は、一九五九(昭和三四)年の開館当初から、ずっと地域に根ざすという視点でやってきていますので、発掘資料や自分たちで採集した自然史標本もあるので一〇〇%とまでは言えませんが、九九・九九%くらいが市民の方からの寄贈なんですね。ですから、被災した博物館に寄贈したものが流されてないかと、心配して見に来られた方もいらっしゃいました。だから、意識のなかに大事にしようとするものがあるんだと思うんですけど、災害の規模があまりにも大きすぎて、自分の明日の生活すらままならない状態なので、なかなかそっちの方に気が回らないというのが、多分、現実だったと思うんです。われわれとしては、そういう素地がありますので、衣食住が足りて普段の生活に戻ったとき、「そう言えばあれはどうなったんだろう」となったときに、「全部、津波でやられちゃいました」と言うことにはしたくない。「ちゃんとありますよ」と言えるようにしなければいけないと、レスキューをやってきたところがあります。

わたし自身、よくマスコミの方から「なぜそこまでするのか」と聞かれましたが、わたしは高校時代くらいから博物館に出入りしていたんです。それで、学芸員になりたいなと思いましたし、博物館実習もここでやらせていただきましたので、夏休み、冬休みに帰省しても、常に出入りしていろいろ勉強させていただきました。自分の家と同じような感覚があったので、博物館がやられた、これは自分がなんとかしなければと思いました。被災したみなさんと同じです。わたしの家は理容業でしたが、母親も部分的に残っている程度の店の跡に行って、自分が使っていたハサミなどを見つけ出していました。それは博物館と、多分、同等の感覚があるんだと思います。自分が生きてきた証を探すために、もとあったであろう家の場所に行って、お箸でもお茶碗でも、自分たちが生きてきた証を探してるんですね。発災から何日目だったか、ちょっと落ち着いたころ、みなさんが、自分の家のあった跡でいろいろ探していました。個人でなく、陸前高田という町で考えたとき、自分が生きた証というのは博物館に残された資料であり、それが今までの歴史なんだと強く思いました。

鈴木：やはり、陸前高田市立博物館の収蔵資料のほとんどが一般市民からの寄贈だったということが大きいのですね。漁具が有名ですけれど、具体的にはどういう資料が収蔵されていたのですか。

熊谷：陸前高田市立博物館は、市民との関係という意味でかなり特殊だった気がします。すごく人の出入りが多いのですが、博物館を創設した人の時代から、ずっと市民とつながってきていました。陸前高田出身で「岩手博物界の太陽」と称される鳥羽源藏という博物学者がいるのですが、その弟子の千葉蘭児が、実質的にこの博物館を作ったのです。学校の先生をされていて、海と貝のミュージアムにコレクションが収蔵されているほどの、北太平洋の貝を研究された方で、新種も約四〇種見つけています。この方がいろいろ走り回って、資料を集めて作った博物館なんです。総合博物館ですので、漁具などの民俗資料から考古資料、動植物の標本など陸前高田のさまざまな資料がありました。

一九九四(平成六)年には、市立博物館で所蔵していた貝類標本だけを移管して、貝だけの博物館として海と貝のミュージアムを作りました。源藏先生のコレクションがすでに収蔵されていて、蘭児先生のコレクションもご寄贈いただいたので、貝のコレクションが充実したということでした。

北限や南限の種を含んだ昆虫、動植物の剝製標本、古生代の化石、縄文時代の貝塚からの出土遺物など、市立博物館には自然史から人文まで多岐にわたる資料がありました。そのため、文化財レスキューが非常に大変でした。

一　文化財レスキューと学芸員のネットワーク

鈴木：人文資料と自然史資料では、レスキューの方法に違いがあるのですか。

熊谷：そうですね。後になって気づいたことがあります。被災して一番最初にレスキューしなければならないと思ったのが、市立図書館に保管されていた『吉田家文書』という、岩手県指定有形文化財の古文書で、実際、一番最初にレスキューしました。市立博物館は、住宅や車、さまざまな瓦礫が流入していて、ルート確保もままならない状態でしたので、すぐレスキューに入れる状態ではなかったのです。そこで、最初に市立図書館の『吉田家文書』を救出し、次に海と貝のミュージアムの資料救出に取りかかり、途中で市立博物館も同時進行ではじめました。しかし、後になって、最優先しなければいけなかったと気づいたのが自然史標本でした。昆虫標本や植物標本です。なぜかというと、これらの標本は短時間で腐るんです。腐ってしまったらおしまいなんです。水洗いすることもできなくなってしまいます。それに対して、古文書は、和紙であるため、カビが生えることはあるものの、比較的強い。水洗いもできるんです。腐敗の進行速度を考えると、自然史資料を優先すべきだったと思いますが、古文書も救出までの時間を急がなければ救えるものも救えないということです。ですから、いわゆる被災現場での資料のトリアージのような作業がとても重要になるのだと思います。

鈴木：どのくらい残すことができましたか。

熊谷：発災がまだ三月で気温が上がらず、六月までに一次救出が終わったので、もうどうにもならないという状態までには至らなかったんです。傷みのひどい資料もありましたが、ごくごく少なくてすみました。それは、岩手県内の博物館の横のつながりがあったおかげです。「学芸員ネットワーク・いわて」という組織があって、年に一回程度集まって、研修会を行っていたので、どこの博物館にだれがいて、何を専門にしているかという情報が共有されているのです。文化庁が救援委員会（東北地方太平洋沖地震被災文化財等救援委員会）を設置し、宮城県の石巻などでレスキューに入りましたが、陸前高田では実質的に自分たちの手で一次救出ができたのです。混乱した被災現場において比較的スムーズに救出活動が行えたのは、自分たちの横のつながりがあったことで、この人はこの専門なのでここを頼む、向こうの方は向こうで、高田の博物館には大体こういう資料があるとわかってくれていて、信頼関係のなかでお任せすることができました。だから、『吉田家文書』を救出しようとしたとき、一番最初に私が電話をしたのは大船渡でした。大船渡も被災をしているんですが、学生時代からずっとお世話になっていた大船渡の学芸員さんが、当時、教育次長をやられていました。うちの上司もみんな犠牲になっていますから、相談する相手もいないなか、電話したのです。「実は『吉田家文書』がこういう状態なんです。文書の扱いができるのは、多分、近場だと一関の博物館だと思います。そこに顔見知りの学芸員さんがいます。本来ならば、県指定文化財は県の教育委員会に頼むところだと思うのですが、県の教育委員会は盛岡ですし、動き出しも、こういう状態ですからなかなか動けないのではと思います。ですから、一関に電話しようと思うんですけど、どうでしょう」と。「うん、うん、それしかないだろう。ただし、後で県の教育委員会にはちゃんと連絡しなさい」というアドバイスをいただきました。古文書はもうビッショビショの状態ですと伝えると、急激に乾燥させると紙と紙がくっついてしまうので、とりあえず、乾燥させるとまずいから、ゴミ袋でもなんでもいいから、密封して乾燥を防ぐよう指示をいただいて、それからゴミ袋をかき集めて、一関に電話をしました。一関の博物館に電話をすれば、多分、県立博物館に連絡が行くだろう。すると県の教育委員会にも連絡が行く。そうすると県教委が動き出してくれるだろうと考えて電話したら、「わかった、わかった、県博に連絡して、明日、必要なものを持っていく」との返事をいただきました。最初に一関市博物館が来てくれて、その次の日に県教委と県立博物館が来てくれ、まさに思い描いた通りに動いてくれて本当に助かりました。重要なのは普段からの横のつながりですね。特別展で展示をするときも、あそこにこういう資料があると、「貸してください」「ああ、いいですよ」と今まで築いてきた信頼関係から気軽に貸し借りができる関係があったのです。多分、そこが岩手の場合は一番重要だったんじゃないかなと思います。

鈴木：他の県でそういうつながりはどうなっているんですか。

熊谷：震災後に、千葉の国立歴史民俗博物館で被災地の博物館についての特別集会が開かれました。被災県の方々もいらしていました。わたしは事例報告をさせていただきました。その後の懇親会で、岩手の今の状況をお話ししたら、「あ、岩手ってそうなんですか」と聞かれました。それで、逆に、「そうじゃないんですか」と聞いてしまいました。なかったようですね。横のつながり、顔の見えるつながりには助けていただきましたね。

鈴木：そのネットワークというのは、熊谷さんが学芸員になられたころからありましたか。

熊谷：ありました。学芸員になって何年か後に、大船渡のお世話になった学芸員さん、教育次長だった方と、県博、一関、後は盛岡の女性の学芸員さん、同じくらいの年代の仲がいい先輩方がいらして、その方々が学芸員の横のつながりをということで、発起人になられて始めた組織なんです。きちんとした組織になってないかもしれないですけど。いわゆる博物館等連絡協議会というのがありますが、そのなかの組織という位置づけではなかったのですが、学芸員さんたちが集まって任意の会を作っているというので、バックアップ的なこともしてくれていました。

二　博物館の再建

鈴木：今回、博物館の再建計画がまとまったそうですね。今どういう段階にあるんですか。

熊谷：ほぼほぼ場所が決まって、展示の基本構想を練っているところです。もう少しで、建築設計の段階に進むところまで来てますね。

鈴木：完成はいつですか。

熊谷：災害復旧事業なので、平成三二年度中です。

鈴木：出がけに陸前高田市のホームページでこの「(仮称）一本松記念館・陸前高田市立博物館基本計画について」という資料を見つけて、目を通してきたんですが。

熊谷：それは古いものです。一本松記念館が入っていますね。当初、市は「奇跡の一本松」が震災後注目されることになったので、一本松記念館と博物館を一緒にした新しい博物館を作ろうと計画しました。しかし、一本松記念館と市立博物館・海と貝のミュージアムでは館の性格も異なることから、最終的には、別々の施設として建設するということになりました。

われわれとしては、教育機関として、陸前高田の素晴らしさを子供たちに受け継いでいかなければならない、それが博物館としての使命なのだと考えています。それに加えて、市民のみなさんから預かっている資料を、一〇〇年経っても二〇〇年経っても残していく。それは、とりもなおさず、今回被災したけれども、陸前高田の自然、歴史、文化をきちんと残すということがわれわれの使命だと思うのです。

鈴木：今、文化財保護についても、観光資源としての活用を言っています。観光にはなじまないような貴重な資料は二の次にされかねない、というところがあるわけですが、地方のこういう博物館も同じでしょうか。

熊谷：博物館は資料を活用しながらその地域の魅力を発信し、その魅力を子供たちに伝え、人を育てる施設だと思います。これまで博物館が続けてきた資料の保存と活用というものをしっかりとこれまで以上に守り続けていかなければならないのだと思います。

三　博物館と教育

鈴木：昨日の夕方に着いて、街を歩きながら進学塾が多いと感じました。

熊谷：陸前高田も、そんな感じになっていますね。

鈴木：歴史教育の研究プロジェクトに携わっているので、各地の高校の先生にお話を聞きに出かけるのですが、地方都市の駅前は、パチンコ屋とサラ金と予備校、あとシャッター街、このパターンが多いんです。予備校は非常に目立つんです。進学への関心は高いんですけど、公教育、文化に対する公的な予算というのはなんと貧困なのか、このギャップは恐ろしい感じがします。

熊谷：被災後、「あまちゃん」というNHKの朝の連続テレビ小説があったじゃないですか。あまちゃんのおじいちゃんが、世界を股にかけているわけです。なぜ世界を回っているんだと、あまちゃんから聞かれたときに、俺は、奥さんの夏さんに、この場所が一番いい場所なのだと教えるために、世界を回っているんだ、と言うじゃないですか。わたしの理想は、博物館を通して、自分が生まれ育った町を好きになるということです。自分自身、高田の豊かな自然のなかで育ち、高田が大好きでしたが、博物館で高田を知り、この町がもっと大好きになりました。子供たちは、大人になって外に出て行くかもしれないですが、外に出て、俺の田舎は何もなくてさ、というようなことを言わない、俺んところはすごいんだぞ、という人間になってほしいのです。そういうことを続けていけば、外に出ていく子供も少なくなって、人口流失を抑えられのではないかと思うのです。自分が生まれ育ったところで生きていくことがどれだけ素晴らしいか、感じてほしい。学校の成績のほかに、人間として生きていくうえに必要なことがあるのではないのかと思います。それを含めて、地元の素晴らしさを発見し、郷土愛を育む目を、博物館で養ってほしいのです。ひところ地元学というものが流行りましたけれど、博物館は昔から地元学だなと、地元学という言葉が出はじめたころに思いました。

鈴木：学習塾の勉強の中身は、全国一律、均質なんですね。しかし、ローカルな知や知識、歴史に価値があることをだれが認めるかというと、その歴史を体験し、共有している地元の人々です。自分の体験が歴史になっていって、それを目に見える形で博物館が見せてくれる、そういうようなローカルな知を育てていくことの大切さを、今回の被災は教えてくれたということでしょうか。

熊谷：特にそう思います。被災直後から、われわれが言ってきたのは、「文化財が残らない復興は本当の復興ではない」ということです。たしかに一日も早く復興すればいいなと思うのですが、今の復興を見ていると、言葉は悪いかもしれませんが、南三陸でも、気仙沼、高田、山田でも、何か同じような町ができるのではないかと感じます。

鈴木：午前中、車で釜石まで海岸線を走って、同じような堤防が判で押したように建設され、砂浜を覆っているのを見て来ました。

熊谷：たしかに、住みやすいし、被災した現状からいえば、必要なのかもしれません。しかし、同じような町ができてきたときに、それぞれの町の良さを何で発信するんだとなったとき、やはり自分の町の自然であり、歴史であり、文化ではないですか。そこの根っこの部分をきちんと残さないと、言葉では復興になるかもしれないけれど、本当の意味での町の復興にはならないのではないかと思って、ずっとやってきたのです。

鈴木：受験勉強の知識は、消費したら、つまり受験が終われば、忘れてもいいものもあります。しかし、ローカルな知は消費しているわけではないし、消費することに価値があるわけではありません。人間性を豊かにしていく、人間形成に直接関わる知であり、同じ知なり知識でも、性質がずいぶん違うんではないかと思います。

熊谷：違うと思いますね。やはり、そういうものに幼いころから触れてきた子供というのは、統計を取ってるわけではないんですけれど、将来、地元に残る可能性だとか、一回外へ出ても、戻ってくる場合が多いんじゃないかなと思います。親の関わり方も大切でしょう。保育園とか幼稚園の幼いころに、手をつなぎながら歩いて、「お地蔵さんいたね」、「いたね」、お陰で今日も一日無事に行ってきました、というふうな、身近にあるお地蔵さんなどに触れる機会があるかないか。全然気にしてなければ、そこにお地蔵さんがいること自体、気づかない。そういうものにちゃんと目を向けられる大人になってほしい、それを自分の子供たちにも伝えてほしい、と言いたいのです。

鈴木：震災からちょうど今日で七年半です。さらに七年、一〇年もすれば、子供の時代になるでしょう。すぐきます。その間に博物館が再建されて、小学校から中学校、高校にかけて、子供たちにとって地元の歴史なり民俗に触れる機会が普通にあるという状態を作っていくことは重要ですね。

熊谷：誇りにつながると思うのです。また、誇りにしてもよい素材がたくさんありますから。それに気づいているか、気づいてないかということだけだと思うのです。

鈴木：小学校、中学校、高校で総合的な学習という時間がありますが、熊谷さんもやられましたか。

熊谷：私たちのころはありませんでしたけれども、博物館で働きはじめてから取り入れられて、子供たちへの対応はしました。最初は、先生たちも、ある意味で博物館にとりあえず預けておけばいいというような感じなんです。広い太平洋にポツンと投げられたようなものでしたが、そこからが始まりだったのです。そこで、当時の本多文人館長と話し合ったのが、まずは答えは教えないようにしようということです。こちらの対応は常に同じスタンスでやってきました。学校で、海について調べたいと言った子供がいたらしいです。いいんじゃないの、じゃ、博物館に行って聞いて来なさいと先生に言われて来たときに、「海について」というテーマはいいんだけれど、海についてといっても、水のことか、生き物のことか、それとも海の生き物を利用している自分たちのことなのか、まずそこから考えてみようよ、というところから始めました。そうすると、だんだん海の恵みを利用した跡である貝塚について、魚について、魚って言っても、春の魚だとか夏の魚だとか、だんだん狭めていく。だけど、答えは教えない。調べ方を教える。そのなかで、自分で気づいたことがあれば、いいんじゃないか。結局、他人から話を聞くというのも大事なのですが、他人から聞いたことは忘れる、自分が調べて気づいたことは忘れない、だから頑張れ、といつも言っているのです。そうすると、それなりに頑張ります。

先生方も、最初は戸惑っているというか、何をやっていいかわからない。だんだんといい感じだなと思ったのは、考古学でした。小学校六年生を対象にしたものです。うちは出前授業や出前博物館など、いろいろな工夫をしていました。出前授業というのは、資料を持っていって講話をするものです。出前博物館というのは、空き教室があるので、展示ケースなどを持っていって、一週間くらい展示するものです。その組み合わせでした。地元の縄文時代の遺跡のことを知りたいとなったときに、自分たちである程度調べる。調べたところで、展示物を持っていって見せる。その展示を子供たちが見たうえで、もう一度学習する。事前学習がしっかりできているので、質問事項がかなり高度なのです。何もやらずに、どんな遺跡があるんですかというのではなく、ある程度自分たちで勉強したうえでの質問ですから、すごく内容が濃い。これはいい形でした。

鈴木：三月に高校の新学習指導要領が発表されました。中学校、小学校のものはその前に改訂されています。いわゆる知識注入型ではなく、どんどん思考力養成型になってきています。地元の博物館や図書館と小中高の教育、特に総合的な学習との連携が、これから大事になってくるんでしょうね。

熊谷：学校の先生は、今、大変なんですよ。いくら博物館を利用してくださるように勧めても、どこの時間で博物館に行けばいいのかという状態です。震災前から、これをなんとか打破しなければと、博物館利用研修会を開いたのです。そういうのを開くと、たいてい教務主任の先生とかが来られるのですが、なかなか伝わりません。そこで、一人でも二人でも、現場でどうやったらいいのだろうかと試行錯誤している先生を参加させていただいて開きました。博物館側は、当時の学習指導要領を調べて、この単元にはこの資料があります、このときはこの資料がありますという具合に授業に合わせた利用方法を説明しました。あとは、収蔵庫をお見せして、こういう資料は全部貸し出しもできます、無料で資料を持っていって授業もします、とお伝えしました。そうすると、次の週あたりに、出前してくださいと依頼が来るんです。一番よく覚えているのは、国語の授業です。今はないかもしれませんが、かつて「タヌキの糸車」という単元がありました。タヌキが糸車をカラカラ回すという話があって、糸車を貸し出してくださいという依頼がたくさん舞い込みました。多分、ある研修会に来られた先生から貸してくださいと言われて貸し出したのがきっかけだと思います。それが何年か続き、あるとき突然、隣の大船渡市から貸してくださいという依頼が来たんです。なんのことはない、その先生が陸前高田市内から大船渡市の学校へ異動しただけのことでした。

今は移転してしまいましたが、震災前には大船渡市の三陸町に北里大学の海洋生命科学部がありました。陸前高田や大船渡がある気仙地区には、当時、海と貝のミュージアム、陸前高田市立博物館、大船渡市立博物館、北里大学海洋生命科学部と、海に関する資料を収蔵する博物館や研究機関が四つもありました。それぞれ得意分野を生かして、四つの機関がタッグを組んだら、とてもいいことができるんじゃないか、ということになり、北里大学の先生と協力し、学生にも手伝ってもらいながら、夏休みの川の学校などをやりました。いろいろなプログラムを作り、気仙地区の学校すべてに配布したんです。大船渡の博物館にはこういう資料があります、高田の博物館にはこういう資料があります、こういうのができますよ、というようなプログラムです。

鈴木：ところで、デジタル化時代を迎えて、デジタル・ミュージアムも盛んになっています。インターネットを使った陸前高田市立博物館から地域外への情報発信は、どのような状況ですか。

熊谷：やりたいのですが、片手間でできる仕事ではありません。専門の職員が一人いて、常に情報発信をきちんとやっていかなければならないので、今の態勢では、正直、それは難しいです。せいぜいフェイスブックで、たまに出す程度です。最近、それもちょっとできなくなってきています。ただ、フェイスブックでも、見ていると、それなりに読んでくれている方がいて、記事によるとアクセスが一〇〇〇件を超えているものがあったりして、その有効性というのはすごいなと感じています。ただ、博物館の展示物を映像や写真など、バーチャルで見せることは、個人的には好きではありません。たしかに映像としては映るかもしれないけど、質感や重さは伝わらない。一次資料の重みを大切にしたい。絶対モノでないと、触らないとダメなのです。博物館は、博物館ですから。

おわりに――震災の前と後

熊谷：事前にいただいたご質問のなかで、震災の前と後でどういうふうに変わったのかというご質問がありました。物理的に変わったというのはもちろんですが、逆に、変わらなくてよかったというか、うれしかったこともありました。いろいろな博物館の方が出入りしていただけたなかで驚かれたのは、市民とのつながりの部分です。こんなことがありました。国立科学博物館の真鍋先生にいらしていただいたとき、わたしは仮設住宅に暮らしていたのですが、せっかくなので、お昼ぐらいうちの仮設住宅で召し上がっていただこうと思い、お連れしたんです。そのときに、突然電話がかかってきました。プラスチック・ケースのなかに、鹿の角で作った釣り針を見つけた、縄文時代の貝塚から出土したものですが、それがどうも博物館の資料じゃないのかなと思うという内容でした。それを取りに来てくれとおっしゃるので、行きました。そうしたら、もともとあった場所から四キロぐらい離れた場所まで流されてしまったのですね。それを見つけてくださったのです。それを後で東京国立博物館の先生に話しましたら、まず市民がそういうことで博物館に電話をよこすということが驚きだと、それに、それが博物館のものじゃないかとわかる眼力もすごいとおっしゃっていました。うれしかったです。市民の人たちが、やはりそういうふうに博物館のことを思ってくれているのだと。また、一番驚いたのは、あるとき、それも最初は電話でしたが、「化石あるか」と言って、持ってきてくれたんです。陸前高田は古生代の化石の産地としても有名なところで、サンゴのこんな大きな化石もあるのですが、博物館の化石は流されてしまったろうから、自宅にあるのを持って行くと言って。新しい博物館ができたら展示に使ってほしいということでした。木の台座まで作って、わざわざここまで届けてくれたんです。それは、本当にすごいことで、とてもうれしかったです。そういうふうに、博物館のことを思ってくれているという、その想いは。たしかに、「そんなもの探すより人を探せ」と言われた方もいました。当然、賛否両論あるのは当たり前ですが、博物館をそういうふうに思ってくれている市民が一人でも二人でもいるというのは、今まで博物館が続けてきたことが、ようやく実を結んできたというか、これが高田の博物館の本当の力なんだろうなということを、改めて津波の後に思いしらされました。

鈴木：陸前高田市立博物館や、気仙沼のリアス・アーク美術館の被災資料の展示は、全国各地で開催されてきました。わたしもリアス・アーク美術館の展示を東京の目黒区美術館で拝見しました。今の日本はもう、いつ、どこで災害が起きてもおかしくありません。地震や津波、原発災害、さらには甚大な風水害は、もう人ごとではないということです。

熊谷：いろんなところで展示をやらせていただきますけれど、いつもメディアの方から、展示を通してどういうことを訴えたいですかとか、見てもらいたいですかと聞かれます。普通なら、大きな被害を受け、全国の皆さんからい

図１　震災後初の陸前高田での展示「ずっとずっとふるさと陸前高田」展（2016年11月）

ろいろなご支援を受けて、ようやくここまできました、ということなのでしょうが、わたしはそれは言わない。これを見て、考えてほしいと言うのです。明日、このあなたの町でも同じことが起きるかもしれない。そのとき、自分たちの身近にある文化財、それこそお地蔵さんを、やられてドロドロになったので、知らないふりして捨てていいのか。私たちの生きてきた町の大事なものです。大事なものでも、今は何もないから気づかないだけであって、われわれが体験したことを通して気づいてほしい。そして、今日、この展示を見て帰ったら、自分の家の周りにどんなものがあるのかとか、それを大事に思う気持ちを、少しでも子供たちに伝え、育んでもらえれば、もし何かあったとき、それを捨てるようなことはしないと。それを少しずつつなげていけば、多分、日本全体が文化財を大事にするようになるのではないかと思うのです。

鈴木：そう期待したいところですね。多分、観客はそれをわかったんだと思うんです。その記憶を次の災害までどうやって持続するか、ということですよね。ありがとうございました。

（二〇一八年九月一一日、陸前高田市立博物館にて）

4 記憶をつなぐ
――津波災害と文化遺産

小田真裕

はじめに

企画展（人間文化研究機構連携展示）「記憶をつなぐ――津波災害と文化遺産」が、二〇一二年九月二七日から一一月二七日まで国立民族学博物館（大阪府吹田市）、二〇一三年一月三〇日から三月一五日まで国文学研究資料館（東京都立川市）で開催された。本展示では、「現在進行中」の大震災によって「地域コミュニティそのものの存続があやぶまれる」状況にある被災地で行われた（行われている）文化遺産の復興と、それを支援する活動、および津波災害の記憶を継承する取り組みに焦点が当てられている(1)。そして、「私たちにとっての文化遺産の意義を改めて見直すとともに、その文化遺産を通じて、この地震・津波災害の記憶と経験をいかに未来に継承し、次代の社会を築き上げていくのかを考える契機」とすることが目指されている。

東日本大震災から二年以上経ったが、以前の生活を取り戻せていない方々は多い。歴史を学ぶ者として、自分に何ができるのか。そのような自問を繰り返す日々を過ごすなかで、評者は国文学研究資料館に足を運んだ。

一　展示の内容

「記憶をつなぐ」展は、イントロダクション「津波災害と文化遺産」、第一部「文化遺産の復興とその支援」、第二部「記憶の継承」、第三部「文書で継承された記憶」、そして最後に置かれたコーナー「思い出の品のその後」と「むすびのメッセージ」から構成されている。

イントロダクション「津波災害と文化遺産」は、まず、二〇一一年三月一一日午後から三月一二日午前にかけて撮影された仙台空港（宮城県）、大洗海岸（茨城県）、いわき市・南相馬市（ともに福島県）の写真パネル、南三陸町および石巻市（ともに宮城県）の津波被災前後を比較する写真パネルによって、陸地を襲う津波の恐ろしさを伝える。そして、津波の記憶が地名に残る波伝谷《はでんや》地区（南三陸町）に注目し、被災を免れた獅子頭の実物、仮設住宅前で行われた獅子舞（春祈禱《はるきとう》）の写真パネルを展示する。

第一部「文化遺産の復興とその支援」では、まず、鵜鳥神楽（普代村）・釜石虎舞（釜石市）・笹崎鹿踊（大船渡市）という岩手県の無形文化遺産を取り上げ、いずれも二〇一二年に制作された装束の実物と、東日本大震災以降に上演された演舞の写真パネルに加え、津波によって衣装・道具類を失った大船渡市・南三陸町の三つの鹿踊団体の支援のために、京都府・兵庫県の有志が立ち上げた「愛deerプロジェクト」に関する写真パネルを展示する。また、展示室の外周には、国立歴史民俗博物館による民家からの被災民具・生活用具の救援活動、国文学研究資料館による津波被災文書の救助・復旧活動、国立民族学博物館による被災した民俗文化財への救援活動という、文化遺産復興支援活動を説明するパネルが並ぶ。これらのうち国立民族学博物館の活動を紹介する「民俗資料の救援活動」というコーナーには、レスキューされた民俗資料、修復された鵜住居観音堂の中央には、被災した文書・図書資料、文化財レスキュー作業の装備品を展示し、文化財レスキュー作業と民俗芸能の様子を収めたビデオを座って観賞できるスペースを設けている。

第二部「記憶の継承」では、過去の地震や津波の記憶を刻む寺社・石碑などの写真を、大型パネルの地図上に示す。そして、寺社の由緒や碑文の翻刻、津波の年代を知ることができるタッチパネル式の「寺社・石碑データベース」を置く。このデータベースは、東北地方だけでなく紀伊半島から大阪湾にかけての沿岸部のデータも、「三陸の経験を、南海トラフ巨大地震による被害が懸念される地域に住む方々にも自身の問題として受けとめてもらえるよう」にするという目的から収録している。また、第二部のもう一つのトピックとしては、一八五四（嘉永七）年一二月二四日の安政南海地震で発生した津波から村人を救った濱口梧陵の逸話「稲むらの火」を取り上げる。そこでは、ストーリーを示す紙芝居と、この逸話を掲載する国語の教科書およびアジアの九言語とフランス語の翻訳版――アジアの九言語は大人向けと子供向けの二冊――を展示し、二〇〇四年に発生したスマトラ島沖地震・インド洋大津波災害の被災国を中心に、「稲むらの火」が防災教育教材として活用されている様子を伝える。

第三部「文書で継承された記憶」では、国文学研究資料館に所蔵あるいは寄託されている文書資料を展示する。まず、嘉永七年一一月四日（一八五四年一二月二三日）に発生した安政東海地震について、伊豆国君沢郡内浦重須村（静岡県沼津市）土屋家文書のうち、地震発生翌日に作成された被害通知書から発生一週間後の見舞状まで一〇点の古文書を展示する。そして、展示室の奥には、明治二九（一八九六）年六月五日に発生した明治三陸地震に関する古沢家文書（埼玉県）、井尻家文書（山梨県）、真田家文書（長野県）の史料各一点と、参考資料として、弘化四（一八四七）年の信州地震（善光寺地震）に関する真田家文書中の瓦版を展示する。また、関東大震災については、雑誌『国際写真情報関東大震災号』と関東大震災被災写真をケース内に展示し、来館者が雑誌の内容を読めるように、脇に同誌の複製を置く。

出口の手前は、「思い出の品のその後」と題されたコーナーである。ここでは、気仙沼市で被災者の方々が始めた、瓦礫のなかから発見された写真などを洗浄して展示し、所有者への返却を進める「思い出は流れない写真救済プロジェクト」の活動を写真パネルで紹介する。来館者は、キャプションから、このプロジェクトによって一〇〇万枚以上の写真が洗浄され、それらのうち約半数が所有者に返却されたことを知る。そして、展示室の出口で「むすびのメッセージ」を目にし、展示室を後にする。

なお、本展示に図録はなく、関連書籍として日高真吾編『記憶をつなぐ——津波災害と文化遺産』（千里文化財団、二〇一二年）を販売している。また、関連事業として、国立民族学博物館では二〇一二年五月三一日から八月二一日まで「写真で見る東日本大震災と被災文化遺産のレスキュー」展が、国文学研究資料館では二〇一三年三月八日に災害連携研究報告会「東日本大震災から二年、津波災害と文化遺産」が行われた。

二　展示を見て

展示プロジェクトのリーダーである日高真吾によると、「記憶をつなぐ」展には、①文化遺産の復興の作業に目を向け、地域の文化遺産の意義を改めて見直す、②地域の文化遺産を通じて、この地震・津波の記憶をいかに未来に継承し、次代の社会を築き上げていくのかを考える契機とする、というねらいがあったという[(2)]。また、展示の効果として日高は、①東日本大震災からの復興はまだ途中であることの社会への周知、②地域復興に果たす文化の役割について考える機会の提供、③将来の災害への備えについて考える機会の提供、の三点をあげている。これらは、いずれも現在私たちが向き合うべき課題として、多くの者の共感を得るものだろう。それでは、企画側が意図したねらい・効果は、展示を見た者に伝わった（到達できた）のだろうか。この点について、三つの展示対象をあげて考えてみたい。

まず、無形文化遺産について、被災地で行われてきた祭礼や民俗芸能が、被災地の方々の心の支えになっているという指摘は多くなされている。本展示では、鵜鳥神楽・釜石虎舞・笹崎鹿踊という被災地の民俗芸能の装束が実物で展示され、ビデオで演舞の様子を見ることができる。国立民族学博物館で行われた神楽の公演は国文学研究資料館では実施されていないが、画面に映し出される3・11以降の演舞は、周囲の風景・人々の表情などから物悲しさや緊張感も感じさせるのだが、震災に打ち勝とうとする被災地の方々のエネルギーが伝わってくるものだった。評者は、ある学芸員から、仮設住宅で暮らす方々が故郷の民俗芸能を鑑賞した時の反応を聞かせてもらったことがあるが、その際の実感のこもった語り口を忘れられない。東日本大震災以降の歴史研究では、災害・環境や科学技術といったテーマへの関心が高まっているが、被災地の方々の心の支え・地域社会の紐帯となる祭礼や民俗芸能も、私たちが自覚的に取り上げていくべきテーマであると感じた。

ただし、「記憶をつなぐ」展のような展示方法が絶対というわけではないだろう。展示室中央のビデオは、①鵜住居虎舞（二分二七秒）、②鵜鳥神楽巡行（四分五四秒）、③金津流浦浜鹿踊東日本大震災犠牲者百か日供養（三分四秒）、④東北学院大学の文化財レスキュー（三分四〇秒）、⑤東日本大震災で被災した民俗文化財の保存処理（三分五四秒）という内容を、繰り返し流している。①から③の民俗芸能自体に関する説明は、展示パネルでは簡単にしかなされておらず、映像を見ないとイメージをつかみづらいのだが、ビデオの前に移るタイミングによっては一〇分以上待たなければならない。無形文化遺産の映像を用いる展示では、器材やスペースなどを考慮した上で、来館者が見たい映像を選択できるようにしたり、複数の位置にビデオを設置したり、写真パネルを増やしたりする、などの方法を考えてもよいだろう。また、本展示については、全体的に動線がわかりづらいことや、古文書の翻刻が部分的で史料の全体像がわからない、といった点も、改善すべきだったと思う。

次に、文化遺産復興支援活動についてだが、本展示は、人間文化研究機構の三機関による文化財レスキュー作業の様子をパネルと映像で詳しく紹介し、レスキューで使う道具とレスキュー前後の史資料の実物も展示している。いずれの説明もていねいで、文化遺産を支える活動が展示で見るだけでなく、自分にも参加可能であることに気づかせてくれる。東日本大震災以降、各地の資史料ネットの活動がマスメディアで紹介される機会も増えている。しかし、〝なんとなく大事〟な活動であるとか、〝重要〟なものだけ残ればよいという認識と出会うこともある。また、自戒を込めての感想だが、歴史・民俗・自然それぞれの資料レスキューに関心を持つ者であっても、普段接することが少ない資料については、知らないことが多すぎるように思う。評者は、千葉歴史・自然資料救済ネットワークに参加しているが、学生や歴史学を専攻しないような方々が資史料レスキュー活動に参加できる環境づくりや、専門の枠を越えた資料に関する理解の共有が、今後の課題だと感じている。

本展示の副題にある「文化遺産」という語には、「文化財よりも幅広く地域の歴史文化にかかわる事象をすくい上げようとする」意図が込められているという(3)。展示開催までになされた活動を紹介するだけでなく、展示を見る者に、〝資料〟や〝文化〟自体の内容について、地域社会に生きる人々の視座に立って問い直すことを要請している点、文化遺産を支える活動に携わる主体を幅広く育てようとしている点など、「記憶をつなぐ」展が発しているメッセージはきわめて重要である。

最後に、地震や津波の「記憶」を展示する方法について考えたい。まず、波伝谷という一集落への注目は、マスメディアなどで得られる情報に基づいて震災の被害を漠然とした印象でとらえがちな被災地以外に住む者に、復興への営みも含めた具体的なイメージを与える上で有効であると感じた。しかし、特定の地域に焦点を当てた展示は、その地域と見る者との関係性によって受ける印象が異なってくる。そのため、展示を見る者の多くが訪問したことがないと想定される地域を取り上げる場合、展示を見る者が、その地域の具体的なイメージを持ち、そこに生きた人々の思いを感じられるような工夫が求められる。評者は本展示を二回見たが、関連書籍を購入して読み、関連事業に参加した後の方が、より具体的なイメージが湧いた。しかし、多くの来館者の目線に立てば、キャプションの文章を掲載した展示資料一覧と、読むのに時間が必要な関連書籍の間を埋めるような、展示と関連する地域について知ることができる資料があってもよかったように思う。

また、東北と近畿のデータが収録されている「寺社・石碑データベース」も、国立民族学博物館での展示と国文学研究資料館での展示では来館者が受けた印象は異なっていたのではないだろうか。本展示は、普段の国文学研究資料館の利用者層よりも幅広い人たちが、自分自身に即して考えられるテーマを取り上げていたはずである。たとえば、関東の事例や第三部の資料と関連する地域の事例をパネルで紹介するなど、別な地域の事例を媒介項とする工夫も、より多くの方々に「自分の問題として受けとめてもらえるよう」にする上で有効ではなかったか。

おわりに

以上、国文学研究資料館での「記憶をつなぐ」展から感じたことを述べてきた。〝被災者〟ではない評者だが、3・11当日や震災後の記憶には、できれば思い出したくないものも多い。故人も含めたさまざまな方々の思いと向き合いながら被災地で活動し、本展示を準備された関係者には、言葉では言い表せない葛藤やご苦労があったと思う。心から敬意を払いたい。

いま、私たちになにができるのか。この大震災の経験を将来に伝えていくのは、私たちの世代の使命です。展示の最後に掲げられた、この「むすびのメッセージ」を受け止め、被災地および自分が暮らし、あるいは調査・研究で関わっている地域、そこで生きている方々と向き合っていくことが、いま歴史を学んでいる私たちに求められているはずである。

（国立民族学博物館、二〇一二年九月二七日―一一月二七日、国文学研究資料館、二〇一三年一月三〇日―三月一五日）

（1）本稿では、特に断らない限り、引用はすべて国文学研究資料館で配布された展示資料一覧からのものである。

（2）日高真吾「「記憶をつなぐ――津波災害と文化遺産」――被災地を展示するということ」（災害研究連携報告会レジュメ、二〇一三年三月）。

（3）小谷竜介「被災地の文化遺産を保護するための試み」（日高真吾編『記憶をつなぐ――津波災害と文化遺産』千里文化財団、二〇一二年）。

（「史料と展示」『歴史学研究』九〇九号、二〇一三年九月掲載）

（追記）二〇一三年の筆者は、相馬・福島出張中に迎えた「3・11」を意識することが、まだしんどかった。常勤の学芸員になり、地域の歴史や資料を取り巻く環境の危うさを感じている今、同じ展示を見たら、違う展示評を書くと思う。だが、この文章に後悔はない。「その時の自分」だから気付くことの発信にこそ、展示評の意義があると思うので。

5 震災をめぐる想像力の「収斂」に抗するために

原山浩介

はじめに

東京電力福島第一原子力発電所の事故を受けて、「直ちに健康に影響はない」という言い回しに象徴される、いわば「新たな安全神話」の流布が始まった。そこでは、きわめて悪辣な虚偽としか言いようがない、ある種の「科学者」による戯れ言が重ねられ、無用な被曝へと人を追い立てる言い分がまかり通ってしまった。

これは、一種の「大本営発表」である。そこで重要なのは、単に虚偽混じりの情報がある権威を伴って発せられたということのみならず、人びとがその「発表」にすがりつきながら、それを信じることで自分を保とうとするような心情が連動することである。もちろん、この「発表」に対しては少なからず疑いの目が向けられもするのだが、その際には「発表」の内容の当否に関心が集中することになり、自分とは異なる場所や立場に身を置く者への想像力や注意力はますます削がれてしまうという別の問題を伴ってしまう。つまりここでは、情報伝達の恣意性が、他者への忘却を加速させながら、複雑な事態をめぐる理解を一定の方向ないしは対立軸に収斂させようとする力が働くことになる。

もっとも、事態の理解を一定の方向へと「収斂」させることそのものは、必ずしも悪意に起因するばかりではない。真摯に描かれる歴史叙述もまた、そこでなにがしかの構造的なものを追い求めるなかで、枝葉に当たる諸現象を刈り取ることからは、当座は逃れられない。ただ、東日本大震災が、歴史研究者としての私たちに突きつけたのは、目の前で被害に遭う人びと、隣人や従前の地域生活を失う人びとの存在と、震災によってさらに強度を増す形で人びとに降りかかる政治・社会・経済の諸矛盾の、相互の間にある断層をめぐって、何を考え、何をなすことができるのか、ということだったと私は考えている。この重い課題は、他方で、同時代の、あるいは過去の震災を、そして社会そのものを、私たちはどのように見てきたのか、という問いかけにもつながる。そしてこうした課題を前に、私たちは歴史や社会への認識を、真摯な研究の営みの結果として、迂闊な形で「収斂」させる方向で議論をしていないかを問い直すことが求められたと考えている。

一　「収斂」することとの葛藤

国立歴史民俗博物館（歴博）では、二〇一四年三月一一日、東北地方太平洋沖地震の発生から三年目を期して、企画展示「歴史にみる震災」を約二ヵ月の会期で開幕した。通常、歴博の企画展示の内容については、おおむね二―三年前から展示プロジェクト委員会を発足させ、そこで議論を重ねていく。本展示の場合、この二―三年間というのが、非常に大きな意味を持った。つまり、地震発生から三年目に、人びとがどのように震災を受け止めているのか、そのとき何が明らかになっているのかを見通すという、ほぼ不可能に近い課題を背負ったということになる。

このような条件の下でできることというのは、実は非常に限られていた。おそらく、私たちにとって依然として関心が高い、東北地方における震災の歴史と、今日の社会から比較的想像しやすい近現代の震災の歴史を追う、という

表 1　企画展示で取り上げた震災

「東北の自身・津波」コーナー	「近代の震災」コーナー
貞観地震津波（869 年）	関東大震災（1923 年）
慶長地震津波（1611 年）	北但馬地震（1925 年）
明治三陸津波（1896 年）	北丹後地震（1927 年）
昭和三陸津波（1933 年）	東南海地震（1944 年）
チリ地震津波（1960 年）	南海地震（1946 年）
東日本大震災（2011 年）	福井地震（1948 年）

ことだった。

具体的に取り上げた歴史上の震災は、表1の通りである。さらにこのほかにも、幕末の安政東海・南海地震（一八五四年）、安政江戸大地震（一八五五年）など、資料紹介の形で取り上げた地震や、被災後の救援に焦点を当てて取り上げた阪神・淡路大震災（一九九五年）がある[1]。

いわゆる地震の規模や被害の規模と特徴、救援のありようといった、それぞれの震災についての概観は、常に裏腹の問題として、認識を一定の方向に「収斂」させる力を持つ。そこで形成されるイメージは、歴史を理解する手がかりとしてはたしかに重要なものである。しかしながら他方で、東日本大震災をめぐる経験や見聞を経るなかで、過去の震災を単なる歴史上の出来事として受け止める以上の感受性を、展示の作り手も、そして来館者も有するようになっており、これに応えるためにはどうするべきかが問われていた。

つまり、一般的な意味での知識として歴史を知ることと、東日本大震災をめぐる自らの経験／見聞に即しながら多様な思考をめぐらせることの、双方を満足させる方法を考えていく必要があったのである。

この課題に、本展示で十分に応えることができたとは思っていない。ささやかな試みとして行ったことのひとつに、関東大震災に関わる資料、『生活運動』の展示がある（図1）。これは、布施辰治が、自ら設立した借家人同盟の機関誌で、そこでは庶民にとって必要な法律知識が示されている。「家督相続人が死んだら誰が相続するか？」という問いに始まり、「天災に附込む悪家主の取締方法はないか？」「私生子には相続権はないか？」など、実に生々しく、しかし切実な論点が掲載されている。

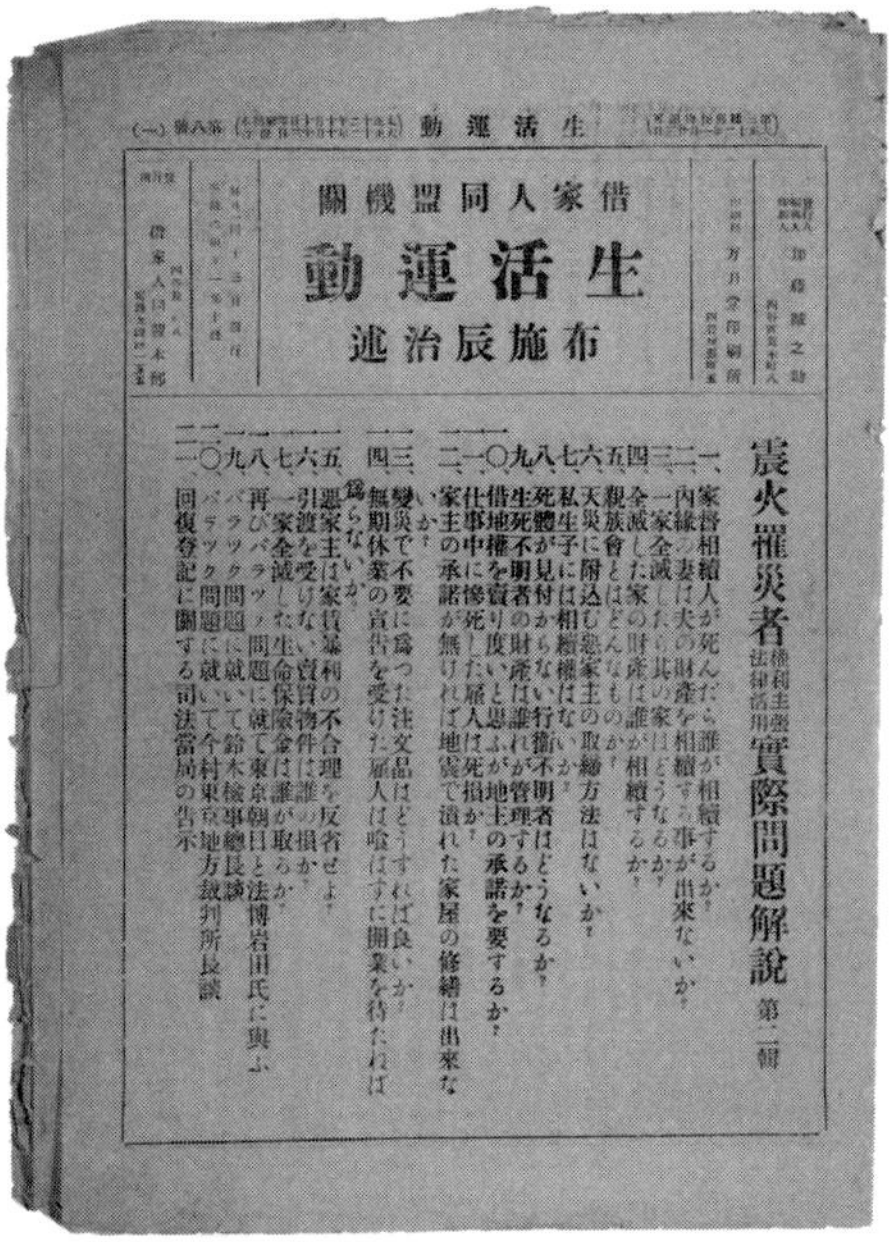
借家人同盟機關
生活運動
布施辰治述
震火罹災者 權利主張 法律活用 實際問題解說 第二輯
一、家督相續人が死んだら誰が相續するか？
二、内縁の妻は夫の財産を相續する事が出來ないか？
三、一家全滅したら其の家はどうなるか？
四、全滅した家の財産は誰が相續するか？
五、親族會とはどんなものか？
六、天災に附込む惡家主の取締方法はないか？
七、私生子には相續權はないか？
八、死體が見付からない行衛不明者はどうなるか？
九、生死不明者の財産は誰れが管理するか？
一〇、借地權を賣り度いと思ふが地主の承諾を要するか？
一一、仕事中に慘死した雇人は死損か？
一二、家主の承諾が無ければ地震で潰れた家屋の修繕は出來ないか？
一三、震災で不要に爲つた注文品はどうすれば良いか？
一四、無期休業の宣告を受けた雇人は喰はずに開業を待たねば爲らないか？
一五、惡家主は家賃暴利の不合理を反省せよ？
一六、引渡を受けない賣買物件は誰の損か？
一七、一家全滅した生命保險金は誰が取るか？
一八、バラック問題に就て東京朝日と法博岩田氏に與ふ
一九、再びバラック問題に就いて鈴木檢事總長談
二〇、バラック問題に就いて今村東京地方裁判所長談
二一、回復登記に關する司法當局の告示

図1 布施辰治述　生活運動　借家人同盟本部，1923年10月13日

出典）国立歴史民俗博物館蔵．

布施辰治は、弁護士として、また活動家として知られており、小作争議や朝鮮人に関わる裁判にも多く関わった。関東大震災後の朝鮮人虐殺についても、自ら調査・抗議を行っている。そうした、活動家としての布施辰治や、朝鮮人虐殺をめぐる布施の動きといったバックグラウンドももちろん重要なのだが、しかしこの資料そのものに接したとき、何よりもまず想起されるのは、関東大震災当時の東京には数多くの「借家人」が住んでいたというごく当たり前で、しかし看過されがちな事実である。

借家人のなかには生活に困窮する者が多く含まれており、もとよりこの借家人同盟自体が、そうした人びとを念頭において作られたものだった。そうした人びとの体験の生々しさは、関東大震災の「帝都の震災」というイメージからは通常は欠落しがちなものであることに改めて気づかされる。このような、「被災」と「復興」のさなかではしばしばかき消されがちになる、被災した人びとの階層性を伴う生活背景をめぐり、どれほどの感受性があるのかを、この資料は問いかけている。

ただ、関東大震災当時の東京をめぐって、ここで注意しておかねばならないのは、借家人イコール貧困、という図式が成り立たないという点である。「持ち家」という発想が決して主流ではないなかで、「身軽さ」が身の上であるような借家人も多く存在した。

落語家、古今亭志ん生による、関東大震災前後の自伝的な著述は、そうした東京の姿の一端を物語っている。志ん生の話に登場する柳家権太楼は、未払い家賃がふくれあがった挙げ句に、大家に向かって「オレは借家人同盟へへえってるんだぞ」と凄む。(2) ここで「借家人同盟」を口にする権太楼は、「困窮者」というよりは、むしろステレオタイプ化された、宵越しの銭を持たない江戸っ子的なムードを漂わせている。そして当の志ん生もまた借家住まいで、本郷に住んでいた時に関東大震災に遭う。志ん生の借家そのものは倒壊や火災を免れた。そして、地震の後の演芸会ばやりを当て込んで自ら寄席の経営を試みるが、これは失敗し、その後、本郷の借家の家賃も払えなくなり、笹塚に別の借家を探して転居する。この時、一緒に家を探したのが、先の柳家権太楼であり、「オレは……」という台詞は、隣に住んでいた権太楼が発したものということになっている。

噺家の話を持ち出すのは、いささか唐突に映るかもしれない。事実、この話は、展示では紹介しなかった。ただ、重要なのは、志ん生の話に出てくるような、あるいは反対に困窮の極みにあるような、そうした数々のうごめきを、関東大震災に、あるいは今日に、私たちはどれだけ敏感に察知しているのかということである。それは、悲惨さと希望と、あるいはそのどちらともつかぬ日常とが、さまざまな感情とともに一人の人の動きのなかにないまぜになりつつ、想像を絶する苦悩を一身に受ける人、飄々と生きる人などなど、多様な人の動きの交錯として考えられる必要がある。

二　展示の反省と災害の歴史をめぐる課題

学術研究をベースに展示を行うと、しばしば、これまでの研究のあり方や歴史叙述の方法に関する課題が浮き彫りになる。今回の展示を通じて私が受け取った課題を、最後にまとめておきたい。

この企画展示では、日本国内の震災を取り扱うというのが、暗黙の前提であった。しかしながら、一九三五年の新竹・台中地震と、一九六〇年のチリ地震津波の二つの震災を前にしたとき、その前提自体が危ういものであることが浮き彫りになる。

新竹・台中地震は、三〇〇〇人以上の犠牲者を出した被害規模の大きな地震である。それにもかかわらず、この地震は、展示構成にうまく載せることができなかった。いうまでもなくこの地震が起こった一九三五年の時点では、台湾は日本政府による植民地支配の下にあった。この震災を、「日本の震災」として取り扱うべきか否かをめぐって、展示プロジェクト委員会において真剣に議論しなかったこともさることながら、そもそも災害の歴史においてこうした「外地」をどのように扱うのか、そのコンテクストが見えていないという問題が大きい。

一九六〇年のチリ地震津波では、そうした問題が別の形で浮き彫りになる。日本におけるこの津波による被害でもっとも注目されるのは三陸海岸なのだが、津波被害は日本列島に広く及び、沖縄においても死者を出している。ところが、この沖縄の被害をめぐっては、チリ地震津波をめぐる議論において欠落することが少なくなく、実は本展示でも言及していなかった。これは、被害の大小やデータの有無ということもさることながら、「わが国」の被害を扱おうとする際に、米軍統治下にあった沖縄が視野に入りにくいことによると考えられる。

つまり、歴史を国際的な視野から見直す必要が言われながらも、災害の歴史を考える際には、その視野が、恣意的に形を変える「わが国」の範囲内に限定されることが多いということになる。振り返ってみれば、歴史学の領域において企画・実施されたシンポジウムや出版などでも、実は同様の傾向があったのではないかと思われる。これは、あまり自覚的でない、ゆがんだ形の、認識の収斂であるといってもよいだろう。

また、本展示では、原子力災害をめぐっては、福島における農地の土壌スクリーニング・プロジェクトの紹介や、立入制限や除染活動を示す写真など、限定的にしか扱えなかった。この不十分さは、歴博の出版物である『歴博』における、友澤悠季による展示批評でも強く指摘された点でもある（3）。

原子力の問題そのものを問うとすれば、戦後史の問題としてかなり本格的に手がけるという方法もなくはなかったが、これは展示の趣旨を大きく変えることになる。他方で、事故自体の説明をきちんとする、制限区域からの避難者やそれら地域の状況を示す、といったやり方があったはずなのだが、残念ながら展示プロジェクト委員にそれを担えるだけの蓄積と余裕がなかったというのが、正直なところである。

ただ、実は原子力災害の多様な被害の様相と、多様な当事者の現実をくみ取ることは今もって難しいのも事実である。そして、原子力災害と、それ以外の地震・津波による被害をいたずらに同列に並べるつもりはないが、このくみ取りにくさは、実は津波などの震災による他の被害にも当然通底するはずである。

そうした多様性を、背後にある政治・社会・経済的な諸要因も含めて、いたずらに一定の方向へと「収斂」させ過ぎていないかという問いを、改めて、展示内容と、今日の震災への理解の双方に対して投げ返す必要があるだろうし、また、そうした問い直しをすべき時期にきているのではないかと、自戒も込めつつ考えている。

（1）国立歴史民俗博物館編『歴史にみる震災』二〇一四年。
（2）古今亭志ん生（小島貞二編）『びんぼう自慢』筑摩書房、二〇〇五年。
（3）友澤悠季「企画展示『歴史にみる震災』を拝見して」『歴博』第一八六号、国立歴史民俗博物館、二〇一四年。

（「史料と展示」『歴史学研究』九二九号、二〇一五年三月掲載）

III　シリーズ「3・11からの歴史学」提言・時評から

III－1　歴史学再考

1 自然災害史研究の射程

峰岸純夫

はじめに

一九六〇年以前における私の研究の出発点は、天仁元(一一〇八)年の浅間山の大火山爆発による上野国を中心とする荒廃の再開発のなかから、女堀と称される長大な用水の開削があったことを跡づけ、それとこの地域における荘園制の成立を関連づけて考察するというものであった(1)。その後も私は自然災害と社会との関係に注目していくつかの研究を発表してきた。それらを二〇〇一年に『中世災害・戦乱の社会史』(吉川弘文館、二〇〇一年)にまとめ、同書はその一〇年後の3・11の直後に補論を加えて再刊された。

私の生まれ育った時期は、一九二三年の関東大震災以後で、比較的に大地平穏の時代であった。その後にアジア・太平洋戦争という大きな戦争災害を蒙った。一九四七年には関東地方に襲来したカスリーン台風の被害を私自身は群馬県で直接体験した。その後の戦後復興は目覚ましく、一九六〇年代以降は高度経済成長のなかで日本経済の「発展」を謳歌した。しかし、第二次・第三次産業の急速な発展と裏腹に、第一次産業の林業は没落し、農業・水産業は斜陽に向かっていった。

このような時代背景のなかで私は歴史研究者となっていった。この時期は、歴史研究も発展史・開発史が盛行し、とりわけ「都市の時代」への注目が集まり研究が蓄積されていった。そして災害史研究は「自然環境決定論」への親近ともいわれて歴史研究のとかく後景に追いやられていたように思う。

ところが、二〇世紀末から二一世紀に入ると、一九九五年に阪神・淡路大震災、二〇〇〇年に有珠山・三宅島の噴火、二〇〇四年の中越地震、二〇一一年三月一一日の東日本大震災など大災害が連続し、今世紀は「大地動乱」の時代に入ってきた。やがて、関東・東南海地震が想定されてこの地域の住民の生存をかけた闘いが開始されようとしている。このような状況に対する危機意識の盛り上がりのなかで災害史研究が注目され、従来の発展史・開発史、都市史重視の研究から、自然史・災害史へと研究者の関心が移行しつつあるように思う。この間に、藤木久志『日本中世気象災害史年表稿』（高志書院、二〇〇七年）が刊行され、水越允治『古記録による12・13・14・15世紀の天候記録』（各世紀巻別）（東京堂出版、二〇〇七―二〇一二年）などが完成し、このたびの東日本大震災以後には、北原糸子ほか編『日本歴史災害事典』（吉川弘文館、二〇一二年）や歴史学研究会編『震災・核災害の時代と歴史学』（青木書店、二〇一二年）などが相次いで刊行された。また、明応七（一四九八）年の関東・東海大地震・津波についての研究(2)を先に発表していた矢田俊文は、『中世の巨大地震』（吉川弘文館、二〇〇九年）を著した。また、保立道久は『歴史のなかの大地動乱』（岩波書店、二〇一二年）を著し、古代八―九世紀の地震の頻発を政権の動揺と関連づけて考察した。

さて、このような3・11という歴史的な転換点に立って、未知なる過去を掘り起こして現代社会に寄与する歴史研究を目指したい私自身はどうすべきか、私を含む歴史研究者はどうしたらよいか、現時点で考えていることを率直に述べてご批判を仰ぎたいと思う。

一　二一世紀を人類史のなかにどう位置づけるか

二一世紀初頭の現時点を人類と地球の歴史から見ていかなるものとして把握するか、という問題は不可知論的な哲学的命題でもあろう。しかし、地球も人類も発生から絶滅までの総過程があり（その長短の差は絶大であるが）、その途中に中間点があることは明らかである。私は仮説として、あえてこの両者の中間点を現在の二一世紀初頭に置いてみた。私の好きな山登りに例えると、現時点はすでに山頂に到達したところであり、これからのコースは反対側を山下りしていくことになる。山登りのコースはおおむね発展と達成の時代であるのに反して、山下りのコースは急いではならないメンテナンス（保全）のコースである。前者に比較すると人間の生き方、社会のあり方が変わらねばならない。地球や人間、そして共生する動植物の保全を第一に考え、それを阻害する行動、すなわち原爆や原発の使用、戦争の再発などを抑止しなければならない。そのようにしてわれわれは地球と人類の延命・保全を最優先にしなければならない。

日本人は、山登りの最終段階で他国に追い着け追い越せで無理をして、世界第二位ないし三位の経済大国にのし上がったが、競争原理主義の横行によって多くの労働者の心身が摩耗して病気になったり、犯罪者になったりするケースが多く出現し、社会不安の要因となっている。貧富の格差が拡大し、また中産階級の貧困化がはなはだしくなった。若者の結婚適齢期が遅くなり子供の出生が減り、高齢者の人口比重が拡大した。第二次・第三次産業の飛躍的拡大に伴って農・林・水産の第一次産業が衰退に向かい、大都市人口の極端な肥大化と裏腹に第一次産業地域の極端な過疎化をもたらし、はなはだバランスの悪いメタボの体形をした日本に堕してしまった。過日、東京都日野市主催の「五〇年後の日野を考える会」に地域のボランティア団体の代表として参加した際、農家の代表の一人が、「五〇年後はともかくとして五〇年前に戻してほしい」と訴えたのははなはだ印象的であった。都市近郊農業の憂慮すべき農業の状況を的確に表現していると思った。

なお大事なことであるが、山下りに際しては重たくて人間や周囲を傷つける原発とその廃棄物は携行しないということはもちろんである。そしてこの山下り第一段階の二一世紀において、以下に述べる大地動乱と異常気象という悪条件が重なってきて、それへの対応が最初の試練ともなってくるのである。

二　自然災害の種類と社会との関連

自然災害の種類は多岐にわたるが、大きく分類すると次のようになる。

(1)　気象災害――a風水害（台風・集中豪雨）、b干ばつ・冷害

(2)　地殻災害――a地震・津波、b火山爆発（火砕流、火山灰）

(3)　虫・鳥獣害――aイナゴなど昆虫の大量発生、bカラス・猪・鹿などが作物を荒らす。

以上の自然災害は、人びとの生活条件である食糧生産に大きな打撃を与えるのみでなく、(1)(2)においては住居を破壊し、直接に生命を脅かすものであったから、それらとの戦いの歴史が各時代において展開されてきた。それらの研究史は多岐にわたるので、ここでは(1)bについての問題点を指摘しておく。一般的には、日本列島は春夏秋冬に応じた基本的な気象条件が繰り返されているが、とりわけ夏から初秋にかけての稲の生育期から穂ばらみ期・受粉期における日照や温度、そして降雨による用水事情などが密接に生産条件と関連する。昨年の夏、九州・四国を中心とする西日本では集中豪雨による災害が多発する一方、関東ではまったく雨が降らず高温続きの猛暑の連続で異常気象にさいなまれた。

気象を左右する温度と降雨との関係では、①高温と②寒冷、A乾燥とB湿潤の組み合わせがあり、①—Aは干ばつを、②—Bは、宮澤賢治が「寒サノ夏ハオロオロアルキ」と記した冷害をもたらす。夏季の日照が十分あり、かつ夕立などで十分な降雨のある①—Bの組み合わせは農業にとって最適な条件である。

日本中世史研究において、一一、一二世紀の荘園制成立期は、高温（温暖）な気候の時代であり、稲作の生産力が増大しかつ稲作の限界が北上した時代というのが通説的な理解であった。その状況下で開発が進み荘園制が成立してくると理解されていた。この見解に対して異議を唱えた研究が、西谷地晴美『日本中世の気候変動と土地所有』（校倉書房、二〇一二年）であった。西谷地によると、この通説はこの時期の高温（温暖）が乾燥と結びつく①—A型であることを無視したものであり、この時代はむしろ干ばつ・凶作の時代と把握されると結論づけた上で、この干ばつ・凶作による荒廃地の再開発のなかで荘園制が形成されていくと説いている。注目すべき見解と思う。磯貝富士男が研究対象にした鎌倉中期の寛喜の飢饉を中心とした時代は、この逆の②寒冷・B湿潤の時代である[(3)]。

今日の二一世紀をどのように理解するかというと、人間の行為によって加速された地球の温暖化のなかで、これが乾燥と結びついて生ずる凶作飢饉、食糧難の時代を世界的な規模で迎えるのではないかという危惧を私は抱いている。その点で、農地の確保と農業の振興による食糧自給率のアップが日本人にとって急務と思う。

三　学際的研究——総合資料学の必要性

歴史学は、災害史研究を推進し過去のデータから近・未来の災害を予測し、その被害を最小限にとどめる努力に寄与し、災害からの復旧体験の歴史を明らかにしその活用を図ることなどを求められていると思う。その場合に、文献史学を中心にした歴史学の努力だけでは限界があり、考古学・地理学・地質学・地震学・火山学・気象学・建築学などの隣接諸科学の学際的研究が必要である。ここに、かつて前川要によって提唱された「総合資料学」(4)の立場が必要とされる。

すでにここ半世紀の間には、学際的研究はかなり前進を遂げた。遺跡・文化財の保存・整備に伴う調査や、各都道府県における埋蔵文化財調査事業団（埋文事業団）などによる、道路開発や圃場整備事業などに伴う大規模事前調査、文部省の科学研究費による総合学術調査等々によって急速に推進されていった。かつて大学の考古学研究室によって行われていた発掘調査は様変わりして、自治体の文化財課や埋文事業団にとって代わられた。

また、国立ないし都道府県の博物館の設立が推進されてそこが調査の主体となる場合もあった。以上のような諸団体の活動のなかで、学際的研究が急速に進展していき、多くの研究者が育成されていった。

もっとも遅れているのは大学の組織で、伝統的な歴史学・考古学・地質学などが分立していて、それぞれの方法論が墨守され、とかく学際的研究には背を向ける傾向にあった。教員によっては「ほかの方法論に安易にすり寄ることなく、自学の方法論で確実に」といった批判や指導が繰り返される場合もあった。私自身の体験に即して言えば、歴史学科のなかには文献史学と考古学・地質学・民俗学などの教員スタッフが配置され、学生・院生はこれらをあわせて単位履修することを、博物館学芸員資格の取得にあたっては必須の条件にすべきだと考えている。私は、もともと考古学研究を目指して大学院に進学したのであったが、「赤城南麓における女堀の研究」を出発点にしたこともあって、次第に一二世紀の東国荘園制成立史という観点から文献史学に足を踏み入れ「考古学くずれ」の研究者になってしまった。しかし、考古学研究にはシンパシーを維持しており、赴任した大学においては考古学の講座を新設したり、考古学の教員を採用したりすることに尽力してきた。

一九七〇―八〇年代、赤城南麓の前橋市域（旧、木瀬村・城南村を含む）に大規模な圃場整備が展開することになった時、女堀を一部保存して国指定にし、その他の部分を地下埋設にして保存するという計画が持ち上がった。その事前調査として埋文事業団による大規模な発掘調査事業が展開されて、多くの調査員が地域分担をして発掘調査にあたった。この調査事業は大きな学際的成果を生んだ。私もこの調査の指導員に組み込まれ、当時この調査事業担当の中心を担った能登健とコンビを組み、群馬大学の地質学（火山学）の新井房夫（火山灰・テフラ研究者）の指導を得て、多くの調査員とともに女堀の研究に没頭した。なお、新井は、群馬県を中心とする各地の火山灰調査を実施して、次のような浅間山四層・榛名山二層、計六層のテフラをとりあげ、その等厚線図を作成していた。(5)

①浅間Ｄ……………………縄文中期
②浅間Ｃ……………………四世紀
③榛名二ツ岳Ｆａ…………六世紀初頭
④榛名二ツ岳Ｆｐ…………六世紀中葉
⑤浅間Ｂ……………………天仁元(一一〇八)年
⑥浅間Ａ……………………天明三(一七八三)年

この研究は、それ以後の考古学の遺跡や遺構の年代確定の重要な手引きとなった。この発掘調査の過程で、女堀を掘削した土を盛り上げて構築した土塁の底面から火山灰畠の畝が広範に出現し、その畝土には浅間山の天仁元(一一〇八)年大火山爆発によって降下した火山灰（Ｂテフラ）が大量に含まれていた。それにより女堀の開削は浅間山の大爆発のほど遠くない時期、すなわち一二世紀中に含まれることが実証された。このような状況のなかでの女堀に関する研究成果は、能登健・峰岸純夫編『浅間火山灰と中世の東国』（平凡社、一九八九年）にまとめられることになった。

その後、群馬県埋文事業団の小島敦子は前橋市の荒砥川東岸における女堀と交差する遺跡において、浅間Ｂテフラの上部に薄い別のテフラ層（他の遺跡で「粕川テフラ」と名づけられている）を発見し、これを私が指摘している大治三(一一二八)年浅間山噴火（『長秋記』裏書）の記録にあるテフラと推定した。(6)

さらに二〇一一―一二年度は伊勢崎市教育委員会による女堀の伊勢崎市下触地先の調査が行われ、女堀によって掘削された土塁断面からBテフラの上部に別のテフラ層を発見し、これが前記の粕川テフラと同一のものであることを確認した（現在報告書作成中）。この推定が正しいとすると、女堀の開削時期は、一二世紀二〇年代以降であることになる。

このような学際的な災害史研究の成果としては、弘仁九（八一八）年に関東地方を襲った巨大地震の被災状況を示す『類聚国史』の記述と、赤城南麓の新里村地域を中心に一七ヵ所の遺跡で地割れや噴砂などのデータを発掘調査して、その一致を検証した成果があげられる(7)。後日談であるが、この調査の中心を担い報告書を作成した内田憲治は、このような地震地帯であることを検証した行為が、村の開発、企業誘致などの障碍になるという理由で文化財担当を異動させられたという。

次に、災害史研究の文献資料の問題であるが、全国的に寺社などを中心として年代記という資料が大量に残されている。災害を示す同時代の文書・記録に次いでこれらの記事が引用・活用されているが、その史料批判が十分でない点に不安を感じていた。年代記は、寺社などの宗教活動のなかで、実体験したこと、ないしは導者など宗教者の情報網によって情報が集められ書き継がれてきたものと思われる。最近、この年代記の史料批判が、矢田俊文によって開始されているが(8)、文献研究者が総力をあげて検討すべき課題であると思う。

むすび

日本人にとって、二一世紀の大地動乱、あるいは異常気象の時代、すなわち「しのぎの世紀」をどう乗り切るか、乗り切れればその先に安定と発展の時代が開けてくるであろう。この時にあたり、市民としてどうあるべきか、また過去の災害を研究し、状況に役立てたいと思う研究者がどのようなことをなすべきか、以上の点について、率直に私見を述べた次第である。

（1）峰岸「浅間山の噴火と荘園の成立――十二世紀の東国社会」（東京都立大学『人文学報』一六七号、一九八四年三月）、同「浅間山の噴火と荘園の成立――火山災害復旧過程と淵名荘」（『地方史研究』一九一号、一九八四年一〇月）、同「浅間山の噴火と荘園の成立――用水遺構『女堀』と荘園」（『群馬文化』二〇一号、一九八五年一月）。これらを「浅間山の噴火と荘園の成立」という章にまとめて、峰岸『中世の東国――地域と権力』（東京大学出版会、一九八九年）に掲載。

（2）矢田俊文『日本中世戦国期の地域と民衆』清文堂出版、二〇〇二年。

（3）磯貝富士男『中世の農業と気候』吉川弘文館、二〇〇二年。

（4）前川要編『中世総合資料学の提唱――中世考古学の現状と課題』新人物往来社、二〇〇三年。

（5）新井房夫「関東地方北西部の縄文時代以降の示標テフラ層」『考古学ジャーナル』一五七号、一九七九年一月。

（6）『荒砥前田II遺跡発掘調査報告書』群馬県埋蔵文化財調査事業団、二〇〇九年。

（7）群馬県新里村教育委員会『赤城山麓の歴史地震――弘仁九年に発生した地震とその災害――資料集』同委員会、一九九一年。

（8）矢田俊文「中世後期の地震と年代記」『東北中世史研究』二一号、二〇一一年一〇月。

（「提言」『歴史学研究』九〇三号、二〇一三年三月掲載）

2 われわれは東北史になにを学ぶか
――3・11以後の歴史学のために

河西英通

「歴史研究なんてどうでもいいんです」「いや、歴史研究はたたかいです」

一 『歴史学研究』と東北史

震災直後に歴研臨時大会開催を求めたこともあり、またこれまで東北史に関わってきた身ゆえ、「「東北」史再検討」という点（「シリーズの開始によせて」『歴史学研究』九〇三号、二〇一三年三月。以下、号数のみは同誌）に限って、発言したい。気になっていたのは、戦後、歴研は東北史、東北地域をどう扱ってきたかということである。そこで二〇〇六年までをカバーしている『歴史学研究別冊　総目録・索引』（二〇〇七年二月）を、二〇〇七年以降は現物をめくって、一九四六年の再刊以降の「東北」を探してみた(1)。タイトルにあがってこないものも多いので、暫定的整理ではあるが。

一九四八年に矢木明夫「日本に於ける前期的資本の性格について――近世製糸業の信州と福島の場合」（一三四号、同年七月）と庄司吉之助「幕末東北農業の生産形態と地主経営」（一三六号、同年一一月）が載っている。タイトルに地域名を附した論文はこれらが戦後最初である。矢木論文は藤田五郎の『日本近代産業の生成』をふまえたものであり、藤田は「東北地方が最もおくれて近代産業化した」と明言していた。庄司論文も東北の「後進農業の解明」を課題としていた。戦前から戦後にかけた経済史研究の系譜に加えて、石母田正の東北＝植民地・辺境論が登場することで、戦後歴史学は東北後進論からスタートしたのである。[2]

一九五〇年代には二つのピークがある。ひとつは一九五五年で、下山三郎「福島事件小論(1)(2)」（一八六・一八七号、同年八・九月）と大石嘉一郎「福島事件」（別冊『歴史と民衆――歴史学研究会大会報告一九五五年度』）が発表された。『福島事件高等法院公判録』の紹介記事（一八八号、同年一〇月）もあり、前年一九五四年には高橋哲夫『福島自由民権運動史――その踏査と研究』の書評も出ている（一七二号、同年六月）。もうひとつが一九五八年で、四九年におきた松川事件の最高裁口頭弁論を前にして特集（二二四号、一九五八年一〇月）が組まれ、時評五本が掲載されている。一九六〇年代に入ると、近世史の論文・報告が着実に発表され、大山茂・高橋秀夫「幕末秋田藩経済史の諸問題――服部「幕末秋田藩の木綿」論文批評」（二四三号、一九六〇年七月）によって戦前の服部之総のマニュファクチュア論への批判もなされているが、山形県をフィールドとした研究が目立つ（横山昭男「米沢藩における青苧専売制の展開過程――寛政改革の一考察」二五〇号、一九六一年一月ほか）。一九七〇年代は七〇年の特集「沖縄史研究の課題」（三五七号、同年二月）から七二年の沖縄「返還」まで沖縄史があふれる。この間、東北史は一九七〇年の森田武「直轄県における明治政府の経済政策――福島・白河地方の場合」（三五九号、同年四月）のみだった。沖縄史のなかで、東北史ともっとも深い関連を持つのが一九七二年の遠山茂樹「日本近代史における沖縄の位置」（三八二号、同年三月）である。

沖縄史の研究は、研究者の姿勢が問いただされる歴史的課題である。課題そのものの中に、問いただしを迫るものがある。その点では、問題の性格はそれぞれ異なるが、朝鮮の問題、被差別部落の問題と共通している。沖縄県の歴史は、青森県の歴史と同列ではない。たんなる地方史ではない。ということは、その課題を歴史考察の視点にすえることによって、新しい視野がひらかれる、つまり見えなかったものが見えてくるということ、その新しい視野がその研究者の歴史観の質にふかくかかわることだということである。言葉をかえれば、これまで沖縄史の研究を忘却あるいは軽視してきた本土の歴史研究者の歴史観の質が問いただされているのである（同号、四九頁）。

遠山はこう述べて、「沖縄を視角の一つの柱」にせよと訴えた。しかし、それに応える沖縄史は、一九七六年の紙屋敦之「琉球支配と幕藩制」（別冊『世界史の新局面と歴史像の再検討――一九七六年度歴史学研究会大会報告』同年一一月）、七八年の大城将保「沖縄――歴史と文学――同化志向から自立志向へ」（四五七号、同年六月）を待たなければならなかった。

一方、東北史では遠山論文の直後に関口明「蝦夷の反乱とその歴史的意義」（三九〇号、一九七二年一一月）が、翌七三年には庄司浩「後三年の役私戦説の再検討」（三九九号、同年八月）が発表され、近世史以外の領域が開拓されることになる。近代史においても自由民権運動以外の研究が進み、一九七六年に品部義博「一九三〇年代小作争議の一特質――秋田平鹿郡館合村争議を通して」（四三八号、同年一一月）が掲載され、一九八〇年代に入ると、山形県荘内のワッパ騒動の史料集（五〇六号、一九八二年七月）や、『民主主義のいしずえ――福島県民衆運動史』（五一八号、一九八三年七月）や『秋田県社会運動史資料』（五二六号、一九八四年三月）が紹介されてくる。トピック的論考は、一九八五年の岡田知弘「東北振興事業の構想と展開――戦時期の後進地域開発政策」（五三七号、一九八五年一月）だろう。同論文によって、近代東北史が国家史のなかに位置づけられ、東北社会が持つ歴史的重要性が明らかにされた。3・11によって暴かれた近代国家と地域社会の関係、東北の植民地的役割を考えるうえで、きわめて重要な研究である。二〇〇〇年の白鳥圭志「戦前東北振興政策の形成と変容――1934-37年を中心に」（七四〇号、二〇〇〇年九月）も岡田論文の延長線上にある。

二　東北史は「たんなる地方史」か

遠山論文はなぜ沖縄県の歴史に青森県の歴史を対峙したのか。おそらく極北に位置する北海道の歴史には、沖縄史同様に「忘却あるいは軽視」されてきた歴史、すなわちアイヌ民族の歴史や樺太・サハリン史があったからだろう。戦前歴研には羽原又吉のアイヌ史研究や高倉新一郎『アイヌ政策史』の書評が掲載されていたが、戦後歴研には一九七二年に至るまで直接的にアイヌ史を論じた論考は見当たらない。本州最北端の青森県史にはマイノリティの問題が存在しないと考えられたからではないか。遠山の構図はこうだ。中心に研究者がいる。傍らに「新しい視野」を開き得ない「たんなる地方史」＝マジョリティ史がある。上層に研究者の「歴史観の質」を問いただす沖縄史、朝鮮史、被差別部落史などマイノリティ史が位置する。価値ある問題はすべて外在的であり、周辺・末端的存在とされた。しかし、それは「日本」とか「本土」を同質的空間として設定し、その外側に異質な空間とされる非日本的・反日本的存在を置くという認識＝ナショナリズムであった。なにも遠山に限った話ではない。永原慶二も「もとより日本の歴史を痛感すれば、いわゆる「一国的なまとまり」が明瞭であり、前近代史を通じて、共通の人種・国土・言語の上にひとつの歴史がくりひろげられてきたことは事実」とナショナル・ヒストリーを断言的に肯定していた。(3)

一九七三年の大会報告である板垣雄三「民族と民主主義」（別冊『一九七三年度歴史学研究会大会報告　歴史における民族と民主主義』）が「「日本人」イデオロギーに規定された「日本史」的把握」を批判したからだろうか、遠山提言を受けるような沖縄史はなかなか生まれず、逆にナショナルな構図が批判されることとなる。一九七〇年代後半には沖縄・蝦夷地の歴史研究が「日本史の一体性に対する反証」を提示している反面、それ以外における「日本史」の一体性を前提」にしているのではないかという疑問が提起された。(4)一九八〇年代に入ると、従来の日本史を相対化するような沖縄・蝦夷地の視点を「さらに一歩ふみこめば、「本土」「内地」それ自体についても、同様の視点がありうるのではなかろうか」という提唱も見られた[5]。「日本史」を外在的にではなく、内在的に超克しようとする動きであった。日本史認識の新たな視点の獲得をめざす北海道・東北史研究会が組織され、マジョリティ史とマイノリティ史を架橋する地域像が描かれたのは、一九八七年の大会においてである（浪川健治「幕藩制国家の成立と北奥社会——本州アイヌについて」（五七五号、同年一〇月）。

さらに一九九〇年代に入ると、「外延が揺れ動きつつも、「内」の確かさが疑われたことはなかった近代日本における境界意識の形成過程」が問題視され[6]、「「日本」を相対化していく視軸が「日本」の周縁部にのみおかれるならば、逆に「日本的」なるものの一貫性が「日本」の中心部には求められるといった皮肉な結果を招きはしまいか」と問いかけられた[7]。「たんなる地方史」と思われた地域の歴史のなかに、マジョリティ史とマイノリティ史を超えるような複雑な関係性を見出し、「新しい視野」を開き、「見えなかったもの」を探り出し、「日本史」という枠組みにとらわれない世界史としての歴史像をさぐろうとする動きは、一九七〇年代以降、着実に進んでいったのではなかろうか。二〇〇〇年の筆者の拙い大会報告「〈東北〉史の意味と射程」もそうした試みの一環であった。

三　東北史を見る眼

四〇年以上前の遠山論文にこだわったのにはわけがある。東北史は「たんなる地方史」ではない、東北史は特別だ、特権性を有している、などと言いたいのではない。要するに、遠山論文に仮託して「日本近代史における東北の位置」を極度に強調すれば、東北ナショナリズムに陥るのである。ミイラ取りがミイラになってはならない。「日本」が同質的空間ではないように、「東北」も同質ではない。たとえば、一九四九年秋に青森県で発行された雑誌『ネーテヴランド』(プランゲ文庫)創刊号「国史は正しい郷土史から」は、「中央の学者は奥羽地方を一律に視ている、私たちは奥羽地方というものを地質学的に奥羽山脈を中心にして太平洋岸と日本海岸に二分している、これが見解の相違点だ」と論じている。「中央の学者」を読者に想定していない、純粋にローカルなメディアさえ、東北の分節性を自覚していた。また、一九五〇年代の秋田市政を示す史料を読めば、[8]「裏日本」とともに、「裏東北」という用語に出会う。秋田市は「裏東北の主要都市」という自己認識である。裏があれば、表がある。東北は二分されていたのである。おそらくこの用語は「裏日本」という表現が差別的だとされて使われなくなった一九七〇年前後までの命だっただろう。一九六九年には「北日本の中核都市」七六年には「日本海岸の中心的なまち」と見える。

しかし、東北の一体性が唱えられたことも事実である。敗戦から間もない一九四六年に歴史家の森嘉兵衛は「東北地方こそはあらゆる意味に於て新日本再建の枢軸たる地位に在る」[9]と宣言し、翌四七年に憲法学者の鈴木安蔵は「東北の民主化こそ、全日本民主化の根本前提である」[10]と訴えた。重要な点は、新生日本の中心に東北を位置づける主張が、戦後復興過程で自己増殖していったことである。「東北日本の開発による平和産業の維持向上がポツダム宣言の忠実な履行上必要となつて来た。今日に於ては我東北人、殊に産業人の使命は重要である」[11]と論じられたように、「平和日本の建設」の主体が東北でなければならない物質的・政治的根拠が強調された。国土総合開発法を受けて一九五一年に創立された東北開発研究会は、「北日本の豊かな資源は真の意味の活用がなされず」「国の富も日本の中央以南に集中し東北地方の如きはほとんど閑却された観」があると述べ、[12]六一年に設立された経済企画庁認可団体、財団法人東北経済開発センターの関係者は、「日本は戦争のためにほとんど領土を失い、東北を除いては、これから発展してゆく余裕がありません。最も汚されない処女地として、しかもいろんな資源、例えば森林・砂鉄や、労働力を持っている。いわば、物的、人的資源を持っている土地というものは、東北の広域しかない」と公言した。[13]

敗戦後に噴出した東北意識・東北論は、戦後日本経済の復興と拡大を支える基盤となり、東北社会の多元性と一体性のつなひきは今日まで続く。太平洋側と日本海側では被災状況が大きく偏頗していたにもかかわらず、「がんばれ東北」「がんばろう東北」と一体のものとして束ねられた「東北」がひとり歩きしている。その一方で、二〇名以上の死者と数百名の負傷者が出た茨城県や千葉県などの被害は外在化・周辺化され、「忘却あるいは軽視」されている。

四　震災と東北史

東日本大震災は多くのものを破壊した。一九七〇年代以降積み重ねられてきた新しい日本史像と東北史像も破壊された。3・11直後に聞かれた言辞、たとえば行政サイドの「東北の皆さんは非常に粘り強く、寡黙でコツコツとまじめにやる気質を持っています」とか、マスコミが発した「東北人、この無口で忍耐強い人々よ」といったステレオタイプを忘れたとは言わせない。それらはことの本質から目をそらせるあらたなナショナリズムであった。抵抗するかのように叫ばれた、地元メディアの「復興に向けては我慢は無用だ」との声はどこまで届いただろうか。近い将来に起こる南海トラフ地震や首都直下型地震の被害規模は東日本大震災をはるかにしのぐと予想されている。いつの日か3・11の被災地が「たんなる被災地」として「忘却あるいは軽視」されることを強く危惧する。3・11以前からも知られ、3・11によって改めて明らかにされたように、東北はこのクニの近代化のなかで支配と搾取、差別と明笑の対象に変造され、戦後においては核開発と軍事基地などを押しつけられ、犠牲を強いられてきた。3・11を契機にそうした歴史を本格的・総合的に明らかにする必要があるのではないだろうか[14]。もとよりひとり東北史のためだけではない。このクニの歴史そのものを問う不可欠の営みであり、ひいては生活の主体性を奪われ「歴史なき人びと」と呼ばれた世界各地の人びととの記憶と記録を手繰り寄せる地平に、ともに並び立つことを意味するだろう。

このように考えてくると、震災後の総会で決議された「「3・11」後の歴史学研究会の責務」（八八一号、二〇一一年七月）は、「災害をめぐる歴史研究」「自然と人間の関係をめぐる歴史」の重要性を述べてはいるものの、いささか他動的（客観的）に思える。歴史学が問うべきは、「原発植民地」に見られる東北開発論、仕掛けられた災害、想定された災害なのではないのか。あるいは、「自然環境」「自然災害」を介在させた人間と人間の関係なのではないのか。

冒頭にあげた会話は、昨年秋にある被災者から投げつけられた歴史批判（不信）であり、それに対する私の咄嗟の答えだ。歴史学が被災地になにができるというのだ。そうした無力感を抱いているのは、ほかならぬ被災者だ。若いころ、歴史家の最大の使命は「死者との共闘」(15)だと学んだ。歴史家とは「死者と共闘」する存在であると同時に、「生者と共闘」する存在でもあろう。歴史家にとって、歴史を生きる、とはそうした死者と生者をむすびつける人間として存在することだと信じたい。歴史学は（少なくとも歴研は）そうした闘う存在のはずだ。言葉足らずだが、紙数が尽きた。大方の批判を待ちたい。

（1）一九四三年の藤田五郎「東北地方に於ける近代産業史研究に就いて」（一一六号、一九四三年一二月）は戦後につながる研究だが（佐々木潤之介「中間地帯、就中東北地方における農民層の分解と商品生産」歴史学研究会編『明治維新史研究講座』第一巻、平凡社、一九五八年）、小論は戦後に限った。
（2）拙著『続・東北』中公新書、二〇〇七年、参照。
（3）永原慶二「国家的集中と「近代化」——日本国家史ノート」『現代と思想』二号、一九七〇年一二月。
（4）塚本学「地域史研究の課題」『岩波講座日本歴史25』別巻二、岩波書店、一九七六年。
（5）網野善彦「地域史研究の一視点——東北と西国」佐々木潤之介・石井進編『新編日本史研究入門』東京大学出版会、一九八二年。
（6）関本照夫「日本の人類学と日本史学」『岩波講座日本通史』別巻一、岩波書店、一九九五年。
（7）春田直紀「「日本のはじまり」をめぐって」『歴史評論』五八四号、一九九八年一二月。
（8）『秋田市史』第一三巻（現代史料編）、秋田市、二〇〇三年。
（9）『東北文庫』一九四六年一月創刊号「混沌の中に立つ者」。

(10)『青年ふくしま』一九四七年四月号「郷土の青年諸君へ」。
(11)『東北産業』一九四七年八月号「創刊のあいさつ」。
(12)『東北研究』一一巻六号、一九六一年、「第二の出発」。
(13)『東北開発研究』一九六二年一月創刊号「座談会東北の経済開発を語る」。
(14)拙稿「近代日本と東北・東北人論」(大門正克ほか編『「生存」の東北史――歴史から問う3・11』大月書店、二〇一三年)はそのささやかな一歩である。
(15)土井正興『生きること学ぶこと』三省堂選書、一九八〇年。

(「提言」『歴史学研究』九〇九号、二〇一三年九月掲載)

3　過去と現在を行き来する災害史研究
——近世の飢饉研究から

菊池勇夫

はじめに

近世東北の飢饉研究を始めてからすでに二〇年以上になる。地震・津波を研究対象としたことはなかったが、東日本大震災後、求められるままに各種講座、復興大学（学都仙台コンソーシアム）、学会などで飢饉を中心に災害の歴史について話してきた。津波被災地の復旧・復興や原発事故・放射能汚染という現実を前にして、近世の飢饉を今、語ることの意味がどこにあるのか率直に質問され、答えに窮したこともあった。被災状況がそれぞれ異なることによって受け止められかたが一様でない難しさも感じてきた。私自身、震災前と震災後とで飢饉・災害の捉え方に何らかの変化が生じているに違いないが、まだそのことを客観化できない。そうしたもどかしさを抱えながら、この間飢饉史あるいは災害史研究について考えてきたことを述べてみたい。

一　地域（郷土）史研究と災害

東北の地域の人たちの前で話すとき、歴史上知られる他地域の大災害ではなく、地元の飢饉・災害史料を使い、その地域でどんな災害が起きてきたのか語ろうと心掛けてきた。近世になると、地域社会には文書、日記、記録、年代記あるいは碑文などのかたちで災害関係史料が少なからず残されている。文書による支配、文字文化が地方の村にまで及んだことがそれを可能にしたが、救済や復旧・復興に伴う行政文書類だけでなく、その非常体験を教訓として後世に伝えるために書かれたリーダー層や古老の筆録が存在する。近現代以降の地域史（郷土史、地方史）研究、自治体史編纂はそれらの史料を掘り起こし、地域社会の共有すべき記憶として、凶作・飢饉など主要な災害について立項し、翻刻・叙述してきた。そうした先人たちの意志や努力を知ってもらいたいと考えてのことであった。それは地域社会が今後被災体験や災害の遺物・資料をどう残していくかという記憶・継承とも関わることである。

災害年表を作ってみれば、それぞれの地域でさまざまな災害が起こってきたことがわかる。地震、津波、噴火、風水害、冷害、火災、疫病、環境汚染、戦争など自然的・人為的災害の範囲は広い。人間は非常・非命を強いる諸々の危険にさらされ、あるいは危険をつくり出してきた。古代・中世から永く続いてきた村落であっても、戦乱や飢饉、大洪水などの災害によって村落維持の困難（死絶えや逃亡など）がいくたびかあったとみなければならない。地域で起きた災害を全体として把握し、どんな災害に見舞われ、あるいは同様の災害を繰り返してきたのか、その地域の傾向、特性を知って、地域住民の暮らしの安全につなげていく、地域行政的な成り立ちの一部を地域（郷土）史研究もまた担っていよう。

最近、地域の講座などを引き受けて感じるのは、企画の趣旨が以前に増して郷土という言葉を用いて語られるようになったことである。教育基本法が二〇〇六年に大幅改定され、教育の目標として「伝統と文化を尊重し、それをはぐくんできた我が国と郷土を愛する」態度を養うことが新たに定められた。その影響であろうか。郷土史は独善的な愛国心を下支えし、日本の軍国主義を助長したという近代の歴史があったから、戦後になってからは郷土という言葉を意識的に避け、地方史や地域史を使うことが多かった。そうした経緯からすれば警戒は必要であるが、地方は中央に相対する意味があり、地域は客観的・科学的な用語として使いやすく、郷土には生まれ育ったかけがえのない我々の土地といった語感がある。郷土で起きた非常・非命の出来事を我々のものとして受け止めていく、そうした力が郷土という概念にはあると認めるならば、郷土という言葉を肯定的に理解し、手放すべきではないと考える。同じく「愛する」といっても、国家が郷土にしばしば痛み・犠牲を強い、その生活を壊してきたのとは次元が異なるのである。

二　一人ひとりの身の上から

東日本大震災の困難は被災地の人々においても一人ひとりみな違っている。津波の襲来で奪われた命が圧倒的に多いが、同じ津波死でもそれぞれの死に至った事情・状況は異なり、それが生き残った人たちによって生々しく語られていた。助かっても、家族や住まいや仕事を失い、放射能汚染によって避難を余儀なくされた人たちをはじめとして、被災状況がそれぞれの個別体験として存在している。関連死を含めて死者約二万人、原発事故・大震災による避難者約一六万人という数字はそれ自体で衝撃的であるが、そうした数字からだけでは被災者がそれぞれに抱える悲しみ、苦しみ、怒りなどが伝わってこない。

それは歴史災害をみていく場合でもあてはまる。東北史学会で「非常・非命の歴史学——近世東北の災害・飢饉死」（『歴史』一一八輯、二〇一二年四月）と題して講演したのは、震災直後の死者たちの最期が臨場的に語られていたことに衝撃をうけて、飢饉研究は飢饉死を迫られた人たちの境遇に関心を向けることから始まる、そのように強く思ったからである。飢饉記録には、どこの誰がと固有名詞で語られる、飢えに襲われたときの生きざま、死にざまが少なからず書きとめられている。死に至った事情がそれを知る人によって物語られるとき、推測や誇張、嘘の入る余地があるが、当時の人々がその物語を正しいと思う真実性までは否定できない。それらを数多く集めて状況と心理を読み解いてみたいが、それには文学的な想像力なども必要になってくる。

執筆依頼を引き受けた頃、中沢啓一『はだしのゲン』が学校図書館で自由に閲覧できなくなったことが問題となっていた。その措置は一部の描写が子どもには悲惨すぎるとの教育的配慮からだと説明されていた。人の死が覆い隠され不可視化されるとき、悲惨な状況への想像力は失われ、戦争・原爆への拒絶感は確実に衰弱する。飢饉でも人肉を食べたとする記録や絵がある。そこまで追い詰められていった状況の説明がなされるならば、それを遠ざける必要はないだろう。

三　我欲・天罰論について

東日本大震災後まもなく、当時現職都知事であった人物から、「日本人のアイデンティティーは我欲、津波をうまく利用して我欲を一回洗い落とす必要がある、これはやっぱり天罰だと思う」という発言（二〇一一年三月一四日）が飛び出した。津波の被災者に天罰が下ったかのような語りであったため撤回されたが、大震災を機に、現代社会にみられる市場経済や科学技術優先といった人間の傲慢・堕落を反省し、生き方を変えなくてはならない、という文明批判的雰囲気の広がりのなかにこの発言を置いてみると、天罰とみる感覚はそれほど突飛ではない。関東大震災時にも澁澤栄一の天譴論をはじめとして、浮かれ気味の世相への反省・自戒がずいぶんと語られ、その一方都知事発言に向けられたと同様のきびしい批判が存在した（半澤健市「関東大震災とリスボン大地震――天譴論・内村鑑三・ヴォルテール」『日韓相互認識』五号、二〇一二年二月、高橋哲哉『犠牲のシステム福島・沖縄』集英社新書、二〇一二年）。

天譴論は、大地震や大洪水、飢饉などの災害が起こるのは、天から政事の委任を受けた皇帝が仁政を行わないことに対する誡めで、それに気づいて悪政を改めるか、そうでなければ天下国家を滅ぼすことになると捉える中国の政治思想に淵源する。当然ながら儒学的「仁政」を政治理念とした徳川幕府、幕藩体制にあっては将軍・大名ら為政者の意識を自ら縛るものでもあった。したがって、天譴論の本質は為政者の悪政・失政に向けられることにあるが、上記の都知事発言は自らの政治・政治観を大震災＝天罰によって反省し改めようとするものではなかった。その点が近世の天譴論と大きく異なっている。

文化期の武陽隠士『世事見聞録』は「当世の国政には、［略］民の喜ぶ事はさらになく、猥りに虐政を施し万民の愁苦悲歎の責めに逢ふも弁へず。離散及び飢渇屈死するも知らざるなり。依つて暴風・洪水・地震・火災・飢饉・疫癘など起り、あるいは子孫短命、先祖の血脈断絶、そのほか種々の凶災降るといへども、国主・領主たる人、その過ちの元を知らず」と批判する。「過ちの元」とは、享保の頃より「利勘」「交易利潤」をもっぱらとする町人・遊民の利欲・奢侈の道が幅をきかせるようになったことをさし、これを正すのが天道に適う仁政と考えられていた。経済社会の進展によって士・農がよりどころとする農本社会が崩れていく危機感が背景にあり、奢りと欲が俎上に載せられている点で近現代の天譴・天罰論に近いものになっている。現今のグローバル資本主義と地域社会との矛盾の原型がすでに近世社会に胚胎していたということであろう。「利欲」「私欲」の歴史を問わなければならない。

四　中央と地方の関係、そして東北論

江戸時代の飢饉研究を始めたのは、なぜ飢饉によっておびただしい人々が東北（奥羽）地方で死んだのか、という郷土史的な思いからだった。東北の人々が打ち続く凶作・飢饉によっていつも貧乏な生活を余儀なくされてきたとみるのは、一面的である。もちろん冷害のリスクは大きかったが、豊作年もあった。豊作だとかえって米・雑穀値段が下がり、むしろ少々の不作のほうが売り値がよかった。農民も手に入れた貨幣で物品を買い、生活文化は「質素」から「奢り」へと明らかに向上した。これは三都と地方を取り結ぶ市場経済が列島社会の隅々まで広がったことの恩恵であった。江戸中期（一八世紀）はまさにそうした動きが時代の趨勢であったが、と同時に一藩だけで数万人もの死者を出す大規模飢饉が東北地方を襲った。かつて中井信彦が飢饉の原因について、大都市の商人資本に金融的に依存した大名経済が、凶作が心配されるときでも江戸や上方へ回米せざるをえない「飢餓移出」にあると喝破したように（『転換期幕藩制の研究』塙書房、一九七一年）、経済社会のしくみのなかで起きた飢饉であった。

先の武陽隠士は「江戸住居を好む大名、極めて奢侈強くして、多分のものを江戸へ運び出して、国内を枯らし、国民の食糧を奪うなり。この上も都会の繁昌及びそのほか福有のものあまた出来て［略］増長するに随って、遠国・辺鄙は［略］家破れ衣敝れ、［略］飢渇屈死に及ぶものあまた出来」と、富有な都会（江戸）の奢侈・利欲が遠国・辺鄙の飢饉状況を生み出しかねない収奪構造を告発している。化政文化の高揚と天明の飢饉とが二重写しになっているのだろう。同時代人の認識としても中央（江戸）と地方の関係性、落差は歴然としていた。江戸の庶民は米価高騰に生活が脅かされ米騒動を起こしたが、東北地方の農民のように流民化し餓死にまで至ることはあまりなかったのではないか。事実を確かめたい。

このように飢饉を理解してきたから、放射能汚染を引き起こした福島原発が東京電力のものと知ったとき、同様の収奪・従属構造が繰り返されてきたのだと思わざるをえなかった。今や、日本人口の約半分が東京・名古屋・大阪の三大都市圏に住んでいる。その大都市圏がグローバルな経済・金融と繋がり日本や世界を動かしているという構造・感覚のもとで、どれだけ地方・農村に想像力が働いているだろうか。ＴＰＰなどの思惑をみていると、近い将来、武陽隠士の言のように地方の「飢渇屈死」が生じないとも限らない。「東北」論は、そうした中央と地方の関係性を暴き、地域社会としてどのように成り立ちうるかを歴史的に検証することに意味がある。それは東北特有の問題として論じられやすいが、東北が大震災・原発事故によってたまたま物事が見えやすくなっているということであって、他の地方にもあてはまることである。

震災復興と関わって東北論がさまざま語られ発信されている。今そこに入りたいと思わないが、近世史の側から若干述べておけば、奥羽（東北）に対する眼差しには、古代以来の華夷観念による未開・蔑視観が働いており、近代以降の東北後進の見方に多少とも影響を与えた。しかし、近世奥羽人はそのことに傷ついていたわけではない。天明の飢饉を経験しても、「くにぶり（国風）」に自信を持ち、「御国は上々国、米穀は天下の名産、天下無双之大富有之御国」（仙台藩・玉虫十蔵『仁政篇』）という認識が存在した。他者からも「出羽、陸奥の両国は、常は豊饒の国」（杉田玄白『後見草』）とみられている。ただし、江戸の経済力・文化力が強くなる化政期以降になると、奥羽人の意識も「くにぶり」より「江戸ぶり」に倣うことのほうへ移り、否定的な自己認識が頭をもたげてくる。それでも近代東北人のように後進観、劣等感にさいなまれることは少なく、近世と近代の断層は大きい（拙著『東北から考える近世史――環境・災害・食料、そして東北史像』清文堂出版、二〇一二年）。菅江真澄に着目してきたのは、華夷・都鄙の差別感覚に左右されることなく奥羽民衆の生活世界が観察されており、「くにぶり」の具体相に迫っていけるからである（『真澄学』一―六号、東北芸術工科大学東北文化研究センター、二〇〇四―二〇一一年）。

五　救済、復興、防災、そして記憶

災害史研究は、生命の危機に瀕した人たちをいかに救い、あるいはそうした危機を回避できる備えやしくみをどのようにつくるのかについて、過去の経験や知恵を探し出し、今後の災害に生かしていく、といった現在的な関心と結びついている。東日本大震災からの立ち直りはまだ長い過程のなかにあるが、震災直後からの経過を振り返ってみると、①ライフラインが途絶え、非日常的な生活を強いられ自力で生きていけない状況下での助け合いや援助・救済、②一応の日常生活を取り戻した後の、生活・生業を再建していく復旧・復興、③同じ被害を再び繰り返さないための防災・減災、そして④大津波で命を奪われた人たちの霊を弔い、非常体験を後世に伝えようとする慰霊・記憶の、大きく四つの段階・局面に分けることができる。現状は原発事故による避難地域の復旧・復興の目途がまったく立たず、津波被災地の復興・防災計画でもいろいろと問題が露呈している。また、どのように記憶を伝えていくべきかの着地点を見出せないままに、震災遺構の撤去・解体が進んでいる。

このような現在進行中の復興過程をみていれば、過去の歴史災害の回復・復興過程もまたよくみえてくる。近世の飢饉でも、地震・津波といった突発的な災害ではないものの、救済、復興、防災、慰霊のプロセスが同様に存在した。①では払米・救米・拝借米、あるいは施行・御救小屋、②では農村人口の回復策、荒地の再開発、③では備荒貯蓄、救荒作物の導入、民俗知・伝承知、④では年忌法要、飢饉供養塔の建立、などが例示的にあげられよう。①の段階が生死を分けてしまう緊急の事態であるが、①の救済とともに③の生命維持の保障システムが公権力や地域社会などによってどうつくられているかが鍵であった。それが機能不全に陥り破綻したところに盗み・火付けなどのモラル破壊が起こり、おびただしい流民・餓死者が発生していた。そのリアルを突き詰めていくと、現代の自助・自己責任論の問題性も見えてこよう。

近世社会では寛政の改革以降、村・町が運営主体となって公共的な備荒対策に取り組み、それが地域の対応力・自治力を高めていった。一方、今の日本は「平成の大合併」によって地域を支える自治体が住民から遠くなり、東日本大震災の復旧・復興が遅れる一因となっている。先に述べた郷土意識とも関わるが、住民にとって目の届く使い勝手のよい規模の基礎自治体の再構築こそが防災力を高めていくうえで必要なことであると、歴史は教えている。いずれにしても、現代に生きる者の関心によって過去が浮かび上がり、その過去に学ぶという歴史学のありようが、災害史において最も明瞭にあらわれてくるのである。

むすび

災害史の領域は広く深い。人間と人間、人間と自然の関係を問い直し、持続可能な地球環境と地域社会の成り立ちを見据えた全体的・総合的思考が求められる。東日本大震災・原発事故は、そのことへの省察を私たちに迫った。歴史学においても、災害史を組み込まない、あるいは自然・環境史を意識しない時代史や地域史は成り立たないと大方が了解しあう研究状況になった。むろんあれもこれもできない有限のなかで、誰もが地震・津波史、あるいは原発・原爆史に取り組まなければならないというものではないが、何を研究テーマとしていてもそうした問題に接続可能な回路を持っていることが、大切なのであろう。

（「提言」『歴史学研究』九一六号、二〇一四年三月掲載）

（追記）　ここで述べたことは拙著『非常非命の歴史学——東北大飢饉再考』（校倉書房、二〇一七年）に収録した論考などに生かされている。「むすび」で地球環境・環境史に言及したが、気候変動が社会に与えた影響やそれへの対応を意識化して研究するようになったことも、その後の歴史研究の動向として押さえておく必要がある。

4 妊娠から歴史を考える

田間泰子

一 妊婦はどこにいたか——東日本大震災と阪神・淡路大震災

二〇一一年の東日本大震災と一九九五年の阪神・淡路大震災には、非常に多くの相違点がある。その一つは、東日本大震災では、災害対策基本法における「要配慮者」として具体的に妊産婦が含まれるようになったということである(避難支援ガイドラインおよび防災基本計画による)。災害と社会にかかわる諸問題を考えるとき、これは非常に重要な違いなのだが、どれほどの人が知っているだろうか。

また、どちらの被災地にも妊婦が生活していたが、その存在を私たちはどれほど認識できていただろうか。東日本大震災では、男女共同参画の進展とともにインターネット(IT)の普及によって、女性たちの声や子育て支援の様子が比較的知られる。しかし、自然流産や、人工妊娠中絶、災害後の妊娠など、平時と異なる状況での経験についてはほとんど知ることができない。ましてITがほとんど普及していなかった阪神・淡路大震災では、彼女たちの存在ははるかに知られ得なかった(1)。出生統計から推測すると、東日本大震災では三県の沿岸部二九市町村だけで約一・二万人、阪神・淡路大震災では兵庫県沿岸部の神戸市内五区・隣接四市・淡路地域だけで約一・四万人の妊婦がいたはずである。本稿は、上述の制度的変化も含め、災害において彼女たちの存在が社会的に認識されにくいという事象を手掛かりにして、私たちの歴史的認識に関する考察を進めたい。

二　歴史のなかの妊娠と妊婦

では、災害以外の場では、歴史のなかに妊娠と妊婦は登場してきただろうか。

筆者個人の記憶で恐縮だが、幼い頃、歴史にかかわって妊娠というできごとを最初に学んだのは摩耶夫人によるシッダルタ妊娠の話と、大天使ガブリエルによる聖母マリアへの受胎告知である（仏教徒の家の筆者がキリスト教系の幼稚園に通ったため）。神話の世界となれば、伊弉諾と伊邪那美の兄妹は矛を使い、日本の島々を生んだという話も聞いた（のちに両神は離別し単性生殖した）。学校に入ってからは、わずかの時間の性教育以外、妊娠や妊婦にかかわる知識は学ぶことがなかった。ごく身近なところで、私の母が妊娠を繰り返していたが、この社会、この世界をみるために与えられた知識には、妊娠と妊婦の存在が欠落していた。まず、知識と現実のこの乖離に、私は妊娠をめぐってつくられる「知／無知」の政治性をみる。

次に、大学で学んだ知識のなかには妊娠があった。たとえば、F・エンゲルスの史観によれば、妊娠・出産は女性が男性に依存する原因であり、人間の隷属の原初形態である。理想の国家をつくることをめざすプラトンにとっては、国家管理されるべきである。あるいは、女性・子どもは奴隷と同様、自由な市民（男性）が善をおこなうための生活基盤、家政における所有物である。(2) 妊娠は、男性を統治主体とする政治的経済的文脈において肝要な役割を果たすと認識されており、将来の学術・政治・経済を担うであろう男子学生たちが、これを私と机を並べて学んでいた。他方、私が大学時代を過ごした一九七〇年代には、女性解放思想は大学で公認された知ではなく、しかも有志たちと読みあった書物においては、妊娠はそこから解放されるべき軛であり野蛮さとして描かれていた(3)。ときに、優生保護法改正（改悪）案が国会に上程されていた。非合法化されようとしていた経済的理由による人工妊娠中絶は、一九四九年の優生保護法改正以来、一九七〇年代前半までに、公的統計のみで二〇〇〇万件に達しようとしていた（厚生省『優生保護統計報告』各年）。二五年間近くの合法化の歴史を承けて中絶を容認し続けるのか、あるいは以後これを処罰対象に戻すのかという統治上の重大な岐路に、日本社会は立っていた。もし非合法となれば、中絶という一つの妊娠の帰結、つまりは妊娠が政治的統治の対象であること、中絶の「自由」などそもそも日本にはなかったことが、誰の目にも明らかになっただろう。しかし、法案上程の結果は周知のとおりである。今ここでは、日本の社会、国家にとってこのように重大な岐路があったことを、決して歴史として（政治としても）学ぶ機会がなかったという点を確認しておきたい(4)。

妊娠をめぐる歴史それ自体が、歴史が、語る力をもつ者に領有されることの証左である。歴史が、男性を中心的主体とする「公領域」のものである限り、「私領域」に留められる女性たちの妊娠体験は歴史に残されない。そして、この公私領域の分離自体が近代的政治である。近代国民国家が成立し総力戦体制が整うにつれて、妊娠は国家の大事として歴史や政治の表舞台に登場した。多くの女性たちが妊娠に国家的意義を見出し、市川房枝さえ人口政策確立要綱（一九四一年）に対して子どもを産むことが「公事」として認められたと大いに賛意を表した(5)。一九二〇年代生まれの私の母も、歴史教育で妊婦の存在を学んでいた。神功皇后である。女学校で教えられた「戦う／侵略し勝利する妊婦」という女性イメージが、その後、軍需工場で若い女性たちを指導するリーダーとなり、竹槍で鬼畜米英から本土を死守するべく訓練を受けた彼女にとって、誇らしく大切なものであったことは間違いない。戦後であっても、むろん、妊娠への統治的まなざしは失われてはいない。優生保護法も母子保健法も然りである。現代では、少子化社会対策基本法と関連諸計画も、これに該当しよう。

その妊娠と中絶をめぐる政治性が歴史学的な研究成果として日本で明らかにされ始めたのは、一九八〇年代になってからで、M・フーコーやアナール学派の影響のもと、歴史学や社会学において身体を女性の視点から取り扱うようになったことによる。(6)日本史における画期的な業績は、脇田晴子編『母性を問う——歴史的変遷』（上下巻、人文書院、一九八五年）である。オリエンタリズムに精神分析がかかった、当時の母性＝日本文化論や母原病説に対して、E・バダンテールによる近代的母性の問い直し（『プラス・ラブ——母性本能という神話の終焉』鈴木晶訳、サンリオ、一九八一年。『母性という神話』鈴木晶訳、筑摩書房、一九九一年）とともに、母性を歴史的に問う試みであった。『母性を問う』と同年の一九八五年、M・ポッツほか『文化としての妊娠中絶』（池上千寿子・根岸悦子訳、勁草書房）も、「語られざる世界史」（帯タイトル）として出版されている。歴史学が、妊婦の存在・感情・社会的地位を歴史的に変容する政治的産物として取り扱ったのである。これらの背景には、世界的な潮流として女性の地位向上があった。

また、筆者が専門とする家族社会学では、一九七〇年代以降、歴史人口学、あるいは歴史社会学の新しい研究成果が、少なくとも近世の出産について、有賀喜左衛門の研究や村落研究、民俗学的研究を踏まえつつ蓄積されている。(7)中絶と子殺しについては、太田素子が、民俗学や従来の人口史に対する史料の批判的分析により、仙台藩や北関東などの慣行を考察した。(8)本稿の注にあげた研究のほかに、各地域について研究が多くあるが、特に女性の妊娠する身体に明確な関心を寄せている例として、沢山美果子「近世農民家族における「子産み」と「産む」身体——出産管理としての仙台藩の赤子養育仕法を手がかりに」（『日本史研究』三八三号、一九九四年七月）をあげておく。

現在、いくつかの重要な点で論争が続いているものの、とりわけ3・11に引きつけていうなら、近世における全国的な比較から東北地方の特徴は次のとおりである。早婚、江戸前期から中期における男子選好（出生における異常な性比）、少数の子どもを産んだのちの奉公、姉家督を含む直系の家族形態と継承など。その背景にはヤマセなどの厳しい自然環境があり、災害があった年には人口が激減したことが知られている。(9)近世には藩による子ども養育策や妊婦の登録制度、近代には明治政府の太政官布達（一八六八年）や刑法によって中絶が禁止され、子ども数が急増するなかで、昭和東北大飢饉などの災害に見舞われ続けた。戦後には小児保健・公衆衛生学の分野で、妊産婦・乳幼児死亡を減らそうとした岩手県沢内村の取り組みが著名であり、わずかな史料からであるが日本国有鉄道が雇用者家族に対して行った家族計画運動の研究が存在する。(10) 公的統計資料や史料・論文を丹念に拾うなら、これらのほかにも東北の歴史を妊婦たちがどのように生きたのか、その存在の証がまだそこここに見つかるはずである。

三　妊娠と近代――ヒロシマ、ナガサキ、ミナマタ、フクシマ

もう一つ、一九七〇年代から八〇年代にかけて、妊娠が母性とともに歴史学研究のなかに現れ得たことの時代的文脈を推論したい。国民国家や人種といった近代的統治の仕掛け、裏返せば世界革命という夢が綻び、近代的科学や合理性、自立的主体が一つの信仰であったと了解されてゆく時代。つまり反省的近代である。

そもそも、西洋近代社会は自立し主体として理性をもつ男性個人を構成員（市民）のモデルとする社会であることから考えると、妊婦、潜在的妊婦としての女性、子ども、障がい者、高齢者、罹病者等々は依存的存在であり、ゆえに欠格者と位置づけられる（以下、本稿のテーマに従い、妊婦に話を絞り、述べる）。妊婦、および潜在的妊婦としての女性は、政治制度においても思想においても排除され、市民（男性）が支配する家族という私領域内に馴致された（domesticated）ことで社会的に不可視となった。しかし本稿で指摘したいのは、そのような私領域化の作用だけでなく、妊婦という存在や妊娠には、さらに根源的な非近代性、近代的思考による捕捉の不可能性があるということだ。

第一に、妊娠と出産は合理的な計画に従うことができない。それは受胎、自然な流産、さらに子どもがどのような人間なのか生まれ育つまで分からないという点で、人智を超えている。現代の私たちはこのような「神秘」をトロブ

リアンド諸島民のようにするのは精霊のせいにすることはできないので、懸命に計画したり暴力的にコントロールしたりしようとする。[11]

第二に、受胎から出産に至る過程で、胎児は母体に依存しつつ、刻一刻と成長する。ある時期には、胎児は母体と生死を共にする。しばらくすると母体が死んでも胎児は生き残るかもしれない。あるいは胎児が死んで母体だけが生きることも可能である。妊娠三ヵ月の妊婦は、「一人」なのか「二人」なのか、それとも「一・三人」なのか？　妊娠七ヵ月になると、妊婦は何人か。社会の構成員を、他者に依存せずに生きる個人（つまり一）と措定し、一と〇との「再生産」によって国民国家の「国勢」を測り計画を立てようとする近代において、一でも二でもなく（双子なら三でもなく）、未分離と分離とのあいだを変化しつつ生きる妊婦は、まったく捕捉しがたい存在である。しかも、妊婦は密かに中絶して「一」に戻っていることさえ可能なのだ。

偶有性、不確実さ、変化し続け、不可視であること。しかも、これらにこそ人の生死がかかっているということ。このような妊娠と妊婦のあり方は、人の命を自立的と措定する近代的主体にとってラディカル——根源的——である。非近代的であるという意味でも、また近代の歴史をその根源で支え続けているという意味においても。[12]

他方、反省的近代においては、まさに近代性の反省的な結果として、社会はリスク化している。[13]そのような社会では、予測も計画も不能な妊娠自体が近代的視座からリスクと捉えられるとともに、多様なリスクに曝されるものとして現れる。生殖補助技術や生命科学の急速な発展とともに、放射能、環境汚染物質、戦争でのそれらの利用が、妊娠をよりリスキーな経験にする。ゴジラに象徴された怒りやチェルノブイリの歴史はどこに埋もれてしまったのか。ヒロシマもナガサキもあったが、そのなかで妊娠し、悩み、中絶し、あるいは産み育てた女性たちの歴史は、どこに残っているのか。日本はミナマタの歴史も有しているが、胎児性水俣病の我が子を抱く母親の姿や、その背後の多くの中絶から、私たちは歴史として何を学んだのか。

そして今、3・11の歴史があり、フクシマがある。今や「記念」として創られていこうとしている共有の記憶に妊婦たちはどのような存在として残りうるのか。被災地の多くの地域で人々が子育てをし、コミュニティを再生・復興していこうとするとき、フクシマに戻れない／戻らない妊婦たち・母親たちが存在する。何億、何十億という積み重ねによって人の歴史をつないできた妊娠が、行われ得ない土地を私たちは創ったのだ。3・11の、妊娠にとってのこのような歴史的意味の重さを感じるべきである。と同時に、この社会自体を、妊娠の視座から捉え直すべきであろう。ここでいう「妊娠の視座」とは母性の称揚ではない。ミナマタやフクシマ、ヒロシマを同一視してしまうものでもない。個々の地域とその歴史的文脈において、妊娠の不確実さや、それを担う妊婦たちの体験（産まない体験も含めて）が歴史を形づくるものとして尊重されることである。それはどのようにして可能だろうか。

近代的忘却でもなく、戦前のような国家的監視でもなく、母性の神話化でもない、妊娠に対する認識のあり方を新しく構築しなければならない。「一」でも「二」でもない存在として、妊婦を描かねばならない。人の命をめぐる根源的な不確実さを私たちの歴史として、語られない／聴き取られない彼女たちの声に耳を傾けることから、難しいけれども始められるかもしれないと思う。

（1）　妊婦は胎児を守ろうとして被災地から迅速に避難することが多いため、被災地でも避難先でも少数となり存在が見えにくい（拙稿「自然災害時の妊産婦のニーズと支援体制の課題について」『女性史学』二三号、二〇一三年七月、四三―四九頁）。東日本大震災の全般的な体験書は数多いため、ここでは略す。阪神・淡路大震災での妊婦たちの経験については以下を参照。兵庫県産科婦人科学会・兵庫県医師会編・発行『母ちゃんは地震に負けずにお前を産んだ――阪神・淡路大震災のストレスが妊産婦および胎児に及ぼした影響に関する疫学的調査』一九九六年（http://www.lib.kobe-u.ac.jp/ 最終閲覧日二〇一四年一月一三日）。海外でも研究が少ないが、たとえばハリケーンカトリーナについてO. Leyser-Whalenetal., "Natural and Social Disasters," *Journal of Women's Health*, 20 (12). 2008, pp. 1861-1866.

（2）　F・エンゲルス『家族・私有財産・国家の起源』戸原四郎訳、岩波文庫、一九六五年。プラトン『国家』改訂版、上下巻、藤沢令夫訳、岩波文庫、二〇〇九年。アリストテレス『政治学』山本光雄訳、岩波文庫、一九六一年。

（3） S・ド・ボーヴォワール『第二の性決定版』『第二の性』を原文で読み直す会訳、新潮社、二〇〇一年。S・ファイアストーン『性の弁証法——女性解放革命の場合』林弘子訳、評論社、一九七二年。

（4） 私の一つの主張は、第二次世界大戦後、妊娠も中絶も国家政治の及ばぬ私領域的「自由」であるかのように装われることにより、その政治性が公の歴史から隠されたということである。拙稿「「産む・産まない・産めない」と日本の戦後」小浜正子・松岡悦子編『アジアの出産と家族計画——「産む・産まない・産めない」身体をめぐる政治』勉誠書房、二〇一四年。

（5） ほかに母性保護論争がある。市川の発言は、鈴木裕子『フェミニズムと戦争——婦人運動家の戦争協力』新版、マルジュ社、一九九七年、一二九頁。鈴木裕子編・解説『日本女性運動資料集成』不二出版、一九九五年。

（6） 斉藤千代「見えない〈道〉」あごら二八号編集会議編『産む産まない産めない——優生保護法と優生思想を考える』BOC出版部、一九八三年。鈴木善次『日本の優生学』三共出版、一九八三年。藤野豊『厚生省の誕生』かもがわ出版、二〇〇三年。戦後について、小沢牧子「乳幼児政策と母子関係心理学」（抄録）天野正子ほか編・江原由美子解説『新編日本のフェミニズム5　母性』岩波書店、二〇〇九年、七四—九六頁（初版一九九五年。論文初出は一九八九年二月）。松原洋子「中絶規制緩和と優生政策強化——優生保護法再考」『思想』八八六号、一九九八年四月、一一六—一三六頁。拙著『母性愛という制度——子殺しと中絶のポリティクス』勁草書房、二〇〇一年。齋藤有紀子編『母体保護法とわたしたち——中絶・多胎減少・不妊手術をめぐる制度と社会』明石書店、二〇〇二年。優生手術に対する謝罪を求める会編『優生保護法が犯した罪——子どもをもつことを奪われた人々の証言』現代書館、二〇〇三年。拙著『〈近代家族〉とボディ・ポリティクス』世界思想社、二〇〇六年。T・ノーグレン『中絶と避妊の政治学——戦後日本のリプロダクション政策』岩本美砂子監訳、青木書店、二〇〇八年。荻野美穂『「家族計画」への道——近代日本の生殖をめぐる政治』岩波書店、二〇〇八年。

（7） 有賀喜左衛門『有賀喜左衛門著作集』第二版（未来社、二〇〇〇年）所収の諸著作。東北地方について、高木正朗「近世東北地方農民家族の世代的再生産と人口の構造——『宗門人数改帳』をもちいた事例研究」『社会学評論』三三巻三号、一九八二年一二月、二〇—四三頁。斎藤修『プロト工業化の時代——西欧と日本の比較史』日本評論社、一九八五年。成松佐恵子『近世東北農村の人びと——奥州安積郡下守屋村』ミネルヴァ書房、一九八五年。同『江戸時代の東北農村——二本松藩仁井田村』同文舘出版、一九九二年。坪内玲子『日本の家族——「家」の連続と不連続』アカデミア出版会、一九九二年。同『継承の人口社会学——誰が「家」を継いだか』ミネルヴァ書房、二〇〇一年。木下太志『近代化以前の日本の人口と家族——失われた世界からの手紙』ミネルヴァ書房、二〇〇二年。岡田あおい『近世村落社会の家と世帯継承——家族類型の変動と回帰』知泉書館、二〇〇六年、など。

（8）太田素子編『近世日本マビキ慣行史料集成』刀水書房、一九九七年。千葉徳爾・大津忠男『間引きと水子——子育てのフォークロア』農山漁村文化協会、一九八三年。高橋梵仙『堕胎間引の研究』中央社会事業協会、一九三六年。
（9）速水融『歴史人口学の世界』岩波書店、一九九七年。
（10）菊地武雄『自分たちで生命を守った村』岩波書店、一九六八年、ほか。青森県の一部と秋田県・山形県について、前掲拙著『「近代家族」とボディ・ポリティクス』。社会教育での家族計画の証言として、三上信夫『埋もれた母の記録——日本のチベット・北上山地に生きる』未来社、一九六五年。
（11）B・マリノウスキー『未開人の性生活』泉靖一ほか訳、新泉社、一九七一年。
（12）ラディカルさの指摘について、日本近代文学史として斎藤美奈子『妊娠小説』筑摩書房、一九九四年。西洋文化に対してJ・クリステヴァ『恐怖の権力——〈アブジェクシオン〉試論』枝川昌雄訳、法政大学出版局、一九八四年。
（13）U・ベック「政治の再創造——再帰的近代化理論に向けて」ベックほか『再帰的近代化——近現代における政治、伝統、美的原理』松尾精文ほか訳、而立書房、一九九七年。

（「提言」『歴史学研究』九一六号、二〇一四年三月掲載）

5　歴史学が存続するために

高澤紀恵

一　歴史学の課題？

歴史学研究会が『現代歴史学の成果と課題』を出版してから、すでに一〇年以上が経過した。では、「3・11」を経た現在、歴史学の課題は何であろうか。それは、歴史学が存続することである、と思う。現在、歴史学は存続しうるか否かの危機にある、と大げさでなく考えるからである。二一世紀に入り、歴史研究者はますます頻繁に海外調査にでかけ、内外の手稿史料を使うことは一般化してきた。精緻な研究で海外の学位を取得した若手研究者は続々と生まれ、私たちもそれぞれの場で営々と研究、教育、出版活動にいそしんでいる。しかし、その傾向と反比例するように、歴史家の知見がもはや一顧だにされないような政治的・社会的風潮が強まっているのではないであろうか。

大学の教室では「歴史学は何の役に立ちますか」という質問が、毎年、毎学期繰り返される。この問い自体は、第二次世界大戦中のマルク・ブロックに『歴史のための弁明』を書かせたように、決して新しいものではない(1)。しかし、現在の学生の問いには、「よりよい世界を作るために役に立つのか」、あるいは「戦争を止めるために役に立つのか」という意味ではなく、「私が就職するために役に立つのか」といったニュアンスが込められている。そこにあるのは、大学をグローバル「人材《リソース》」養成機関とする教育観に嚮導された学生側の期待であり、学費や受験勉強といった「投資」に見合う「利益」を期待する消費者マインドである。こうした問いに私はこう答えることにしている。「歴史学以上に役に立つ学問は、ちょっと思いつかないな」と。メルトダウンした原発とともに生きざるをえない私たち、その中でこれからの世界を創り出す人々に、時間軸の中で世界を考える学、すなわち歴史学が不要なはずはない、と考えるからである。では、歴史は趣味の領域にあり、社会・経済活動の上では無益といった学生たちの理解は、どこから生まれてくるのであろうか。歴史学固有の問題と学術体制全般の二つの問題がそこにはあるように思う。

歴史学固有の問題について、最近、社会学者立岩真也のこんな言葉を読んだ。

かつての時代はしかじかであったとか、彼の地ではこんなことになっているとか、そのことを示すことによって、このようであるこの社会がこうでなくてもよい可能性を示すといったことがなされる。それは、迂回しながら、あるいは恥じらいながら、事実を示すことによって、今・ここと別のあり方があること、ありうることを示す、醸し出そうとする。歴史学的なもの人類学的なものの隆盛にはいくらかそんなところがある。(2)

これは、直接的には一九八〇年代のいわゆる「社会史ブーム」に対する言及である。この言葉に対して、もちろんさまざまな反論は可能であろう。しかし、現在歴史学をとりまく危機的状況を省みたとき、謙虚に受け止めるべき批判がここにはあると思う。私が行う研究、紡ぎ出す言葉は、誰に届き、何を揺り動かしてきたのか、と自問せざるをえない。とりわけ、「歴史を書く」ことがもつ意味は、一九八〇年代と現在では明らかに同じではない。歴史修正主義が横行し、日本人のアイデンティティの核とするべく歴史の「利用」が躊躇なく実行に移されようとしている現在、歴史家の営みは、好むと好まざるとにかかわらず時代の最前線にある。歴史学のアクチュアリティをめぐる思索や議論は、この危機的状況にたいする真摯な模索であり、応答である。(3)近年の史学史的研究も、そのための一つの取り組みと理解できるであろう。(4)歴史学をなりわいとする者は、自分の研究がどのような意義をもち、時代というメタなレベルでいかなる作用をしているのか、自覚する責務がある。

二　反知性主義に抗して

世界を時間軸の中で考える営みが無用とされる背景は、しかし、歴史学の危機としてだけではなく、人文・社会科学をめぐる、いや学術体制全般を覆う大きな図柄の中で考えるべきであろう。まず、現在の学術体制を枠づけている力学を確認しておこう。文部科学省中央教育審議会（以下、中教審）大学分科会は、二〇一三年一二月二四日に組織運営部会において、また、二〇一四年二月一二日には大学分科会で「大学のガバナンス改革の推進について」を審議している。(5)この審議が下敷きになり、四月二五日には、学校教育法と国立大学法人法の改正案が閣議決定されている。二〇一五年四月一日施行を目指す同改定案の目的は「大学運営における学長のリーダーシップの確立等のガバナンス改革を推進するため」であると文部科学省は説明している。(6)関連資料を見て私が感じたのは、強い既視感である。二〇〇七年、(7)二〇一二年の経済同友会(8)（以下、同友会）の提言、ならびに二〇一四年四月の日本経団連の提言を、(9)概要だけでもぜひ見ていただきたい。そこでは、法改定の方向と明瞭に一致する提言が行われている。たとえば、二〇一二年の同友会の提言「私立大学におけるガバナンス改革」概要は、大学ガバナンス改革一〇の提言を列挙している。そこでは、「提言1　理事会の権限および経営・監督機能の強化」とあり、具体的には「学長選挙を廃止し、理事会が直接学長を任命」とある。「提言2　学長・学部長の権限の強化」では「学長に大学（学校）における人事・予算権限を付与」「学部長選挙を廃止し、学長が直接、学部長を任命」と、また、「提言3　教授会の機能・役割の明確化」では「教授会は、学長などが教育・研究に関する重要事項に関して、教員の意見を聴取する場、又は情報共有の場とする」「教授会は自らの本来の機能・役割を認識すべし」と続く。この提言が、学長に強いリーダーシップを保証し教授会の役割を再定義する中教審の議論、ならびに今回の改定案と、一直線に繋がっていることが容易に見て取れるであろう。

しかし、経済団体と中教審の方向のこうした一致は、なんら驚くにはあたらない。プロソポグラフィックな分析を待つまでもなく、名簿を見れば一目瞭然、経済団体でこうした提言を行い、文部科学大臣任命の中教審で審議を行っているのは、同一の人々である。現在は、成功した企業経営者として大学経営のトップの座にいる人々もいる。同友会は、一九九〇年代より積極的に「人材育成」への提言を出し、一九九四年にはすでに「学長のリーダーシップを発揮しやすくする」提言を行っている(10)。現政権のもとで、彼らの追求してきた理念を一気に実現しようとしているわけである。

では、トップに権限を集中させる「大学ガバナンス改革」の目的はどこにあるのだろう。中教審の概要は二つの目的を指摘している。一つは、知識基盤社会の到来といった社会環境の急激な変化であり、第二はグローバル人材の育成、イノベーションの創出といった大学に対する社会からの期待の高まりである。二〇〇七年の同友会の提言は、もう少し違った表現を用いて「社会からの期待」を説明している。「研究面ばかりではなく、教育においても「産学連携」を進め、学問知識とその応用たる実務との相互作用を知る環境を作ることが必要である。また、大学教育の内容やカリキュラムの改革、大学経営の刷新など、さまざまな場への社会人の参画が必要と考える(11)」とある。改革の具体的目的がよりはっきりするであろう。そこにあるのは、彼らのいう「社会」、すなわち経済界の要請に応えるトップに権限を集中させることが、国際競争を勝ち抜く「人材」養成を実現する方策である、という論理である。この至上目的を批判的に考察しようとする自律的知の居場所は、ここにあるだろうか。たとえば、究極の産学連携である「原子力ムラ」を批判しうる知は、ここから生まれてくるのであろうか。「役に立つ」大学トップから「歴史学は何の役に立ちますか」と説明を求められる日は、おそらくすでに到来している。

経済界主導の、企業をモデルとした大学ガバナンス改革について論ずべきことは多々あるが、ここでは産学連携を進める改革の根底にある人間観について指摘しておきたい。「大学とは……有為の人材を輩出することを通じて社会的な評価と名声を獲得することを、第一に考えるべきである。そこに心を注ぐことなくして大学人を名乗る資格はない」と大学教員に教育への責任を厳しく求める同友会は、二〇〇七年の提言において、昇給、昇格に関わる教員の人事制度の再構築を求めている。教育活動に邁進するインセンティブを教員に与えるためであるという。また、中教審のまとめにも、「人事に関する学長のリーダーシップ」として「教職員の人事評価を行い、その査定結果に応じた給与制度を構築することも重要である」と明記されている。同友会の二〇一三年の「大学評価制度の新段階――有為な人材の育成のために好循環サイクルの構築を[12]」は、まさに次の段階を予告する提言である。ここにあるのは、給与やポスト、競争がインセンティブになることを疑わない人間観・教育観である。しかし、いうまでもないが、私たちが存在を賭けて次世代に語るべき言葉を探り、伝える営みは、金銭の獲得が目的ではない。知を媒介とした、信頼に基づく学生たちとの関係は、喜びを伴った自発的、自律的な営みの結果として生み出されるものである。現場の教師は、彼ら、彼女らを人材として見ているわけではない。知性の働きとは、教育とは、そういうものではないであろうか。大学教育を「日本の国際競争」のためにのみ動員されては困るのである。私は、フランスで各国の研究者と学術体制の現在について話す機会があったが、日本の大学教員の状況を理解してもらうことは容易ではなかった。グローバル「人材」養成を急ぐことで、今やきわめて特殊日本的な学術体制が生み出されているからである。

三　再び歴史学の課題

では、こうした人間観に裏付けられた反知性的学術体制の中で、そしてまた、3・11の衝撃が取り戻すべき対象としての「日本」再建物語に回収されてしまった現在、歴史学に関わる者はいかにその責務をはたしていけばよいのであろうか。この数年、個人的経験を通して考えていることを二点述べてみたい。

第一は、大学の歴史教育についてである。現在も、歴史学を教える多くの大学では、日本史、東洋史、西洋史という学科やコースの枠組みが残っている。高校の教科は、周知のように、日本史と世界史の二教科に区分されている。私たちの認識を堅固に再生産するこうした枠組みを、組み替えることはできないのであろうか。もとより、史料に基づく緻密な実証に歴史学の強みがあることを否定するつもりはないし、フィールドとする地域によって習得すべき言語も史学史的伝統も異なる。しかしその習得は、「日・東・西」の枠組みでなければできないわけではないだろう。たとえば、歴史を専攻する学生たちが、複数の地域の歴史を主専攻、副専攻として学び、卒業論文は主専攻で書くといったシステムが作れないだろうか。複数地域は、日本と朝鮮半島でもいいし、日本とイギリスでも、メキシコと中国でもいい。母語だけで思考するのではなく、多言語状況を引きうけ、複数の言語を往還する経験が、世界を読み解く上で大切な意味をもつと思うからである(13)。いわゆる「外国史」を学ぶ者は、フィールドの事象を日本語に置き換える中で半ば無意識にこの往還を行っているのだが、日本列島の過去について一定程度の知識を持つことで、この営為を自覚化することが可能となる。逆に日本史を学ぶ者には、この営為が列島の過去を相対化する視点を育むことになる。歴史を学ぶ者が言語や国家によって区切られた境界を幾重にも越えることこそ、「過去を共有した私たち」という物語を揺さぶる上で有効なはずである。

第二は、緩やかな研究ネットワークづくりである。ＣＯＥに象徴される競争主義、点数主義は、二一世紀に入って学問の世界に本格的に導入され、報告書の山はますます高くなっている。ＣＯＥから一五年、今では科研を得ずば人に非ず、といった風潮さえ感じられる。学問的に重要であっても点数にならない仕事や意義ある翻訳は忌避される荒廃が確実に広がりつつある。しかも限定メンバーによる科研プロジェクトでは、研究資金がなくなると議論が立ち消えになり、一時の流行であるかのように消費されていく。この間、若手研究者が時間的・金銭的に追い詰められ、研究会活動が崩壊の危機に瀕していることは、つとに指摘されるところである。[14] 外部資金の有無にかかわらず緩やかに開かれた場で議論を粘り強く積み上げていくこと、そして諸般の事情で参加できなかった人にも遠方で研究する人にも関心のある議論を共有していく仕組みを生み出すことが、現在必要不可欠であろう。

こうした問題意識から、私たちヨーロッパ近世研究会が試験的に行った試みはこうである。二〇一三年の春に、京都大学で「近世史研究の現在——二宮宏之さんのお仕事との対話」という会を開いた。さまざまな分野や世代の参加者を多数得て、議論は夜遅くまで熱心に続けられた。久々に共同討議の場が生まれたことを実感した瞬間であった。この時の議論は一部、五月の西洋史学会のシンポジウム「近世ヨーロッパにおける礫岩国家」に引き継がれた。さらに九月、今度は東京で「近世史研究の現在(2)——礫岩国家論との対話」と題した研究会を行うことになった。その際、これまでの議論を蓄積し、かつ三月、五月に京都に来られなかった人たちが新たに議論に加わる道を開きたいと考えた。ホームページを開いて研究会のレジュメを完全に公開することが一番簡単であったのかもしれないが、論文にする前の段階でレジュメの完全公開を要請することには躊躇もあった。そもそも報告者がレジュメを準備する段階で、公開の方針はできていなかった。お金も時間もない私たちは、そこでグーグルサイトを実験的に利用し、新たに報告者全員の承諾をえてレジュメと議論のまとめをここにアップしたのである。このサイトは、不特定多数に向けて開かれるものではなく、アクセスを希望する人は担当者に連絡し、その上で承認を得る必要がある。いわば限定的な半公開である。これが最良の方法であったとは思わないが、反響は多く、留学中の大学院生を含むさまざまな方からこのサイトにアクセスがあった。この試みはあくまで出発点である。衆知を集め、ＩＴ技術を逆手にとって、狭義の専門や肩書き、空間を越え緩やかに繋がる討議の空間を創出することは、私たちの早急の課題であると考える。

ミヒャエル・エンデの『モモ』は、時間どろぼうと闘う物語である。灰色の紳士たちは、時間がお金に替わると囁いて人々の心を摑んでいった。[15] 現在の自信に満ちた灰色の紳士たちは、時間そのものをどこかに隠してしまう。彼らは、3・11も12・8も8・15もすべて忘却し「改革すべき今」だけの世界を創り出そうとしているかのようである。そこでは過去への省察も現在への批判的思考も将来への希望も、抵抗勢力のたわごとに過ぎない。忘却に抗し、現在を時間の相のもとで考察する歴史学は、今こそ役に立つ学問となるはずである。

（1）マルク・ブロック（村松剛訳）『新版歴史のための弁明――歴史家の仕事』岩波書店、二〇〇四年。よく知られるように、この本はブロックの死後、一九四九年にリュシアン・フェーブルによって出版されたが、執筆は一九四一年から四三年にかけてであったと推測されている。二宮宏之『マルク・ブロックを読む』岩波書店、二〇〇五年、一七二―一七四頁。

（2）立岩真也「生の現代のために・2」『現代思想』二〇一四年四月号、一二頁。

（3）歴史学研究会編『歴史学のアクチュアリティ』東京大学出版会、二〇一三年。また、以下も危機感に背中を押された作品である。研究会「戦後派第一世代の歴史研究者は21世紀に何をなすべきか」編『「3・11」と歴史学』有志舎、二〇一三年。

（4）たとえば以下を参照されたい。『思想』（特集「戦後日本の歴史学の流れ――史学史の語り直しのために」）二〇一一年八月号。

（5）http://www.mext.go.jp/b_menu/shingi/chukyo/chukyo4/houkoku/1344348.htm（二〇一四年五月一五日閲覧）。

（6）「学校教育法及び国立大学法人法の一部を改正する法律案について（概要）」http://www.mext.go.jp/b_menu/houan/an/detail/icsFiles/afieldfile/2014/04/25/1347347_01_1.pdf（二〇一四年五月一五日閲覧）。

（7）「教育の視点から大学を変える――日本のイノベーションを担う人材育成に向けて」http://www.doyukai.or.jp/policyproposals/articles/2006/pdf/070301.pdf（二〇一四年五月一五日閲覧）。

（8）「私立大学におけるガバナンス改革――高等教育の質の向上を目指して」本文：http://www.doyukai.or.jp/policyproposals/articles/2011/pdf/120326a_01.pdf、概要：http://www.doyukai.or.jp/policyproposals/articles/2011/pdf/120326a_02.pdf（二〇一四年五月一五日閲覧）。

（9）「次代を担う人材育成に向けて求められる教育改革」本文：https://www.keidanren.or.jp/policy/2014/033_honbun.pdf、概要：https://www.keidanren.or.jp/policy/2014/033_gaiyo.pdf（二〇一四年五月一五日閲覧）。

（10）http://www.doyukai.or.jp/kyoiku/pdf/kyoikuteigenlist.pdf（二〇一四年五月一五日閲覧）。

（11）「教育の視点から大学を変える――日本のイノベーションを担う人材育成に向けて」http://www.doyukai.or.jp/policyproposals/articles/2006/pdf/070301.pdf,p.14（二〇一四年五月一五日閲覧）。
（12）http://www.doyukai.or.jp/policyproposals/articles/2013/130403a.html（二〇一四年五月一八日閲覧）。
（13）この問題については以下を参照されたい。高澤紀恵「過去は誰のものか」『思想』（特集交叉する日本近世史）二〇一四年八月号。
（14）浅田進史「歴史学のアクチュアリティと向き合う」歴史学研究会編『歴史学のアクチュアリティ』東京大学出版会、二〇一三年、一〇五―一二一頁。
（15）ミヒャエル・エンデ（大島かおり訳）『モモ――時間どろぼうと、ぬすまれた時間を人間にとりかえしてくれた女の子のふしぎな物語』岩波書店、一九七六年。

（「提言」『歴史学研究』九二二号、二〇一四年九月掲載）

6　関東大震災下における虐殺の記憶を継承するために

――東日本大震災・ヘイトスピーチ・関東大震災九〇周年を経て

小薗崇明

はじめに

二〇一三年（関東大震災九〇周年）の九月に「民族差別への抗議行動・知らせ隊」によるブログ「九月、東京の路上で」では、関東大震災下におきた東京の虐殺現場を中心に歩いて、各地で撮った写真を載せ、当時の証言や資料から九〇年前に何がおきたかを紹介した。たとえば、一九二三年九月三日の午後三時には東大島（江東区）で一〇〇人以上の中国人労働者が虐殺されるが、それに関する記事を二〇一三年の同時刻にあげた(1)。このブログに加筆修正した加藤直樹『九月、東京の路上で――一九二三年関東大震災ジェノサイドの残響』（ころから）が二〇一四年三月一一日に刊行された。

二〇一二年、加藤は自身が育った新大久保でのヘイトスピーチにショックを受け、その抗議行動に参加した。加藤はヘイトスピーチのなかで見た「不逞朝鮮人」と書かれたプラカードから関東大震災の朝鮮人虐殺を連想した(2)。しかし、差別デモに抗議する人たちのなかに同じ感覚をもった人はあまりいないと強い危機感を持つ。そこでレイシズム

がはびこる現在の状況をおかしいと思っている人と震災下の虐殺の記憶を共有したいと考え、ブログをはじめた。(3)

二〇一四年七月一一日の『東京新聞』には加藤へのインタビューが掲載されている。記事にはブログや著書では、「市井の人たち」の証言を重視し、「今まさに起きている出来事のように感じてもらいたかった。歴史の知識ではなく、人間として共感してもらうために殺された一人一人のことを描いた」とある。また誤算として、虐殺が忘却されているどころか知らない人が多く、地道な調査や研究があるかたわら「一般人」の記憶からは抜け落ちていると記される。記事が出た段階で、同書の売り上げは一万一〇〇〇部を超えていた。

本稿では、『九月、東京の路上で』を参照しつつ、東日本大震災の経験をふまえた上で、関東大震災下における虐殺の記憶を継承するためにはどうすればよいのかを考えたい。

一　生き続ける証言

二〇一一年の東日本大震災後に関東大震災が振り返られたが、その関心の高さは救援や復興であって朝鮮人虐殺の問題ではなかった、と考える虐殺の研究をしてきた人は多いと思われる。また、朝鮮人虐殺に関する目撃証言をした八木ヶ谷妙子が二〇一三年一月に九九歳で亡くなって、当時の目撃者がいなくなることに心細さを感じる人もまたいるだろう。かくいう私自身がそうだが、その理由に近年の保守系の言論への脅威がある。

二〇〇九年の工藤美代子『関東大震災「朝鮮人虐殺」の真実』(産経新聞出版)は、当時の新聞資料から朝鮮人暴動の流言は虚報ではなく事実とし、日本人による朝鮮人虐殺は虐殺ではなく正当防衛だったと主張する。それ以前の保守系の議論では、一九九六年の藤岡信勝・自由主義史観研究会『教科書が教えない歴史』(産経新聞ニュースサービス)があるが、そこでは「軍隊・警察・自警団が朝鮮人とみるや片っぱしから殺し」たと記されていた。(4)ただし同書は、朝鮮人虐殺の背景に、流言を否定し朝鮮人を救ったすばらしい日本人（大川常吉・横浜鶴見警察署署長）がいたことの美談を扱ったものである。つまり、一九九六年の時点では、朝鮮人虐殺は朝鮮人を救った日本人の背景に過ぎないとしつつも描かれていたが、二〇〇九年になると虐殺そのものがほとんど否定された状態に極端に矮小化された。加藤は、こうした変化から「日本社会が深刻な水位に来ていることに慄然とする」と述べている[5]。

このような状況で、目撃者が亡くなることに心細さを感じるのは、虐殺の研究において聞き取り調査の貢献が大きかったからだ。関東大震災から五〇―六〇年経た頃、地域研究者（中学校・高等学校の教員、市役所職員、「主婦」等）による聞き取り調査で実態解明が進んだ。その証言は単に文字資料だけでは解明不可能な虐殺を明らかにしたことにとどまらず、虐殺の凄惨さを生々しく伝え、知らない人たちの想像力をかきたてるのに大きな役割を果たした。しかし、すでに八〇周年頃から目撃者の聞き取り調査が困難となり、同時に虐殺の実態解明が進まなくなってきた。

私もヘイトスピーチから関東大震災時の虐殺を連想して悩んでいた。特に、大阪の鶴橋駅での「中学生の少女」による「いつまでも調子に乗っとったら、南京大虐殺じゃなくて鶴橋大虐殺を実行しますよ!!」という発言[6]は、なぜ関東大震災時の朝鮮人虐殺ではなくて、南京大虐殺なのだろうかと思いつつも、やはり愕然とし、やるせなさを感じた。

そのなかで加藤の著書の刊行と読者数の多さに驚いた。加藤は当時の状況を「感じて」ほしい、当時の現場の空気を伝えたいと述べ[7]、「事実を「知る」こと以上に、「感じる」こと」[8]を重視して書いた。内容では、新しい実態について特に明らかにされた点はないが、同書は朝鮮人虐殺の凄惨さをよく伝え、人びとの感性に訴えることに成功した。

同書は先行研究者の聞き取り調査の成果をいかし、証言や回想録を多用している。個々の記憶による証言には臨場感があり、そこで語られる生命の危機は、平穏な日常を生きている人たちの心をかき乱す。「知らない人」こそ、このような証言に衝撃を受けるだろう。

また、同書は現代の写真を多数載せている。たとえば、旧四ツ木橋付近（東京都葛飾区・墨田区）では、虐殺を伝える証言とともに、現在の河川敷の写真を載せている。そこには遊んでいる大人と子どもの姿が映っており、「市民の憩いの場」と説明される[9]。普通ならば当時の面影が残っている写真をあげてしまいがちだ。加藤の著書にもそのような写真があるが、むしろ現在、虐殺の名残をまったく感じさせない、のどかな「日常」の写真を多くあげている。

虐殺の悲惨さを「知らない」こと、虐殺の史跡が存在しない「日常」、その過去との断絶が、逆に過去への関心を引きおこす。そして、その断絶をつなぐものに、個々の証言がある。証言は生き続けている。

二　違和感から問う

『九月、東京の路上で』に登場する、青仁承や習志野収容所周辺で虐殺に加担した人の証言は、現在直接聞くことは不可能であるが、ドキュメンタリー映画で観ることができる。呉充功監督の『隠された爪跡——関東大震災と朝鮮人虐殺』（一九八三年）と、『払い下げられた朝鮮人「関東大震災と習志野収容所」』（一九八六年）である[10]。

『隠された爪跡』は、監督が横浜映画専門学院（現・日本映画大学）の卒業制作を契機に撮ったものである。一九八二年九月、「関東大震災時に虐殺された朝鮮人の遺骨を発掘し慰霊する会」（後に「慰霊」を「追悼」に変更）により、旧四ツ木橋でおこった虐殺犠牲者の遺骨の試掘がおこなわれるが、映画はその様子を映し、体験者へのインタビューから朝鮮人虐殺の問題に迫った。青仁承はこの映画に登場する。また、『払い下げられた朝鮮人』は、習志野収容所に収容された朝鮮人が収容所周辺の村落に軍隊によって「払い下げられ」、村民に虐殺された問題に焦点をあてる。それは治安当局が朝鮮人暴動の流言は虚報とし、虐殺を沈静化させようとした時期だった。

映画には、村民の君塚国治が語る長回し映像がある。そこでは朝鮮人を虐殺するにあたり、「長く生きている訳にはいかねえ」、「どういう風になって死んだ方がいいいか」と平然と話す様子が映される。おじいさんの日常的な語りに観ているものは驚かされる。映像への違和感は、証言者が背負ってきた六〇年の記憶と緊張について考察するきっかけになる。

なお、呉監督が映画を撮ったきっかけも重要である。監督は一九五五年生まれの在日朝鮮人二世であるが、本格的に一作目の映画を撮るまでは朝鮮人虐殺についてほとんど知らなかった。しかし、監督の高校時代（東京朝鮮中高級学校時代）は井筒和幸監督の映画『パッチギ！』（二〇〇五年）、『パッチギ！ LOVE & PEACE』（二〇〇七年）のような、朝鮮高校生（朝高生）暴行事件が頻繁におこった時期である。

監督が専門学校の課題で製作したラジオ・ドキュメンタリー『理由なき襲撃』は、その事件の加害者・被害者・関係者からのインタビューにより構成される。その製作スタッフの一人の日本人が吉村昭の『関東大震災』を読み、虐殺の問題を撮ろうと提案した(11)。

ヘイトスピーチを考えるのであれば、朝高生暴行事件について考えることも重要だ。関東大震災まで遡らなくてもレイシズムが吹き荒れた時代があり、当時それへの違和感をもった人がいるからである。監督は暴行事件から、「民族差別とか偏見とかいうものをもっと深くつきとめていけたら」と感じ、それが一作目の映画製作の原動力になった。また日本人スタッフも「朝鮮に対する偏見というものを自分ではそうじゃないと思いながらどうしてもはっきり打ち消す自信がない」と意識し、前述のとおり虐殺の問題に接続した。

記憶と緊張をまとう証言を求めるなら、スタディー・ツアーに参加してもいい。たとえば、「千葉県における関東大震災朝鮮人犠牲者追悼調査実行委員会」は七〇年代から聞き取り調査をおこない、二冊の資料集と『いわれなく殺された人びと——関東大震災と朝鮮人』（青木書店、一九八三年）を刊行した。

実行委員会は収容所周辺の虐殺があった、九月七—九日前後の土曜か日曜日に毎年、高津観音寺（千葉県八千代市）で慰霊祭をおこなう。慰霊祭後には必ずスタディー・ツアーをおこなう。実行委員会は震災時に何があったのか、それをどのように明らかにしたのか、聞き取り調査時の様子を振り返ってガイドする。そこから、参加者は虐殺の目撃者がどのように記憶を背負ってきたのかを想像することができる。

私もスタディー・ツアーに参加したメンバーと、読者が実行委員会のガイドを追体験できるように『地域に学ぶ関東大震災——千葉県における朝鮮人虐殺その解明・追悼はいかになされたか』（日本経済評論社、二〇一二年）を編んだ。このなかで実行委員会の平形千恵子は会が置かれている「微妙な立場」について言及している。[12] それは、慰霊祭を行う時の加害地域や被害者関係者など多様な立場によって生ずる緊張関係である。

凄惨な関東大震災の虐殺に驚いた人（学んだ人）は次に、加害者や被害者、その近しい人の背負ってきた記憶、地域・民族・国家といったさまざまな背景によって生じる感覚の違いや緊張を実行委員会のように引き受けなければならない。映画に映し出される証言や、実際に話を聞いた人に話を聞くなかで虐殺への多様な記憶に驚く。その違和感こそが問い続ける源であり、問い続けること自体が記憶の継承につながる。

三　東日本大震災から考えること

関東大震災の虐殺を知る人は、東日本大震災時も朝鮮人やその他外国人に関する流言が出ないだろうか心配したと思う（私はろう者・聴覚障害者への虐殺も検討したことがあったので、[13] ろう者や他の障害者への流言・避難・救助等にも関心を寄せた）。実際に二〇一一年も外国人犯罪の流言が流れた。ツイッターにて「避難所用救援物資を根こそぎ、近隣の外国人留学生（中国韓国で七割強）が運び出してしまい、避難所の機能停止だそうです。なぜ留学生たちに事情説明せずに配ったんだ！　馬鹿なことを！」[14] と記された。この流言は、すぐにウェブサイトや新聞で虚偽情報であると指摘され拡大を防いだ。[15]

東日本大震災時に流言があったことを批判するのは重要だが、流言を拡大させなかったことはポジティブに評価できる。東日本大震災後の関東大震災への注目は救援や復興に関してであり、朝鮮人虐殺ではない点はその必要がないからだとも言える。戦後歴史学における関東大震災の研究は虐殺研究を中心とし、災害・救援・復興に関する研究は見落とされがちで、実際の災害時には流言以外は論じられないでいた(16)。だからこそ、レベッカ・ソルニット『災害ユートピア――なぜそのとき特別な共同体が立ち上がるのか』や、北原糸子『関東大震災の社会史』等が注目された。

ソルニットの『災害ユートピア』は、一九〇六年のサンフランシスコ地震から二〇〇五年のハリケーン・カトリーナの被害まで、約一世紀の大災害を検証している。そこから人びとが災害に直面した時の反応、パニックに陥り、利己的になり、野蛮になる――このイメージはほとんど誤りだと述べる。

逆に多くの人たちは利他的で勇敢に他人を助けたり、ボランティアで救援に駆けつけたり、コミュニティーを築き団結したりする。この状況を著者は「災害ユートピア」と言う。一方で、暴動を恐れパニックになり、実際に粗野な行動をおこす人は権力の座にいる少数派とし、それを「エリートパニック」と呼ぶ。このパニックは一部の少数派が、所持する政治的経済的特権が、簒奪される危機にあると思いこむことで生じる。そしてパニックにより、軍隊・警察、自警団による虐殺が引きおこされる様子も同書では描かれる。

関東大震災の虐殺に関心がある人は『災害ユートピア』から、二〇〇五年のニューオリンズを襲ったカトリーナによる災害時のアフリカ系アメリカ人への虐殺を注意深く読むだろう。アフリカ系アメリカ人がレイプ・殺人・略奪をおこなっているというデマがテレビで流れたこと(17)。知事が召集した州兵はイラク戦争の帰還兵でありニューオリンズを戦場と見ていたこと(18)。警察や自警団がデマを信じて虐殺を行ったこと(19)。警察の上層部から殺人事件の捜査はしないように命令されたこと(20)。警官による殺害が裁判になったものの発砲の通報による対処ということで無罪になったこと(21)など、その様子が関東大震災と似ているからだ。

さらに驚くべきことは、それが近年の出来事であることと、公民権運動の盛んなアメリカでおきた出来事ということではないか。今、首都直下型地震が日本でおこった場合はどうだろうか——その心配はもっともだが、私が同書の事例に率直に驚いたのは、「災害ユートピア」と「エリートパニック」がもたらした悲劇のコントラストである。

ソルニットは、ロンドン空襲時の人びとの団結も描く。一九四〇年の映画『ロンドンは耐えられる』では空爆のなかで生きる市民の生活が映し出され、ナレーターは「パニックも恐怖も絶望もない。ロンドンは耐えられる」と語る。ソルニットはそこで「近年、左派は、市民の不屈の精神に関するこういうエピソードは右派によるプロパガンダであったと批判している」と述べる(22)。

そして、たくさんの証言や回想録からユートピアを描き、次のように述べる。

たくさんの空襲があり、いくつかはむごたらしく、いくつかは人命を奪い、少なくとも一つは歓喜に満ちていた。ロンドン大空襲の美徳があまりに誇張されたために、反対の立場の人間の話は、ポジティブな面をただの神話として打ち消すことに必死になったようだ。しかし、それはプロパガンダの中だけでなく、人々の証言の中に確かに存在していた(23)。

関東大震災でも災害ユートピアは見られる。震災後には美談や悲劇が集められ、それが国民の集合的な記憶として回収され、ナショナリズムを高揚し同時に虐殺を隠蔽した(24)。その一方で利他的な行為をおこなった個々の経験は存在する。北原糸子は『関東大震災の社会史』のなかで「災害は人と人との間に新しい関係を生み出すものであると、確実にいうことができる(25)」と述べる。

たとえば同書には、復興記念館(東京都墨田区)に展示されている、東京市政調査会が作成した避難者カードについて次のように書かれている(26)。そのカードは避難者がいる所へ調査員を派遣し、避難者の氏名を書いて区分整理したものので、日比谷公園内のテントで一般の閲覧に供したものである。カードは一〇万人の所在が記され二万枚に及ぶ。その調査員の中心はボランティア学生が担った。

私は今、あらためて関東大震災の美談を取りあげて、虐殺を隠蔽しようとする意図はない。関東大震災を描くのであれば、災害ユートピアと虐殺のコントラストを描くことが大切だと考える。それは救援や復興、人びとのつながりのあり方を考えると同時に、美談に回収されることなく虐殺を記憶することにつながるだろう。もともと虐殺を知っている人はコントラストに違和感を覚え、あらためて虐殺とは何か問い直すことにつながるだろう。

むすびにかえて

『九月、東京の路上で』が出版された後、ルワンダの虐殺から二〇年経ったことを伝える記事（『朝日新聞』二〇一四年四月六日）を読んだ。記事には、民兵組織に入り、フツ族としてツチ族を虐殺した人物が「やらなければ自分がやられていた」と語る。フツ族の人でも穏健派であり、ツチ族への虐殺に協力しなかった人が虐殺された例があるからだ。その人は、検問で赤十字のトラックに載せられた遺体の下に隠れている男女三人を撃ち殺した。「殺害を後悔している。だが、政府や社会が仕向けたら一般人は逆らうことはできない。政府が腐れば、［虐殺は――小薗註］またいつでも起きる」と述べる。

「やらなければ自分がやられていた」社会にしないためにはどうすればいいだろうか。ルワンダでも千の丘自由ラジオが流した、ツチ族へのヘイトスピーチが虐殺を促した。また、関東大震災時には海軍の船橋無線送信所が朝鮮人暴動の流言を拡大させた。前述のカトリーナの災害時も流言がテレビで流れた。このような扇動行為が、ソルニットが言うように仮に少数派によるものでも（それは災害時には容易に「政府が腐」ることを意味する）、なお疑問の余地があるのはそれを聞いた「一般人」が信じる論理は何かである。

関東大震災時の植民地支配の構造下では、支配者と被支配者の関係が必ずしも少数派と多数派の関係にはならない。その多数派である日本人による既得権益を背景に、「日本官民一体の犯罪[27]」である朝鮮人虐殺がおこったと当時の理由づけはできるだろう。では、今の「一般人」によるヘイトスピーチ、そのパニックは何だろうか。それは虐殺につながるのだろうか。

ヘイトスピーチに対して、加藤の『九月、東京の路上で』が出版され、多くの読者を獲得した。「一般人」からのヘイトスピーチに対する拒否があって、関東大震災の虐殺が顧みられた。そのことをまずはポジティブにとらえたい。虐殺の記憶を継承するためには、虐殺を知った地点からさらに問い続けることが重要であり、虐殺について知らない人との接点を模索することである。本稿はその方法について考えたものであり、それは「やらなければ自分がやられていた」社会にさせないための模索でもある。関東大震災の虐殺に関して多くの人が問い続けて、ヘイトスピーチがなく虐殺を連想する必要がない社会には、本稿は無用のものであり、そのユートピアを私は夢見ている。

（1）加藤直樹「現代の八月三一日に生きる私たち」ヘイトスピーチと排外主義に加担しない出版関係者の会編『NOヘイト！　出版の製造者責任を考える』（ころから、二〇一四年）、一二三頁。
（2）加藤直樹『九月、東京の路上で――1923年関東大震災ジェノサイドの残響』（ころから、二〇一四年）、六頁。
（3）前掲『NOヘイト！　出版の製造者責任を考える』、一二一、一二三頁。
（4）野田芳朗「大震災後、朝鮮人を守った警察署長」藤岡信勝・自由主義史観研究会『教科書が教えない歴史』（産経新聞ニュースサービス、一九九六年）一二六、一二七頁。
（5）前掲『九月、東京の路上で』、一四七頁。
（6）師岡康子『ヘイト・スピーチとは何か』（岩波書店、二〇一三年）、三頁。
（7）前掲『NOヘイト！　出版の製造者責任を考える』、一二五頁。
（8）前掲『九月、東京の路上で』、二〇二頁。
（9）同前、五四頁。

（10）呉監督の映画を観るには、上映会用レンタル要項を確認してほしい（http://ka』 to-daishi』 sai90.jimdo.com/ 関連情報／二〇一四年一一月一八日閲覧）。
（11）関東大震災90周年記念行事実行委員会編『関東大震災記憶の継承——歴史・地域・運動から現在を問う』（日本経済評論社、二〇一四年）、一六八頁。
（12）田中正敬・専修大学関東大震災史研究会編『地域に学ぶ関東大震災——千葉県における朝鮮人虐殺その解明・追悼はいかになされたか』（日本経済評論社、二〇一二年）、一九八頁。
（13）拙稿「関東大震災下に虐殺されたろう者とその後のろう教育」『人民の歴史学』（第一九四号、二〇一二年一二月）。
（14）荻上チキ『検証東日本大震災の流言・デマ』（光文社、二〇一一年）、五一頁。
（15）同前、五一—五三頁。
（16）二〇一三年の関東大震災九〇周年記念行事において、それまでの周年行事では一貫して虐殺を論じていたのとは異なり、救援や復興のテーマを設けたのは東日本大震災の経験によると思われる。前掲『関東大震災記憶の継承』は、同記念行事の記録集である。
（17）レベッカ・ソルニット（高月園子訳）『災害ユートピア』（亜紀書房、二〇一〇年）三二六、三二七頁。
（18）同前、三三九頁
（19）同前、三五六—三六〇頁。
（20）同前、三六〇頁。
（21）同前、三四三、三四四頁。
（22）同前、一四四頁。
（23）同前、一四九、一五〇頁。
（24）成田龍一「関東大震災のメタヒストリーのために——報道・哀話・美談」『思想』第八六六号、一九九六年六月（成田『近代都市空間の文化経験』岩波書店、二〇〇三年所収）。
（25）北原糸子『関東大震災の社会史』（朝日新聞出版、二〇一一年）、三六六頁。
（26）以下は、同前、二章二節から参照引用。
（27）姜徳相『関東大震災・虐殺の記憶』（青丘文化社、二〇〇三年）、二八二頁。

（「提言」『歴史学研究』九二九号、二〇一五年三月掲載）

（追記）　二〇一八年は関東大震災九五周年。その間、東京都の副読本改訂や都知事が虐殺犠牲者の慰霊祭へ追悼文を止めたことなど、虐殺の歴史が公的な場所から削除される傾向にある。その中で、私は実行委員会として企画展「証言の関東大震災」を開いた。約一世紀前を想像できないならば半世紀前の声を聴いて皆で考えようと思ったからである。

7 私たちは阪神・淡路大震災における被災障害者支援の教訓を生かせているのか

野崎泰伸

はじめに

一九九五年一月一七日に起こった兵庫県南部地震（以下、「阪神・淡路大震災」と略す）は、六四三三人もの死者を出し、一〇万戸もの家屋を全壊させた(1)。本稿では、そのような大きな震災が障害者たちにどう立ち現われたのか、そこから何が見えてくるのかについて考察する。そして、そのことが後に続く東日本大震災や熊本地震においてどう生かされたのか、あるいは生かされなかったのかについて検証したい。

本稿では、阪神・淡路大震災後に設立されたボランティア団体である「被災地障害者センター」の活動を中心に、被災した障害者の声や障害者救援／支援から見えてきた問題点を紹介する。それは、震災以前から存在する神戸やその周辺の障害者運動を指し示すことにもなるだろう。つまり、実際の支援の取り組みを描くことは、その地域の現代史を示すことにもなるということなのである。また、この実践において得られた提言は、後の震災における障害者救援の指針にもなり得ると私は考える。このように、阪神・淡路大震災における障害者支援について描くことは、普遍性を持ち得、なおかつ歴史的な幅を持つものとして指し示されるべきものであると考えられるのである。

一　私自身の体験から

私自身が、当時大学生で、神戸市東灘区で被災した障害者である。避難所になっていた近くの小学校に行ってはみたものの、段差があり避難所としては適さない場所だった。そこで知り合いの精神障害者に出会ったが、彼もまた雑然とした避難所では心を休めることなどできなかったと言う。二人は、以前より顔見知りであった身体障害者のデイサービス施設である六甲デイケアセンター（以下、「六甲」と略す）に身を寄せた。六甲には、被災した職員や利用者、介護者、学生など約一〇名が避難していた。

震災が起きたその夜から、大阪から歩いて救援物資を運んでくれる人たちが現れた。以前より介護などで付き合いのあった個人や団体が、衣類や食料などを運んでくれたのである。翌日から、六甲がその一室としていたマンションの住人に対して、炊き出しを行った。以前よりつながりのあったネットワークによって、障害者たちが近隣住人に対して支援を行ったのである。

なぜ私自身の体験を記したのか、ここにこそ、震災と障害者に関する二つの大きな提言が隠れているからである。一つ目は、有事にこそ障害者はさらに排除されてしまう存在であること、二つ目は、それにもかかわらず、「支援を受ける」からこそ築いてこられたネットワークによって、障害者自らが震災からの復興の担い手にもなり得たことである。このことをさらに見ていくために、被災地障害者センター(2)の活動を追っていこう。

二　被災地障害者センターと障害者救援本部

本稿で参考にするのは、『ＫＳＫ兵庫県南部地震障害者救援本部活動の記録忘れない心が私たちの心』という冊子である[3]。障害者救援本部は、それまで大阪を拠点にして活動してきた障害当事者を中心とする団体が結成して、一九九五年一月二一日に旗揚げされた[4]。また、被災地障害者センターは、「オズの箱通信の被災障害者・関係者（団体）情報ＦＡＸ通信を引き継ぎ、二月二日から現地事務所を設置、被災障害者四〇グループと結んで活動を開始した[5]」。では、二月二日以前はどうだったか。大賀重太郎も「あの非常事態の中で仲間を集め、混乱の中で命を守り抜いてくれた地域拠点のメンバーたち、あなたがたに特別の感謝を送りたい[6]」と述懐しているが、何より地域で活動してきた障害者たちのネットワークの力は強かったと言えよう。

三　阪神・淡路大震災における障害者の被災

被災した障害者の声を拾うと、次のことがわかる。つまり、平時においても生きづらい障害者は、有事である震災を経験したとき、社会からはより捨て置かれるということである。『活動の記録』から、いくつかの声を列挙しておく。

精神的なしんどさを持っていたらなかなか打ち明けにくく、ある程度ごまかしてしまうという人もいましたし、症状が悪化してそのまま精神病院へ運ばれてしまうという人もたくさんいました。／避難所の中で、精神的にしんどいんや、というようなことを打ち明けたら排除の対象にされてしまうということが当然ありました。／「病」

者は避難所の中にいても外から見てはなかなかわかりませんから、しんどい時もなかなか休む事もできず、避難先では介護活動とか水汲み、それからいきなりの共同生活でも疲れましたし、いろいろしんどいことがあったわけです。(7)

水が出なく電気が来ないと人工透析を受けるに受けようがないんですよね。(8)

水とか電気とかガスとか電話も全くだめ。そういう状態でずーっと夜が明けるのを待っていたのですが、テレビとかラジオの情報がわからなくて、ずーっとイライラした状態でした。落ち着かない気持ちでした。僕だけじゃないと思うんですが、ろう者は。／ろう者の場合は、聞こえる人ばっかりの中で、「炊き出しがあるぞ」という連絡があっても、何があるのかよくわからない。みんなは炊き出しでざーっと駆け足で行っているんだけれど何があるかわからない。「なんで並んでいるんだろう」と思うだけです。ろう者はそういう場合ものすごく遅れるのです。(9)

一人目は精神障害、二人目は内部障害、そして三人目は聴覚障害（ろう）の方の例である。同じ種類の障害を有していても、生きにくさを感じるところは人それぞれではあるだろう。しかし、上記のような声を、私自身も幾度となく聞いた。

ここからは、次のように結論づけてよいように思われる。すなわち、もともと障害を有し、生きていくことに困難な状況である人たちは、地震という災厄によって、障害のない人たちが受忍することのない苦難を味わったのである。震災が、とくに障害者に対してより甚大な被害をもたらすということは、このようなことなのである。

四　被災地における障害当事者による復活・救援活動

その一方で、被災した神戸・阪神地区の障害者たちは、地域の障害者や高齢者に対する救援活動に取り組んだ。震災以前から障害者の人権確立のために活動していた当事者自身が、震災後の障害者らの生活再建のために尽力したのである。障害者が地域において生活していくには、どうしても他者からの支援や援助が必要である。その一面だけを切り取れば、たしかに障害者は支援を受けなければならないと言えるが、逆に言えば、支援を受けるネットワークを持っているということでもある。こうした震災以前のネットワークこそが、障害者を単なる支援の受け手であるだけでなく、被災地の障害者たちに支援を提供する側にもしたと言える。

長年にわたり関西圏の障害当事者運動をけん引してきた福永年久もまた、西宮の自宅で被災した。しかし福永は、被災した障害者宅を電動車イスで駆け回り、仲間の障害者や支援者とともに、近くの警察前を占拠しそこに避難した。福永は次のように言う。

この地震は、確かに災害ですが、逆に今こそチャンスにしなければならないと、二〇年間運動を行ってできたネットワークをフルに使い、地域で自立運動を構築するよい機会にしていきたいと思っています。(10)

こうして福永や神戸の障害者たちは、みずから形成してきた地域でのネットワークや、大阪や東京でも立ち上がった当事者中心の後方支援ネットワークを駆使しつつ、障害者であるからこそ可能となった「障害者による復活・救援活動」を展開していったのである。それは、「生きるためのニーズがある」という、ともすればニーズを満たす行為を担う提供者が上位に立ちがちなことを、「ニーズを通してその受け手と担い手のネットワークを構築していく」という意味へと転換するような取り組みでもあった。

五 「要望書」について

震災から四ヵ月あまりが経過した一九九五年五月二九日、被災地障害者センターとその責任団体である障害者問題を考える兵庫県連絡会議は、兵庫県下の被災した一〇市一〇町に対して「阪神・淡路大震災『復興計画』に関する要望書」(以下、「要望書」と略す)を提出した。それを概観すれば、地震で明らかになった問題点が一目でわかる。(11)

大きな項目としては六つあり、それらは⑴脱出・救出/安否確認/行方捜査に関して、⑵避難所の問題に関して、⑶地域生活の問題に関して、⑷仮設住宅の問題に関して、⑸交通機関、まちの構造に関して、そして⑹日常生活、地域拠点活動への長期的支援に関して、である。字数の関係ですべてについてあげることは不可能であるが、たとえば⑵—①では、避難所に障害者が避難することを想定していないことが指摘されたり、また⑸—①では、公共交通機関のすべてにアクセスできるようにしないと、障害者の移動権が奪われることが指摘されたりしている。

六 「要望書」から読み取れること

この「要望書」を読み解いていけば、次のことがわかるだろう。すなわち、震災があろうがなかろうが関係なく、障害者は地域社会において市民生活を送る存在とはみなされていなかったということである。「要望書」⑶—②は、施設入所や病院入院のみの対応に終始し、地域・在宅福祉の対応が取れなかった点を指摘し、また⑷—①は、仮設住宅が障害者や高齢者の住居を前提にしていないという点を指摘している。さらに、第四節で見たように、障害当事者による復活・救援活動は力強くかつきめ細かいものであったが、「要望書」⑴—⑥にあるように、こうした活動に対する行政の援助や評価は皆無であった。

平時よりインクルーシブ教育（障害の有無によって分け隔てられることがないように、地域の学校・学級でともに学ぶことを実践する教育）の実践が行われていれば、避難所となる学校施設もバリアフリーとなり、障害者もいくぶんかは避難しやすかったかもしれない。また、障害者福祉行政が施設への隔離ではなく、真に地域での共生を目指すものであれば、地域あるいは在宅において障害者も生活しやすいものになり、仮設住宅設置の際も障害当事者の声が聞き入れられたかもしれない。つまりは、震災で明らかになった点というのは、平時における障害者の困難が、有事の際には大きく、そして露骨に現れるということなのである。震災が起きたから障害者の生活が困難になったのではない。もともと、平時において障害者が地域社会において人間らしい生活を送れず、また人間らしい生活を送ってよい存在であるとはみなされていなかったからこそ、有事においてそれがクローズアップされただけなのである。

七　東日本大震災と熊本地震における被災障害者

このような阪神・淡路大震災の教訓は、その後の震災、たとえば東日本大震災や熊本地震において生かされたのであろうか。「東日本大震災では、被害の大きかった岩手、宮城、福島三県の沿岸自治体で障害者手帳所持者の死亡率が被災住民全体の二倍にのぼった。四月一四日で発生一年となる熊本地震でも、大勢の障害者が逃げ遅れたり、避難しても援助が届かなかったりという現実が浮き彫りとなった(12)」とあるように、障害者に大きな災厄が降りかかったことは否めない。

東日本大震災では原発からの避難も問題となった。個人情報保護のため、安否確認のための名簿が行政から民間に渡せないのである。

東京電力福島第一原発事故後、南相馬市は住民に避難を促したが、視覚障害の高齢夫婦や発達障害の娘と母親など、家を出られない人が大勢いました。原発から二四キロ地点の法人の障害者支援施設にとどまり安否確認を進めたが、誰がどこにいるかわからない。市に申し入れ、担当幹部の決断で、個人情報保護条例で出せないとされてきた要援護者名簿や身体、知的の障害者手帳所持者の名簿が開示された。全国から駆けつけた支援者らを通し、安否確認できた五九〇人に食料や衣類が届けられました。〔中略〕しかし、対象を重度の障害者やお年寄りに絞る傾向があり、自治体から「名簿の対象を広げすぎると対応しきれない」とも聞きます。大震災では身体障害の人などの逃げ遅れだけでなく、状況が分からず避難できなかった知的障害や精神障害の人が大勢いる。[13]

行政の名簿によって把握できなかった障害者たちの救援は、民間のNPO法人等が担った。熊本地震においては、避難所や仮設住宅がとりわけ大きな問題となった。

自治体が指定する福祉避難所は、一般避難所に来た人の中から自治体職員が必要性を判断したうえで受け入れます。しかし、自治体職員は一般避難所の運営で手いっぱいで、福祉避難所は二次避難先として動いても発生直後は機能しづらい。車椅子でも利用できるトイレの確保や視覚障害者への声かけ、集団が苦手な障害の人向けの仕切りなど、最初に身を寄せる地域の一般避難所でまず安心できる工夫が大事です。[14]

また、「熊本地震の避難所では、過密で車椅子利用者が身動きできず、トイレに行くのを我慢して体調を崩すこともあったという。自宅にとどまる人も多かったが「避難所に行けない障害者は、物資や情報などの公的支援の網の目からこぼれ落ちる」[15]」。

このような状況を鑑みると、震災後の障害者支援に関して、私たちの社会は阪神・淡路大震災の教訓からほとんど何も学んでいないということが言えるのではないか。本稿の結語として、なぜ「学んでいない」と言えるのかについて提示し、そのことから被災障害者の問題とはいったいどんな問題であるかについてまとめることによって、提言に変えることにしたい。

おわりに

震災時の障害者の問題は、とくに震災が起こったから新たに生起するというような問題ではない。むしろ、震災の被害などなくても起こっている問題が、増幅されかつ露骨な形で噴出していると言ってよい。たとえば、労働できない障害者は生活保護に頼らざるを得ないが、生活保護下においては頑丈な住宅に住むことができず、安い木造住宅などに住まざるを得ない。障害者をはじめ、貧困者が地震で倒壊しやすい木造住宅に住めば、彼らの多くは地震が起きれば自宅が倒壊し、下敷きになって命を落とすであろう。地震による揺れそのものは平等にやってくるが、その被害は社会的に捨て置かれた人々に集中してしまうのである。この意味において、震災の被害の問題を考えることは、社会構造の問題を考えることに他ならないと言える。

また、第七節で引用したように、「障害者の避難のために福祉避難所という特別な場所を用意しましょう」という話で済むものでもない。私たちが災厄に遭ったとき、避難するのは近所の公的施設のはずである。そこでなぜ障害者が避難できないのかを考えるべきなのではないのか。たしかに、医療的ケアや清潔さが必要であったり、のんびりと気を休めることが必要な障害者はいる。しかし、すべての障害者に対して、障害を理由にして福祉避難所に避難させてもよいかと言えば、それは異なる話である。地域の避難所に行っても、障害者が避難できるインフラ整備がなされていなかったり、地域の避難民が障害者を排除したりするからこそ、被災した障害者が途方に暮れてしまうのであり、そこを問題にすべきなのである。

熊本で障害者支援を行う東俊裕は次のように言う。

熊本地震前の昨年四月一日、私も制定に関わった障害者差別解消法が施行された。過重な負担にならない範囲で、障害特性に応じた必要な配慮を行政に義務づけ、民間事業者に努力義務を課す。非常時は社会の危うさ、本質があらわれる。被災地でこそ法律の真価が試されると思います[16]。

なぜ、阪神・淡路大震災の教訓を生かせないのか。それはひとえに、この問題の本質とは、平時の社会構造の問題であるということが伝わっていないからではなかろうか。東が正しく障害者差別解消法に触れているように、震災と障害者の問題とは、まさに私たちの社会が平時においてどのように障害者を迎え入れるか／排除するかを問うているのである。逆説的だが、震災の有無にかかわらず、誰もが人として当たり前に生きられる社会を作ることこそが、震災に強い街を作ることなのではなかろうか。

（1）「兵庫県南部地震データ集1　兵庫県南部地震とはどんな地震だったか」http://www2.kobe-c.ed.jp/shizen/strata/equake/whatis/index.htm（二〇一七年六月二九日アクセス）

（2）現在、社会福祉法人えんぴつの家たくと。私自身も一九九六年六月から一九九八年九月まで専従職員として勤めた。

（3）以下、『活動の記録』と略す。一九九七年三月刊行。全文は神戸大学震災文庫で閲覧できる。http://www.lib.kobe-u.ac.jp/directory/eqb/book/7-185/index.html（二〇一七年六月二九日アクセス）

（4）『活動の記録』六頁。

（5）『活動の記録』九八頁。「オズの箱」とは、この引用箇所を含む文章を書いた故・大賀重太郎が姫路の自宅から被災地に向けて怒濤のごとく発信し続けたＦＡＸ通信の名前である。

（6）『活動の記録』九八—九九頁。

（7）『活動の記録』五二頁。

（8）『活動の記録』五二頁。

（9）『活動の記録』五三頁。

（10）『活動の記録』五七頁。

（11）『活動の記録』一〇四—一〇六頁。

（12）「被災障害者支援行政と民間の連携大事ＮＰＯ法人代表理事・青田由幸さん、弁護士・東俊裕さんに聞く／東京」『毎日新聞』二〇一七年四月一一日、地方版。https://mainichi.jp/articles/20170411/ddl/k13/040/206000c（二〇一七年六月二九日アクセス）

（13）同上。

（14）同上。

（15）「フォーラム「熊本地震から考える」災害時、障害者に配慮を熊本学園大・東俊裕教授が講演宝塚／兵庫」『毎日新聞』二〇一七年三月一三日、地方版。http://mainichi.jp/articles/20170313/ddl/k28/040/252000c（二〇一七年六月二九日アクセス）

（16）註(12)に同じ。

（「提言」『歴史学研究』九六一号、二〇一七年九月掲載）

（追記）「おわりに」で述べたことの繰り返しになるが、災害などの有事が起こった際には、平時の生きづらさや差別が露骨な形で現れる。そうならないためにも、あらゆる領域で障害者差別を是正していくことこそが、災害時における障害者の防災対策になる。そのためには、障害者の声を聴き続ける必要がある。

8　「震災」を経験して

大平　聡

はじめに

東日本大震災の「被災地」[1]に生活拠点を置く歴史研究者の一人として、編集部からの依頼にこたえる義務があると思ってこの企画原稿を引き受けた。しかし、私にとっては、その前に発生した岩手・宮城内陸地震（以下、内陸地震と略称）の方が、研究に向かう姿勢に深刻な変化を与えられた災害であった。編集部からは、単なるエッセイにならないことという執筆指針が与えられているが、本稿に付された「提言」に見合う、歴史研究者に広く訴える文章を書く能力は私にはない。被災地で歴史研究を続けている一人としての、私の経験を述べることしかできないことをまず、お断りしたい。

一　生死の境を経験して――岩手・宮城内陸地震

二〇〇八年六月一四日土曜日午前八時四三分、新聞をとりに出た玄関先で突然、大きな縦揺れに続く横揺れに驚かされた。駐車場の車が大きく左右に揺れ、ほぼ九〇度方向を違えて置かれている隣家の車は、今にも道路に飛び出しそうになっている。揺れはほどなく収まり、余震もない。ラジオのニュースを聞きながら予定の買い物に出た先で、宮城県の内陸で大きな被害が出ていると、娘から連絡が入る。

テレビでは、荒砥沢の大崩落で道路が消え失せ、ガードレールがだらんと垂れ下がっている衝撃的映像、泥水に埋もれ、二階で手を振る旅館駒の湯の映像が繰り返し流される。地元の天気予報で耳慣れた観測点の一つ、「駒の湯」が、同地で営業する旅館の名称をとって呼ばれている地名であることを、この時、初めて知った。昨晩、もしかするとこの旅館に泊まっていたかもしれないことを、この時はなんと思うこともなく、ただ自然の営みの計り知れないことに圧倒されるだけだった。

翌一五日日曜日、この日、近所の地域憲法九条の会での講演を控え、どう話そうかと考えながら、前日と同じように新聞をとりに行き、一面に目を落として愕然とする。新聞は、駒の湯の宿泊客が犠牲になったことを伝えている。亡くなられた宿泊客二人の名前を見て、体から血の気が引いていった。今、こうして書いていても、胸がざわつき、体の芯が熱くなるのを感じる。二人は、地震前日の一三日に栗原市若柳で行われた「くりはら田園鉄道」（以下、くり電と略称）の資産活用を検討する委員会のメンバーであった。私もその委員の一人であり、委員会終了後、駒の湯での宿泊に誘われていた。誘って下さったのは観光アドバイザーの方で、第一回の委員会終了後、「この委員会は本気の委員会で期待が持てる」と感想を述べられ、第二回となった六月一三日の委員会後、駒の湯での宿泊に誘って下さったのだ。私は、この月の最後の土曜日に大阪で行われる卒業生の結婚式が先に予定として入っており、当日朝の航空チケットが取れなかったことから、一三日の授業を休講にして第二回委員会に参加することはできないため、この誘いをどうしようかと迷っていた。というのは、授業協力者をご自宅までお送りすることになっていたのだが、大学から委員会会場に向かう道筋にその方のご自宅があり、委員会終了時刻までには会場にたどり着くこともできたので、宿泊だけならできると考えたからであった。委員長に相談すると、委員長も翌日は予定があって宿泊できないので、無理しなくてもよいと言われ、委員長が泊まらないならと思い、結局、このお誘いを断ることにした。さまざまな偶然が重なり、私は二人の死を自宅で知ることとなった。

もしかすると自分も死んでいたかもしれない、そう思った瞬間から、体がフワフワとする感覚に襲われる。その日の午後、九条の会でどのように話したか、ほとんど記憶がない。一緒にスピーチをした私のゼミの大学院生に会場で会ってすぐ、この話をした時の、彼女の驚きに包まれた表情だけが記憶に鮮明に残っている。この時感じたフワフワとする感覚は、今に至っても時々蘇ってくる。この体験以後、私の歴史研究に対する姿勢が確かに変わったと思う。

二　地域史に向かう

それより五年前の二〇〇三年七月二六日土曜日、日付が変わった直後、朝、夕方の三回にわたり、宮城県成瀬町・矢本町（現東松島市）、河南町（現石巻市）を震源とする震度六の断層直下型地震が連続発生した。宮城沖地震の発生確率が高まっていただけに、この地震には大きな衝撃を受けたが、直後、宮城県の歴史研究者に、阪神淡路大震災後に結成された歴史資料ネットワークの方々より、この地震での歴史資料の被災とその救出作業について心配する連絡が寄せられた。さっそく、地元の近世史研究者を中心に宮城歴史資料保全ネットワーク（以下、宮城資料ネットと略称）の結成、被災資料の救出作業準備が始まった。私もその初めから賛同者に名を連ね、地震直後に福島県相馬市松川浦の民宿で行われた東北中世史研究会サマーセミナーで、資料ネットが発足したらぜひ参加して下さいと呼びかけを行った。その民宿も、東日本大震災で津波に襲われ、なくなってしまった。

宮城資料ネットはさっそく資料救出作業を始め、やがてＮＰＯ法人化し、内陸地震の起こった頃には、来たるべき宮城沖地震に備えるため、東北大学の院生を中心に、市町村史・誌から資料所蔵者をリストアップする作業が進められていた。内陸地震が起きるとすぐ、資料の救出活動が始まったが、私は「自分も死んでいたかもしれない」という衝撃からなかなか立ち直れず、資料救出活動に加わることができないまま日を過ごしていた。

地震被害の詳細が次第に明らかになり、被災地の実態が伝えられるにつれ、被害の中心となった地域が、戦後、「満州」から引き揚げてきた方々が入植して開拓した地域であることを知った。地形の大規模変化により、もはや地域の復興は不可能なのではないかと思われた。地域社会の消失が今まさに起ころうとしているのではないかと考えた。

一方で、くり電の資産活用に関する委員会は、会社の清算事業を進めるためにも早期の方針決定を目指し、施設の保存計画策定のための会議を重ねていった。古代史を専攻する私がこの委員会に入ったのは、くり電の営業資料の保存に歴史研究者として初めてかかわったことによる。

くり電は、細倉鉱山からの鉱石を国鉄の石越駅まで輸送することで大きく発展したが、モータリゼーションの進展と、鉱山の操業縮小、閉山により、第3セクターによる営業に移された。その後も赤字が募る一方で、二〇〇四年に二〇〇六年度の廃線が決まった。二〇〇四年当時、宮城県内の学徒勤労動員の調査を行っていた私は、くり電の駅から も動員される生徒が出発していったのではないかと考え、廃線の前に乗っておこうかという軽い気持ちで石越駅から乗り、二駅先の若柳駅で降りて驚かされた。まるで映画のセットのような、昭和三〇年代の駅の光景がそこにはあった。そのまま文化財の価値がある、そう直感した。

以来、研究会などのたびに、くり電営業資料の保存の必要性を言い続けていたが、学徒勤労動員の調査に「戦時下宮城県高等女学校の勤労動員」展開催で区切りをつけた二〇〇四年一二月、くり電本社を訪問し、資料の保全作業への協力を申し出た。その後、「くり電を後世に伝える会」を結成し、資料の整理を進めていたOBの方々をご紹介いただき、手をつけることができないで放置状態にあった資料の応急保全措置をとることとなった。

応急措置を通し、くり電資料の膨大さを改めて確認した私は、宮城資料ネットとしての取り組みが必要と考え、相談した結果、本格的保全作業、目録作成は宮城資料ネットが実施することとなった。

こうした経緯から資産活用委員会に招かれていたのだが、亡くなられた二人の委員のためにもと、本社のあった若柳駅周辺の保存を主張し、幸い、委員会の決定するところとなった。常に考えていたのは、地域の歴史を地域社会の基盤に据える作業に協力したいということだった。歴史研究と地域社会との結びつきを強く意識するようになっていた。

二〇〇九年一月三一日、東北大学の院生が開いていたアジア社会研究会の第三回シンポジウムで行った報告『くりでんdJ資料の保存から考えたこと——地域史研究の可能性』では、歴史研究者として、災害時の資料レスキューにとどまらず、今回のような、地域社会が消失してしまいそうな場合には、地域の記憶を歴史叙述として残す活動が必要であることを提言した。そして、実際に内陸地震の被災の中心地となった栗原市内中山間地域にある開拓集落の方と面識を得て、なにができるかと話をうかがったのだが、集落そのものは潰滅的打撃を受けておらず、住民の方々は、平地部にある冬季用の住宅に当面移り、道路の復旧を待って戻る準備をされていることがわかった。案じていた地域の消滅という事態は起こらないことが確認でき、ひとまずは胸をなでおろした。

三　学校（小学校）資料に向かう

内陸地震後の資料レスキューを見越して、地域史資料の保存と活用をテーマに申請していた国内研修が認められた二〇〇九年度は、資料ネット事務局が置かれている東北大学で、この課題に本格的に取り組めることとなった。被災地から運び込まれた膨大な量の資料の整理を手伝いながら、なにか自分にしかできないことはないか、大学に戻ってから、学生とともにできることはないかと考え続けた。そこで思いついたのが、学校に保存されている歴史的資料だった。

学徒勤労動員の調査の経験から、学事簿冊が良好に保存されている宮城県公文書館でも、戦時中の記録はほとんど残されていないこと、その欠を補う資料が戦前の中等学校の系譜を引く高等学校にはあること、しかし、高等学校では周年記念誌の編纂が終わると貴重な資料が廃棄される事例が多いことを確認してきた。そこで注目したのが、高等学校よりも古い歴史を有し、かつ数的にもはるかに多く、また地域と密接なつながりのある小学校であった。学徒勤労動員の調査で、小学校の学校日誌に戦時中の地域の様子が記録されていることは確認していた。平成の大合併と少子化のために、宮城県内では小学校の大幅な統廃合が予定されていることが新聞で伝えられていた。学校に保存されている歴史的資料、特に小学校の資料の「人災」による消失の危機を認識し、小学校資料の保全活動を行うという目標がはっきりと眼前に現れてきた。

しかし、いざ始めて見ると「学校の壁」「教育委員会の壁」が立ちはだかる。この点については、すでに別に述べたことがあるので省略するが(2)、国内研修が終わりに近づいた二〇一〇年二月頃より、気仙沼市内全小学校での調査実施のめどがついた。そして国内研修から復帰した二〇一〇年度、ゼミの学生とともに気仙沼通いを始めた。「これで最後の一校が終わったね」と学生と話し合ったのが、二〇一一年三月一日のことだった。そのわずか一〇日後、あの震災が襲ったのである。

大学はゴールデンウィーク明けに一ヵ月遅れて新学期を迎えた。入学式もなく、手探りの状態での再開だった。私のゼミには、二年生四人が新たに加わったが(以下、四人の学生とはこの四人を指す)、うち二人が気仙沼と石巻の出身で、ともに家を失っていた。なにがなんでも、この四人を、大学に来てよかったと思って卒業できるよう最善を尽くすと決意する。幸い、新年度に予定していた学校資料調査のできる自治体には大きな被害がなく、予定通り、調査はできる状態であった。四人の授業の合間を縫って、空いている時間は資料調査に費やし、ひたすらデジタルカメラのシャッターを押し続けた。

石巻出身の学生の父親がカキ養殖組合の部会長で、被災直後から、被災を免れた地区の稚貝を分けてもらって養殖を再開させ、一〇月には収穫を開始したと聞くと、一二月、四人の学生が中心になって「やっぺしカキ養殖、震災なんかさ負げてらんね」と題した講演会を学内で開いた。同じ仮設住宅に住む方々も来場され、地域の結びつきを強く感じさせられた。そこで、学芸員資格を目指すこの石巻出身の学生と、私のゼミのもう一人の学生が中心となり、被災者の心の支援にミュージアムはいかなる役割を果たせるかをテーマに、この仮設住宅の方々を招いて、学芸員課程の学生と一緒に博物館・美術館を楽しんでいただこうという企画を三回開催し、博物館・美術館の役割を考えるシンポジウムを翌二〇一二年七月に開催した。

なにかしていないと落ち着いていられなかったのは、むしろ私の方だった。小学校の資料調査は順調に調査地を広げることができ、気仙沼出身の学生は、学校資料を使って自宅のある気仙沼の、戦時中の歴史の研究に取り組んだ。また、宮城県南部の中学校で青年学校のアルバムを発見し、公民館祭で展示をして、仮設住宅に暮らす方々を中心に、写真に関する情報を話していただくことも、四人の学生とともに行った。そしてこの経験をもとに、調査の原点となった、津波で学区の大半が消えてしまった学校がいくつもある気仙沼で、少しの間でも昔話をしながら、津波を忘れられる時間を提供できるのではないかと、学校日誌を使った展覧会「学校日誌に見る昭和の気仙沼」展を開くことを思いついた。卒業を間近に控えた二〇一四年二月、四人の学生が四日間、ようやく予約の取れたホテルに泊まり込んで、来場される方々の話に耳を傾けた。日誌に見える宿・日直の先生の名前を見ては、「あら、あの先生だ」と声をあげ、懐かしかったと喜んで帰って行かれる方々の姿を拝し、学校資料の力を感じることができた。学区の歴史が、高台で避難を免れた小学校にちゃんと残されていますよ、地域の歴史は学校に守られていますよ。かさ上げが進み、かつての一般居住地域がもう二度とその姿を現すことはないであろう沿岸部の復興の現状を見て、声を大にしてそう伝えたいと心底思った。

地域の歴史を知ることが、どれだけそこに住む方々の力になれるか、それは人、一人ひとりによって異なることではあろう。しかし、生活していた地域が失われる、集落が消失するという現実を目の当たりにし、それでも祭りを復活させたり、写真集を発行するなど、かつての日常生活を記憶にとどめようとする活動が行われているのを見るにつけ、自分のそして自分の父母、祖父母の生活がそこにあったことを思い起こすよすがとしての「歴史の力」が確かにあると確信する。戦時中の教育実態を明らかにすることを目標に始めた調査には、個別事象の研究にとどまらない、大きな可能性があるのではないか、そう感じ始めている。

おわりに

二〇一五年三月、気仙沼の山あいで津波の直接被害は受けなかった小さな小学校が、一四〇年に及ぶ歴史に幕を下ろした。二〇一一年三月一日、最後の調査を終えた小学校を辞した後、資料の保存箱への収納のために訪問した学校だった。一九〇〇(明治三三)年度からの日誌の残る学校だった。学校日誌を使って、「学校を忘れない」展を開くことを申し出ると、二〇一四年二月に開いた展覧会の開会式に来場された校長先生は受け入れて下さり、教育委員会の理解を得て開催に漕ぎ着けた。一二〇枚に及ぶ日誌の写真パネルを学生とともに展示し、改めて、学校の歴史が、学区の、地域の歴史そのものでもあることを実感させられた。

敗戦から七〇年目の二〇一五年、私のもとには地元の新聞社からのさまざまな問い合わせがあり、地域の博物館からの展示協力要請があり、講演依頼があった。学校資料の重要性を知っていただくために、可能な限り、応じた。

学生の卒論のネタ集めにもなると始めた研究目的の調査であったが、気仙沼であまりにもよい資料の残り方に接し、一点でも資料を多く残したいとの思いを強くして資料収集と保全作業を両輪に調査を進めてきた。現在はさらに、そうして収集した資料をいかに地域の方々に還元していくかを課題として取り組んでいる。「古代史もやってます」と、大学ホームページのリレーエッセイに結んだが、古代史に始まる研究・教育活動の途上に遭遇した二つの自然災害の経験を通した私の歴史研究・教育の現状は、以上の通りである。「古代史もやってます」。

（1）「被災地」と「　」を付したのは、私の家と目と鼻の先の道路が崖崩れを起こし、お一人が命を落とされたという事実はあるものの、沿岸部の巨大津波、また、福島原子力発電所の水蒸気爆発を知ってからは、自分が被災地にいるという感覚は消え去り、仙台市北部の私の生活域は本当の被災地には入らないと感じるようになったためである。巨大津波の映像を見た瞬間、ライフラインの止まった生活もこの程度のことは被災ではないと、正直、思うようになり、郵便局に行って被災地の無料措置適用を受け、改めて、「そうか被災地か」と気づかされた。津波被害を受けなかった「被災地」に住む多くの人びとに共通する感覚ではないかと思う。

（2）拙稿「地域史資料としての学校資料」『災害・復興と資料ｄＪ３』、二〇一四年、新潟大学災害・復興科学研究所危機管理・災害復興分野。

（「提言」『歴史学研究』九四二号、二〇一六年三月掲載）

（追記）案じていた通りと言おうか、予想していた通りと言おうか、この三年間、続けて気仙沼市内の小学校が閉校する。震災後の通算は五校。この三月（二〇一九年）にも、震災から五校目となる小学校の、閉校記念展の制作を行った。学校を失った地域が将来に希望を見い出せるのか。震災直後には率先して参加してくれていた学生が激減している現状には、なお別の心配が募る。

9 3・11、熊本地震は歴史研究者に何を求めているのか

岡田知弘

はじめに

当初、編集委員会から私に与えられた依頼内容は、「3・11をふまえて、歴史学として考えるべき点、歴史学の方法などについて提言してほしい」というものであった。ところが、二〇一六年四月一四日に、熊本地方で最大震度七の直下型地震が発生した。

地震が連続して起きる中で多くの人々が懸念したのは、震源地と同じく中央構造線沿いに立地し、3・11後に全国で初めて再稼働した九州電力川内原発や再稼動が予定されている四国電力伊方原発の安全確保問題であった。政府、原子力規制委員会、九州電力は早くから川内原発安全宣言を出し、電力過剰状態にあるにもかかわらず原発稼働を続けている。

いったい政府や原子力規制委員会、電力会社は、3・11から何を学んだのだろうか。本稿では、この直近の熊本大地震後の動きおよび福島県をはじめとする被災地の現状を念頭においたうえで、筆者の限られた被災地調査と歴史研究の経験をもとに、この大災害の時代が、歴史研究者に何を求めているかを考察し、若干の問題提起をしてみたいと

思う。

一　私と災害・原子力研究

最初に、私と災害・原子力研究との関わりについて述べておきたい。同時代に起きた災害に向き合う研究者は、自然科学、社会科学、人文科学を問わず、大なり小なり災害から強い心理的影響を受けている。そのような主観性こそが一方で問題意識や課題意識を鮮明にするとともに、他方で研究になんらかの主観的バイアスを残すことになる。それが研究者の「時代精神」を醸成し、歴史像なりパラダイムの刷新にもつながる。ともあれ、まず私の問題意識を理解してもらうために、私の研究史の「相対化」作業をしておきたい。

誤解を恐れずにいえば、私は狭い意味での歴史学研究者ではない。もともと現代の地域開発と公害・環境問題を研究し、政策的な解決手段を求めて、経済学研究科の大学院で農業経済学や地域経済学をベースに理論、歴史、現状分析の研究を開始した。その際にもっとも影響を受けたのは宮本憲一の公害・地域研究であった。理論、歴史、現状分析研究のフィードバックという研究スタイルを強く推奨した宮本の方法論に沿った形で、地域開発政策史と現状分析の研究を若い頃から行ってきた。

一九八〇年一月に提出した修士論文は、昭和恐慌期の時局匡救事業をテーマにするものであり、次の研究対象が戦時期の東北振興事業であった。同事業は、

一九三〇年代の東北大冷害および三三年の昭和三陸津波を契機に開始された国策地域開発事業であり、結果的に電力・資源開発による東京資本の誘致と福島県で開発された電力の東京への売電、そして東北の被災者の域外流出に帰結したことを明らかにした。

地域開発史研究をしていた一九八一年に敦賀原発一号機の放射能漏れ事故が起こり、原発問題について京都大学の自然科学者とともに共同研究を開始した。以来、いくつかの論文や共著本を出版したり、原発立地候補地での調査や講演活動もしてきた。

大地震と津波災害、原発事故が重なりあった東日本大震災は、文字通り私を震撼させた。単に研究対象の重なりということではなかった。二〇〇〇年代に入り、自治体問題研究所で「平成の大合併」問題を研究し、それを阻止するために「小さくても輝く自治体フォーラム」運動にも参加する過程で、岩手県陸前高田市、大船渡市、福島県の多くの市町村、さらに3・11直後に直下型地震が襲った長野県栄村の人々との交流があった。彼ら彼女らの安否確認も含めて、私は自然に被災地に向かった。

もっとも、3・11までに災害研究を手がけていたことや『四日市市史』『現代西宮市史』の編集作業で公害・災害関係史料の編さんに関わったことも研究をすすめるうえで役立った。一九九五年の阪神・淡路大震災の際には京都大学防災研究所を中心とした共同研究会に参加し理工系の研究者とともに災害調査と復旧・復興政策の提言づくりの手法を学ぶことができた。また、二〇〇四年の中越大震災の際には山古志村（現・長岡市）での昭和旧村単位での生活と生業を一体化した復興計画づくりとともに、市町村合併による役場機能喪失が防災・復興の力を弱体化させている事実も発見することができた。災害と生活再建、さらに自治体との役割を明確に位置づけた被災地研究と復興政策づくりの枠組みを得たといえる。

一方、自治体史編さんを通して、とくに四日市における地域形成をめぐる資本蓄積と物的・社会的インフラの役割、そして資本蓄積の素材的物資代謝が公害を発生させ住民の健康にダメージを与える歴史過程を知ることができた。それは災害復興による地域の再構築を考える際に重要な示唆を与える。また、素材的物質代謝論を活用することで、公害問題の延長線上に原発事故問題を捉える視角も得ることができた。

もう一つ学んだことは、災害史料が残存する仕方の歴史性・政治性である。たとえば、四日市市では、戦時下の一九四四年に東南海地震に襲われ、誘致工場の煙突が倒壊するほどの被害を出したが、残されている情報は公文書や新聞も含めてごくわずかであった。戦時下で、人々の不安や動揺を誘発する報道を規制した事実が後に明らかになっている。このようなことは、戦時下に限らず、東日本大震災時の福島第一原発事故の報道、さらに熊本地震の際にNHKの籾井勝人会長が災害対策本部の会議において、「原発については、住民の不安をいたずらにかき立てないよう、公式発表をベースに伝えることを続けてほしい」と指示していたことが『毎日新聞』二〇一六年四月二三日付で明らかにされたように、繰り返されている事象である。地震と報道、政治との関係性についての歴史分析も重要な課題である。

二　3・11後の研究と実践

二〇一一年三月一一日に東日本大震災が起き、続けて福島第一原発事故が発生した。民主党政権の対応は混乱を極め、結局、阪神・淡路大震災で多くの問題を生み出し被災者を苦しめた「創造的復興」がまたぞろ復興方針の基本にすえられた。そのために、まず自治体問題研究所の理事長として、阪神・淡路大震災以来の研究成果を生かし、関東大震災時に福田徳三が提唱した「人間の復興」の理念に立った応急対応と復興が必要であるという政策提言づくりを、学際的研究会で行い、公表した。

その後、三陸海岸から仙台湾の津波被災地域を中心に調査を繰り返し、自治体問題研究所だけではなく、私が会長を務める日本地域経済学会等や大学の共同研究会で研究をすすめるとともに、理工系を中心とする防災関係の三〇学会の共同研究会に日本地域経済学会として参画、さらに日本学術会議東日本大震災復興支援委員会にも参加し、研究成果の発表と交流を行った（詳細については、拙稿「社会科学に問われるもの」『季論21』第二〇号、二〇一三年春、を参照）。三〇学会に属する理工系の研究者の多くも現地に入り、被災者のためによりよい復旧、復興をどう行うか、あるいは事前防災をどのようにするのかという点では、問題意識を共有しており、大いに学びあえる貴重な機会となった。

このことは、ある意味当然のことだといえる。災害現象は、現状の細分化した学問分野を超えて、自然と人間に関わる総合的な問題として一挙に現れる。日常世界では見えない関係性が、災害によって切断されることで明示化されるのである。ただし、被災者にとっては、自分や家族の命と財産、生活に関わる経験したことのない危機であり、観察者である研究者も専門家である前に人間として被災者や復旧・復興の当事者と向かいあう必要がある。

事態が落ち着いてきたころから、被災地や原子力開発の歴史研究にも力を注ぐこととなった。そのために二つの取組みに関わった。ひとつが、大学院生時代に歴史学研究会と日本史研究会の近代史サマーセミナーで一緒になって以来の同世代の研究者で、とくに「東北」にこだわった研究を続けてきた大門正克、河西英通に加え、若い世代の高岡裕之、川内淳史らと開始した「「生存」の東北史」の「歴史実践」（大門正克）である。朝日カルチャーセンターの石井勤の協力も得て、東北の歴史から学び復興のあり方を考える講座を新宿で行ったあと、被災地の気仙沼市、陸前高田市、そして福島市でほぼ毎年、現地の研究者や被災者とともに学びあう活動を継続的に行ってきた。その成果は、大月書店の角田三佳の尽力によって『「生存」の東北史——歴史から問う3・11』として二〇一三年に出版し、さらに続巻の刊行を準備しているところである。

二つめの取り組みは、学生時代の同期生である小路田泰直からの呼びかけで開始した科学研究費の共同プロジェクトである。戦後の原子力開発の展開過程を政治史とともに原子力施設立地点での社会経済史的分析も併せて共同研究し、その成果を二〇一六年三月に『核の世紀——日本原子力開発史』（東京堂出版）として刊行した。私は、この研究プロジェクトを活用して、柏崎刈羽原発の立地過程を田中角栄との関係性から明らかにしたうえで、同プロジェクトに参加していた川瀬光義（財政学）らと現地調査をし、柏崎市の都市形成史を踏まえて脱原発への可能性を探る『原発に依存しない地域づくりへの展望』（自治体研究社、二〇一三年）を出版もした。

また、『核の世紀』では、日本における原発安全神話の流布過程とともに、原発立地候補点での政府・電力会社と住民の反対運動とのせめぎ合いにおける研究者の果たした役割を日本科学者会議原子問題シンポジウムの記録をもとに再構成してみた。一九七〇年代に原発や原子力施設候補地になった地点の半数以上で、実際の立地はなされなかった。そのほとんどのところで多くの良心的な研究者と住民運動との共同の取り組みがなされていた。そのなかには益川敏英も入っている。その史実を歴史として書き残すべきだと考えたからであるが、私が再構成したのは、その一部にしかすぎない。このような原発をめぐる個々の地域の社会運動史を再構成することも、それぞれの地域が原発に依存しない地域づくりをしていくためには必要不可欠なことである。

三　今後求められていること——若干の問題提起

復興庁の発表によれば、東日本大震災からほぼ五年が経過した二〇一六年二月時点で、全国で一七万人が避難生活を送っている。そのうち約一〇万人が福島県の被災者であり、うち県外避難生活者は四万人強に達している。震災関連死のデータは、さらに深刻である。二〇一六年三月末までに合計三四七二人に達し、うち福島県の被災者が全体の約六割にあたる二〇三八人を占める。そのほとんどが高齢者である。東日本大震災の地震・津波災害だけでなく、福島第一原発事故による放射能汚染の影響がいかに大きくかつ深刻であるかを示している。

加えて、二〇一五年一〇月一日現在の国勢調査人口を五年前のそれと比べると、津波被災地域である宮城県内では女川町で三七％減、南三陸町で二九％減となっているが、原発事故にともなう避難指示区域になった福島県の自治体である富岡町、大熊町、双葉町、浪江町で一〇〇％減、飯舘村で九九％減となっているのである。福島県では、このほか一部避難指示区域のある自治体、あるいは同区域が解除された自治体における人口減少率も甚だしい。葛尾村で九九％減のほか、楢葉町で八七％減となっており、将来の住民の帰還、そして自治体としての存続も難しくなってきているのである。

これまでの地震災害や水害・土砂災害では、せいぜい三―四年の復旧、復興期間のなかで七―八割の復興ができるという通念があった。ところが、地震、津波に加え核災害が重畳してしまった福島県浜通り地域一帯は、むしろセシウム一三七やストロンチウム九〇の半減期である三〇年を単位にして、一〇〇年後を展望した復旧、地域再構築を考えなければならないという事態になっているのである。被災者や政策主体の世代交代という問題を自覚的に組み込んだ、日本や海外での大規模被災地や核災害被災地の復興過程の歴史的研究が必要であるといえる。ちょうど三〇年前に起きたチェルノブイリ原発事故の被災地域は、福島原発事故の三〇年先を経験しており、同地での現代史研究の成果も期待されるところである。

原発災害問題を史的に考察しようとする場合、核物理学や放射線医学をはじめとする自然科学、核拡散防止条約等の国際政治経済学、原子力産業や電力産業をめぐる社会科学研究、さらに国レベルおよび地方自治体レベルでの原発推進政策や立地政策論、放射能や原発をめぐる社会心理学、それらをめぐるメディアポリティクスを含む政治学的研究や原子力規制や安全確保のための法的研究と歴史学との共同研究が必要不可欠である。学問分野はいずれも専門に特化する傾向があるが、逆に原子力災害研究を継続的に行う分野横断的な共同研究体制づくりが強く求められている。それらの研究を通して、二度と同じ過ちを繰り返さない社会制度やそれを生み出し維持する主体づくりを行うことが必要である。

３・11後の日本学術会議は、その点で大きな役割を果たした。今後も長期にわたって、時々の政権からの干渉を排除して「学問の自由」を確保しながら、原子力政策と核災害に関わる総合的研究を自由闊達に行えるような研究体制の構築が強く求められる。

今や、地震学者の石橋克彦が『大地動乱の時代』（岩波新書、一九九四年）で予告したとおりの事態になっている。石橋は併せて、地震列島での原発事故の危険性を強く警告していた（同「原発震災——破滅を避けるために」『科学』一九九七年一〇月号）。実際、それが現実化した今、地震学分野における地震史の研究と歴史学や考古学との共同研究は、必要不可欠になっている。

熊本で震度七の地震が二〇一六年四月一四日に起きたあと、二日後に再び震度七の地震が起きた。気象庁は「観測史上例のない」連続地震であり、一六日が本震であると釈明した。私は一瞬耳を疑った。というのも四五〇年前の慶長大地震、さらに一一〇〇年前の貞観大地震の際にも、中央構造線上で連続地震が起き、火山活動も活発になっている史実があるからである。『歴史のなかの大地動乱』（岩波新書、二〇一二年）を著した保立道久も、四月一五日のブログで、貞観の陸奥沖海溝地震の約二ヵ月後に肥後国で地震と津波があったと述べ、警告を発している。先の気象庁の見解は、明治時代から開始された観測資料のみでしか地震の歴史を把握していないのである。これでは百年、千年スケールでの大地震や火山活動を適切に評価することはできない。しかも、自然科学的災害史研究のみでは、災害を受けた時点での当該地域での人々の生活、生業、さらに心理、社会・政治思想に与えた人文科学・社会科学的影響まで把握することはできない。だからこそ、両者の地震史研究の架橋が必要だといえる。今後三〇年のうちに、南海トラフ巨大地震が、東海地方から関西、四国、九州を襲う確率は九—七割とかなり高い。また、首都直下地震も七割の確率で起こるといわれており、それほど時間的余裕はないといえる。

災害史研究や災害に関わるリテラシーの向上は、災害担当の行政機関の職員や関連分野の研究者だけに求められているものではない。私は、この研究や学習の究極の目標は、個々の地域ごとに子どもたちから高齢者までが災害に遭っても、大きな被害にならないようにすぐに行動したり、災害に遭わなかったとしてもそれに備えた地域づくりを自治体と協働しながらつくりあげていくことにあると考えている。

それは3・11における「釜石の奇跡」といわれた防災教育の徹底に留まらない。多くの人々は、自ら生活する地域の災害史を知らない。自宅や職場の建物が立つ土地にどのような造成履歴があり、周辺に断層があるかどうかといったことは、地震や土砂災害の発生の仕方を考えると必ず知らなければならないことである。さらにいかなる危険物質を扱う事業所なり廃棄物処理施設が地域に存在しているのかを知ることも必要である。3・11の際には、これらが破壊されて二次災害が広がった。福島県では農業用のダムが決壊して下流域が水没し犠牲者がでた。

つまり、これらは、地域の産業史を知ることであり、自然と人間社会との関わり合いを地域史として研究することでもある。それだけに、地域ごとに住民が主権者と同時に研究者として育ち、さらに地域づくりに直接関わることも求められているといえる。被災地で復興の主体になっている被災経営者自身が、地域の歴史や個性を学び、地域内経済循環を目標にした地域づくりを開始していることが、それを裏づけている（この点については、岡田知弘・秋山いつき『災害の時代に立ち向かう』自治体研究社、二〇一六年、参照）。そのような生存のための「地域学」における歴史研究者の役割は極めて大きいといえる。

（「提言」『歴史学研究』九四八号、二〇一六年九月掲載）

（追記）　直近の被災地の復興の現状と課題については、大門正克・岡田知弘・川内淳史・河西英通・高岡裕之編著『「生存」の歴史と復興の現在――3・11　分断をつなぎ直す』（大月書店、二〇一九年）所収の拙稿「被災地における『生存の条件』の形成・破壊・再建――地域循環型「人間の復興」の歴史的基盤」を参照されたい。

10

III－2　地域の復興・再生と歴史学・史料保存

「役に立たざるもの」の役に立つこと
——災害時と歴史学・資料保全活動の心理社会的意義について

J・F・モリス

はじめに

大災害に対し、私たち歴史学の徒が行う歴史資料保全活動（以下、活動と略す）および歴史の叙述は、復興にとって有効であろうか。各地域の歴史資料保存ネットワークの活動にかかわった者ならば、おそらく、経験的にこの問いに対し肯定的に即答するであろう(1)。しかし、私たちは、経験的に得たこの答えを、歴史に興味のない人、ましてや歴史学など人文科学全般に対し懐疑的な人・組織に対し、私たちの活動の意義と必要性を納得させるだけの論理的な枠組みを持ち合わせているであろうか。

3・11以来、歴史学界として資料保全の仕法について議論されているが、私たちの活動の社会的意義と必要性を第三者にどう説明するかという課題は、置き去りにされている観が否めない。しかし、このことの説明ができないのであれば、私たちの学問と社会活動をいずれ維持できなくなる恐れがある。そうなったら、私たちは、神戸、新潟、東北の被災地と、これからさらに広がるはずである新たな被災地の住民たちの精神の復興のために大きく貢献できる機会を失うことになる。歴史学と歴史資料保全活動は、被災地にとって大変重要な精神的支柱となることを私たち自身が意識して、そしてそれを声高く主張する必要がある。

一 歴史資料保全活動の「価値」を問う

私自身がこの問題について考えるようになった直接のきっかけは、私が理事の一員である宮城歴史資料保存ネットワーク（通称宮城資料ネット）の別の理事からの問題提起であった。

二〇一一年三月一一日の津波襲来と原発事故が東北地方の太平洋沿岸で起きてからまだ日が浅いころ、[2]宮城資料ネットのメーリングリストで、被災地で活動を行うことが時期尚早ではないかという、あるメンバーからの書き込みがあった。この書き込みは、津波被害が甚大な沿岸部での資料ネットの活動を伝える報告に寄せられたものであった。沿岸部で衣食住がまだ満足に保障されない状況下では、人命に直接かかわらない資料保全活動を行うことは歴史家の自己満足であって、切羽詰まっている被災者・被災地のニーズには答えないのでやるべきものではない、という趣旨のものであった。

内部からのこの問題提起に対し、実際に被災地に入って活動しているメンバーからさまざまな反論が出された。私たちの活動が被災者から歓迎され励みとなっていること、生活物資も一緒に届けること、現場で住環境の補修・整理にも手を貸すことなど、私たちの活動の有用性を訴える意見が多数寄せられ、必死の反論を試みた。しかし、これらの反論は、参加者の実体験から出たものとしての「真実味」はあっても、極言すれば、本人の体験談の域を出ないものばかりであった。特に、歴史資料保全活動本来の固有の意義を強く主張できなかったことが反論としての限界を映し出していたように覚えている。それから五年間が経った現在でも、歴史資料保全活動と歴史学が個人・地域の復興に大きく貢献できることを歴史学者・愛好家以外の人の理解を得て、災害復興の公的行程表に含むに値する価値のあるものとして納得してもらえるだけの説明はできるであろうか。

この問いへの答えを見つけられない限り、これから起こるはずである東海・南海・関東などの地震・津波・原発事故の際に速やかな活動を行うことができないだけではない。すでに宮城資料ネットが救出した莫大な量の古文書などの確かな保管先が見つからず、救出はしたものの、そこに記録されている地域固有の歴史を次世代に遺すこともできなくなる恐れもある。

歴史学と歴史資料保全活動の価値を主張する論拠として、過去の災害と復興の記録を見つけ将来の防災に役立てるような、実利的に「役立つ」ような論理はすぐに思いつく。このような研究の価値・必要性は正当に評価しなければならないが、このような「役立つ」論法だけを主張すれば歴史学のすべてがそこに収斂されていくことにもなりかねないことは、指摘するまでもあるまい。このような「実利」偏重の論理の蟻地獄に陥らないためには別の視点と論理的な枠組みが必要である。そのような、別次元からの論理的な枠組みとして「心理社会的支援」という概念と実践を提案したい。

二　心理社会的支援とは何か

私が活動の社会的効用について考えるようになったのは、個人的な経験による。母語が英語であること、住んでいる宮城県多賀城市の三分の一が津波の直撃を受けた被災地の一部であることなどの条件が重なって、海外から支援に駆け付けた、被災者の「こころの支援」の専門家と一緒に、被災後から通訳・道案内人として被災地を数度回ることになった。紛争や災害地域での支援経験が豊富なこれらの専門家たちからは、被災した人々の精神的な支えについての最新の国際的指針を学ぶことができた。このような指針を文書にしたものとして、「被災者支援活動を行う方々へ」[3]（以下、英語名の略称である「PFA」と呼ぶ）、および「災害・紛争等緊急時における精神保健・心理社会的支援に関するIASCガイドライン」[4]（以下、「IASCガイドライン」と呼ぶ）がある。

3・11の後しばらく、被災者の「こころのケア」の必要性が唱えられていたが、そもそも、被災者の「こころのケア」とは何なのかという共通の理解を欠いたまま、言葉だけが跋扈していた。その中、「こころのケア」を施すべく、被災地には数千人の臨床心理士などの専門家が駆けつけた。しかしながら、従来の心理学の手法に頼っていたのでは眼前の被災者のニーズに応えられず心理士の大群が大きな挫折感だけを味わって被災地を後にした、ということが心理士の間でよく語られる。その背景には、被災地から心的外傷後ストレス障害（いわゆるPTSD）などが予想に反して多発しなかったことがあって、皮肉なことに「こころのケア」の専門家が活動できる場面は意外にも限定的であった。[5]

被災した人々の「こころのケア」の基本は、その人々にのしかかるストレスを軽減することから始まる。しかし、ストレスが外的要因による限り、そのストレスへの対応は、外的要因への対応でなければ効果はない。たいへん単純なことではあるが、被災者に安全な場所、そして必要な飲料水と食糧を提供することが外的ストレスに対処する第一歩となる。しかし、それだけでは十分ではない。前掲の「PFA」および「IASCガイドライン」が強調するのは、たとえ被災者に水一つ渡すにしても、その渡し方次第で受け取り手のその先のこころの状況に大きな影響を及ぼすことができるということである。つまり、被災者の生理的なニーズを満たすと同時に、それと表裏一体の形で被災者の「復興する力」＝レジリエンスを引き出すことができるのである。

たかが水一つであるが、されど、その渡し方一つで受け取り手の自尊心を踏みにじることも、自尊心を高めることもできる。災害や悲惨な出来事を経験した人は、PTSDにこそ簡単にはならないが、当初、精神的に非常に混乱した状況に一時的に陥り、自己評価が著しく損なわれることが多い。そのような人々の自尊心を早く回復させることが本人の自立と支援依存からの脱却を促す一番の早道である。したがって、「PFA」および「IASCガイドライン」では、支援の基礎を被災者・被害者の人権と尊厳の尊重におく。水一つの渡し方でも、相手を受け身にするようなやり方と、被災者自身が水配布の過程に参加できるようなやり方とでは、同じように被災者の生命は保障されても、その先の人々の精神的な状況には大きな差異が生じる可能性がある。

つまり、被災者・被害者の初期段階での「こころのケア」とは、それは支援過程から独立して一部の専門家が行うものではなく、初動段階以降の支援・復興過程そのものを前述の指針に則って進めていけば、大方の人々が必要とするケアをそのなかに組み入れることになる。加えて、このようなケアとは、多様な支援が一般の被災者向けの良質な「こころのケア」として明確に位置づけられる。このことは、初動段階を過ぎてからの過程においていっそう明確になる。

「PFA」および「IASCガイドライン」が被災者・被害者の「こころのケア」として特に重視するものの一つには、家族およびコミュニティーの絆がある。自身の安全と基本的なニーズを満たした次に被災者にとって重要なのが、家族など身近な人々の安全の確認と再会である。「PFA」に沿っていえば、支援過程において、「見る」「聞く」「つなぐ」を支援の課題としており、「つなぐ」の中に家族とコミュニティーとの絆を回復・構築することが重要項目として含まれる。

「PFA」および「IASCガイドライン」が推薦するかたちの「こころのケア」の担い手が専門家でもなければ特殊なものでもないこと、そしてそのケアが社会的な関係（被災者同士の、および支援者と被災者の関係）を通して実現されることから、このかたちのケアは「心理社会的支援」と呼ばれる。

直接的な被災者支援以外にも、社会的関係が災害時にはたす役割の重要性について指摘するものとして、D・P・

アルドリッチの一連の研究がある。アルドリッチは、自然災害における死亡率および復興の決定要因を綴密に検証し、そのいずれにおいても被災コミュニティーにおける社会的集団内部とその間の社会的関係（ソーシャル・キャピタル）がもっとも大きな決定要因であることを実証している(6)。

以上から、激甚な大災害を前にして、被災者・被災地の支援を進める中で、被災者の心理社会的支援が極めて重要であることをご理解いただけたと思う。次には、歴史叙述および歴史資料保全活動がどうして有効な心理社会的支援となるかについて説明する。

三　心理社会的支援としての歴史叙述・資料保全活動

「PFA」および「IASCガイドライン」を隅から隅まで読んでも、歴史学および歴史資料保全活動が有効な心理社会的支援となるような記述はない。しかし、このことは、私たちの活動の意義を否定するものではまったくない。単に、指針の作成者にとって私たちの活動という形の支援が想定外であっただけである。その意味では、やや大げさに言えば、私たちの活動を世界に向けて積極的に発信することが、世界中の被災地の歴史的・文化的遺産の救済につながり人類全体の文化遺産の継承に貢献できるだけではなく、世界中の被災者の心理社会的復興のための新しい視点と方法論を提供することになろう(7)。

私たちの活動が有効な心理社会的支援となる理由を、「記憶」「アイデンティティ」および「ソーシャル・キャピタル」を中心に説明したい。これらは、個人のものおよびコミュニティーのものとして存在し、そして互いに補完し合うものである。

文字を持たない社会において、千年または万年単位前の記憶を口承として伝えることがある。パプアニューギニアやオーストラリアの先住民の伝承の中には太古の陸地海没の伝承があるのがその一例である。しかし、このような口承文化を半永久的に伝える基礎となる社会構造を失った現代社会では、私たちと過去とのつながりを保つ無形の記憶ははかないものである。三世代以前の家族またはコミュニティーの記憶をもつことはもはや珍しくなってきている。記憶を補完するため、あるいは失われた記憶を取り戻すためには、史料・資料と遺物は、過去の重要な「証人」となるのである。これはかび臭い歴史資料に限ったことではなく、住宅が流出や水没した津波被災者にとって家族写真を瓦礫のなかでみつけることがこころの大きな支えとなったことを想起されたい。自分の親や祖父母などからの手紙もその一例である。コミュニティーにとっても、災害前の在りし日の姿を残す多様な手掛かりは、身近なだけに貴重な記憶となる。理不尽な自然の猛威に自分の知っている「世界」を破壊され奪われ、自尊心を砕かれた被災者にとっては、少しでも自分の過去と、それを通して自分とつながりのある人々や場所の記憶を取り戻すことは、自尊心とアイデンティティを回復するための小さくても大きな一歩となる。

源平藤橘に繋がるような由緒を誇る旧家に、津波によって奪われた史料のデジタルコピーを印刷・製本して渡すことが、その家にとって記憶とアイデンティティの回復への大事な一歩となることは、想像に難くなく、直感的にも理解されるであろう。しかし、前述の通り、多くの人たちにとって、自分が直接・間接に「知っている」範囲内の自分の家族・親族・コミュニティーについての情報・記憶を伝えるもの（文字、画像・映像、遺物・遺品）が貴重なこころの拠り所となりうるし、このような記録であれば、旧家でなくとも私たちの活動が個人・地域の記憶とアイデンティティの回復に大きく貢献できるのである。逆にいえば、私たちの活動が「歴史的」であるから「古い」ものだけを対象とするのではなく、近現代の生活の痕跡が被災地・被災者にとってもつ意味を本人の立場に立って理解する必要がある。また、近現代を重要な対象ともするからこそ、私たちが蓄積してきた経験・技術・ノウハウが世界の多くの国・地域でも有用であると考えられるのである。

私たちの活動が個人と地域の防災・復興に大きく貢献できる可能性がある別の側面としては、それがまさしく多様な社会的ネットワークの上で成り立っていることがあげられる。私たちの活動の技術的な側面に注目が集まりやすいし、たとえば理工系の人間にはこのような側面は理解しやすい。しかし、私たちの活動の根本にあるものは多様かつ広範囲な人間同士のつながりを構築することであり、このことこそが心理社会的支援として見た時には極めて重要である。前掲のアルドリッチの研究では、このような人間関係(ソーシャル・キャピタル)は、復興過程の促進にもっとも直接的に貢献するものであるだけではなく、3・11の津波の際には死亡率についてももっとも決定的な要因であった。私たちの活動が地域内のソーシャル・キャピタルを高めるための唯一最良の方法と主張するつもりはまったくないが、個人・地域のソーシャル・キャピタルを高める多様なきっかけの中の一つであることを正しく認識すれば、私たちの活動の社会的効果をよりいっそう高める道が開けてくることを指摘したい。

別の側面として、レスキュー後の資料の洗浄・補修過程に広範囲の市民ボランティアの活動を得ることは、専門的な技術や屈強な体力を要する救済・復興の仕事に参加できない人たち、典型的には高齢者や女性に参加の機会を与えることになる(8)。類似した事例として、筆者が多賀城市で指導した古文書教室は、他地域から移住してきた人たちにとってその地域の歴史の再発見に参加し、それを通して自分たちが地域の一員に「なる」きっかけともなった。

最後に、私たちの活動の特性上、単に地域の歴史的・文化的遺産を救済するだけでは地域の自己アイデンティティの回復もしくは形成への貢献度はまだ不十分である。私たちの活動を通して発見された新資料などを使って地域の歴史を記述すること、あるいは公開講演や展示を通して発見された資料の一部でもよいからその成果を地域に還元することも、地域のアイデンティティの形成・回復にとって非常に重要である。その意味で、宮城資料ネットで推進している「よみがえるふるさとの歴史(9)」は、一つの実践例として非常に高く評価できる。

結び――私が学んだもの、学際的協働の必要性

歴史家などが行う歴史資料・史料の保全活動が災害時の早い段階から被災者・被災地にとって意味があるかという冒頭の問題提起に対し、心理社会的支援という概念を使って、その必要性と有用性を説明した。しかし、私たちの活動のこの有用性を社会一般に向かって説明する、さらに踏み込んで「証明する」ためには、歴史学関連の学問だけでは力がおよばない。そのためには、歴史学以外の領域、たとえば心理学や社会学との連携が必要である。私たちの活動の効果・有用性を検証・実証すること自体は、通常の活動の中に必要なデータを蓄積する小さな工夫を取り入れるだけで比較的簡単にできるものである。しかし、このような分析を行う方法論を従来の歴史学は持ち合わせていない。そのためには、私たちの活動そのものの自己点検と省察だけではなく、他領域との情報の共有と協働をも意識的に目指し、社会一般に向けて私たちの活動が「役に立つもの」であることを説明できるようになる必要がある。私たちがこの作業に取り組むことは、ハード面偏重の現在の防災学と防災政策に「人間の顔」を持たせるための大きな一歩となろう。(10)

（1）「歴史の力」について述べている例として、大平聡「「震災」を経験して」（『歴史学研究』九四二号、二〇一六年三月、四一頁）を参照されたい。
（2）ここでは、あえてこの日の出来事の公称である「東日本大震災」を避ける。「東日本」の範囲は曖昧で天気予報のように東北地方を含まない用法もあること、3・11の当日最大の被害をもたらしたものが地震ではなく津波であったこと、そしてもっとも深刻かつ長期的な被害をもたらしているものが原発事故であることに鑑み、この公称は、複合的かつ人為的な要素が大きいこの災害を言い表すのにはなはだ不適切であると考える。
（3）この資料の正式名は、正しく、「WHO版心理的応急処置（サイコロジカルファーストエイド）――現場の支援者のガイド」

であり、日本語版の完全訳は、独立行政法人国立精神・神経医療研究センターのウェブサイト http://saigai-kokoro.ncnp.go.jp/pdf/who_pfa_guide.pdf（二〇一三年三月二一日アクセス）で公表されているほか、ＷＨＯ本部のサイト http://www.who.int/mental_health/emergencies/psychological_first_aid_guide_for_field_workers_japanese.pdf（二〇一三年三月二一日アクセス）にても公表されている。ただし、原文は、第三国に支援に出向いた場合を想定しているため、日本国内での活動に不要と思われる内容も含む。日本語訳に携わった宮城県の心理士ボランティア組織「ケア宮城」と「ＮＧＯプラン・ジャパン」が協働して「被災者支援活動を行う方々へ」というタイトルで国内向けの縮約版 http://www.plan-japan.org/report/pdf/pfa_guidebook.pdf（二〇一三年三月二一日アクセス）を用意した。日本国内で活動する限り、こちらの方がより分りやすく使いやすい。

（4）ＩＡＳＣ（「機関間常設委員会」）とは、国連の関連機関および災害・紛争地域における人道的支援に実績のある主な非政府組織が、国連決議にもとづいて人道的支援の国際的な基準・指針を定め運用するために設定された委員会である。そのガイドラインの日本語訳は次のＵＲＬでみられる。http://www.humanitarianinfo.org/iasc/pageloader.aspx?page=content-products-products&productcatid=22（二〇一三年三月二一日アクセス）。

（5）上山真知子はこの問題について、被災地の立場から論じている（「東日本大震災後の心理社会的支援——被災地の心理学者として学んだこと」村本邦子・中村正・荒木穂積編著『臨地の対人援助学——東日本大震災と復興の物語』晃洋書房、二〇一五年、五九—六九頁）。あわせて、同書全体は、治療的な心理的介入の限界に対する反省を踏まえ、被災地との継続的な関わりを土台にした別の心理社会的支援を模索した実践記録となっている。

（6）死者数については、Daniel P. Aldrichand Yasuyuki Sawada, 'The physical and social determi-nants of mortality in the 3.11 tsunami' Social Science and Medicine Vol. 124 (January 2015, 66-75)、復興についてはＤ・Ｐ・アルドリッチ著、石田祐・藤澤由和訳『災害復興におけるソーシャル・キャピタルの役割とは何か——地域再建とレジリエンスの構築』（ミネルヴァ書房、二〇一五年）を参照されたい。

（7）その第一歩として、次の拙稿がある。J. F. Morris, 'Historiansin the Faceof Disaster: Historyasa Form of Psychosocial Support after 3.11 in Miyagi, Japan' ("History Workshop Online" 二〇一四年三月一一日、http://www.historyworkshop.org.uk/historians-in-the-face-of-disaster-history-as-a-form-of-psychosocial-support-after-3-11-in-miyagi-japan/)

（8）佐藤大介（東北大学災害科学国際研究所）のご教示による。

（9）蕃山房 http://banzanbou.com/annai/ で既刊の成果が紹介されている。

（10）脱稿後に熊本地震が起こった。犠牲者のご冥福と、被災者に安心できる暮らしが一日も早く戻ることを祈念する。あわせて、熊本城などの数々の歴史的遺産が被災したことを眼前にして、改めて歴史資料・史料保全活動の必要性と社会的役割の重要性を痛感する。

（「提言」『歴史学研究』九四八号、二〇一六年九月掲載）

III－2　地域の復興・再生と歴史学・史料保存

11 熊本における被災文化財レスキュー活動

稲葉継陽

はじめに

二〇一六年四月一四日と一六日に相次いだ震度七の大地震。この熊本震災ほど、文化財の被災が世間から注目された災害はないだろう。注目効果は、何といっても国特別史跡・熊本城の被災状況にある。「歴史上最大規模の文化財被災」というキャッチフレーズとともに、傷ついた熊本城の姿が震災の〝象徴〟として繰り返しメディアに取り上げられ、確固としたイメージを形づくってしまった。

熊本城の復旧には、数十年の期間と六〇〇億円もの費用、そして大規模に崩壊した石垣を文化財としての価値を毀損させることなく積み直す技術の継続的な投入が必要とされる。ただし、管理団体である熊本市による震災後の史跡活用や天守閣の復旧のあり方には大きな問題があり、そのこと自体が文化財保護行政の観光行政への従属化の深刻さを示している。同時に、熊本城のような観光行政の目玉となる史跡の陰で、多くの文化財が見向きもされず、消失の危機に瀕している事実を忘れてはならない。民間所有の古文書、書籍、美術工芸品などの未指定動産文化財や、未指定の建造物、民俗資料、それに屋外の石造物や未指定の宗教施設などだ。

本稿では、筆者が震災直後から取り組んできた未指定動産文化財の保全活動、わけても民間所有の古文書史料のレスキュー活動について述べることにしよう。

一　近世地域文書群の存在形態

周知のように、文化財には文化財保護法によって価値の高いものとして指定された文化財と、未指定の文化財とがある。熊本地震で被災したのは、熊本城のような国指定史跡・文化財だけではない。世論からも、そして歴史学者たちからさえ見落とされがちだが、民間所有の多くの未指定文化財も被災した。

国や自治体の指定文化財は行政が被害確認にあたり、国および県の指定の場合には保存修復に公的補助が出るが、未指定にはそれらがない。所有者宅が被災すれば水損汚損を受け、置き場を失い、処分されてしまうこともある。じつは、民間所有の古文書等のほぼすべてが未指定であり、それらの救出が急務となったのだ。

なぜ、こうした未指定文書の救出が重要課題となるのだろうか。

日本の近世＝江戸時代には極めて大量の文書が作成された。その作成主体は、当該社会の構造に対応して重層的に存在していた。かつて大名領国地帯であった地域の場合、その存在形態はおおよそ次のように理解されるであろう。

①大名家（藩庁）文書、②家老文書、③家臣家文書、④大庄屋（地域行政）文書、④村庄屋（村政）文書、⑤百姓・町人（地域住民）家文書

近世文書群は、日本近世社会を構成する基礎的社会組織であった身分ごとの家や、重層的に機能していた行政組織の要所で継続的に作成・蓄積され、それぞれの文書群を作成した組織によって管理されてきた。熊本の場合、①は公益財団法人永青文庫が所有し熊本大学附属図書館に寄託されている永青文庫細川家文書約五万八〇〇〇点、②として

は熊本大学附属図書館と八代市立博物館が管理している旧熊本藩筆頭家老松井家文書数万点がある。熊本のみならず、近世の大名家文書群は公的機関にて管理されているケースが大半である。耐震構造の貴重書庫で管理されている細川家文書や松井家文書も被災は免れた。

しかし、③―⑤の文書群については、現在も作成主体の系譜を引く私人によって所有され、その方の家屋や土蔵内に保管されているケースが大半である。その数は、後述するように、熊本県の調査によれば一九九八年の時点で県内に二〇〇〇件以上が確認されている。一件あたりの文書点数は数点から一万点を超える規模までさまざまであるが、いずれにせよ膨大な分量となる。

未指定の民間所有文書の〝価値〟は低いと思われがちだが、それは大きな間違いである。たとえば、熊本地震直後の四月末にレスキューした上益城郡内のある村庄屋文書群の中には、村内の荒地開発について具体的かつ詳細な計画を立て、それに必要な夫役人の雇銭の拝借を惣庄屋に願い出た文書の控えが含まれていた。地域行政の責任者である惣庄屋（大庄屋）は、熊本藩内の地域ごとに五十余名が任命され、その管轄地域を「手永《てなが》」と呼んだ。手永・惣庄屋のレベルでは、こうした村々からの要求を受けて、農業基盤やインフラの整備そして災害復興にかかる政策原案が練り上げられ、惣庄屋から熊本藩庁の担当部局へと頻繁に上申された。さらにそれは藩庁部局内で検討されて藩の政策となり、手永レベルで実施された。

農業基盤整備、道や石橋の建設、災害復興といった熊本藩の主要な地域政策は、意外にも地域自治を前提としたボトムアップ型の政策形成システムによって具体化され、実現されたのであった。③惣庄屋文書と④村庄屋文書には、政策原案の自治的な形成過程等が克明に記録されている。つまり、民間所有文書群の内容を踏まえなければ、①大名家の藩政史料や②家老文書を正しく理解することなどできないのである。これら各レベルの文書群相互の関連に留意することではじめて、江戸時代の社会の総体を把握することが可能となるのだ。

このように、民間所有文書の存在は、日本の近世社会を根底から捉え直すという歴史学上の大問題に関わっているのである。

それだけではない。民間所有文書は地域の歴史の証言でもある。被災地ではいま、江戸時代の村に起源を有する地域コミュニティーが試練に立たされている。民間所有文書に記録された個性あふれる歴史は、地域持続のための究極の根拠となり得るものだ。

これらの近世地域文書群は、列島各地に世界的にも稀な濃密さで伝来している。しかし、その九九％は未指定である。日本近世社会の世界史的な個性を究明するために、そして地域の歴史を未来につなぐために、古文書をはじめとする地域文化財をいかに保全し活用するか。それは被災地のみならず、すべての地域に共通する課題である。

二　レスキューの初動から「文化財レスキュー事業」へ

次に震災直後からの未指定動産文化財のレスキュー活動展開の経緯を述べておこう。

被災文化財の救出には組織的な活動が不可欠だ。それは一九九五年の阪神・淡路大震災以来の経験から予測されていたことであり、熊本でも大災害が発生したら文化財レスキューの組織を立ち上げなければならないことは自覚していた。しかし、そのためのシミュレーションは研究者や学芸員それぞれの頭の中に存在するだけで、具体的な準備は何ひとつなかったのだ。

それでも四月二三日、熊本県内の大学教員や博物館の学芸員によって「熊本被災史料レスキューネットワーク」（代表・稲葉、以下、熊本史料ネット）が結成され、未指定文化財のレスキュー活動を開始した。次いで七月一三日には、文化庁・国立文化財機構が呼びかけて九州国立博物館内に救援対策本部を置く「文化財レスキュー事業」が発動され、その時点から熊本史料ネットも当該事業の中に入って活動を続けている。

熊本地震の特徴は大きな余震が長期間にわたって継続したところにあったから、文化財の被災状況の把握自体が容易なことではなく、公的枠組みに基づくレスキュー活動開始までに発災から約三ヶ月間を要したのも致し方ない面がある。その間、地元の人々によるボランタリーなレスキュー活動がなされたわけだが、まがりなりにもそれが可能となった背景には、いくつかの要因があった。

第一に、研究者・学芸員と文化財所有者および文化財行政担当者とのつながりである。筆者は日頃、熊本大学文学部歴史学科の日本史学研究室担当の教員として、ゼミ・講義・実習などを担当している。本来の専門分野は戦国時代から近世初期の村落論や地域社会論だが、二〇〇〇年四月の着任以来、毎年夏期に研究室の学生とともに県内の民家に所蔵されている古文書の目録を作成する実習を行ってきた。所有者のお宅へ伺って文書群の現物を調査・整理し、実習報告書まで作成・刊行して所有者にお返しする。これを毎年繰り返せば、県内各地の古文書所蔵者との縁が形成されてくるものだ。

四月一六日の本震後すぐに報道を通じて、かつて実習でお世話になったお宅がある上下益城郡地域が大きな被害を受けたことを知り、同僚とともに古文書のレスキュー活動に取り組むことを決意した。最初にレスキューしたのは四月二〇日であった。八年前に実習で伺った上益城郡西原村の旧在御家人（在地の武士身分）の屋敷内の土蔵で保管されていた古文書群である。実習時や西原村の自治体史編纂で一緒に仕事をした文化財行政担当者の方を通じた一時預り依頼をもとに、レスキューを実現したのであった。

災害時の文化財レスキューについてよくある誤解は、被災地に入って行って被災家屋を端から訪ねて回り、文化財を救出していくというようなイメージである。実際に熊本震災直後から、そのような活動を求める言説が直接あるいは間接的に私たちのもとに届いた。だが、現実の被災地で、まして被災直後の混乱の中で、所有者との信頼関係を持たない者がそのように活動することは不可能である。

西原村と同じく大きな被害を受けた甲佐町の旧庄屋宅にレスキューに伺った際の経験は、レスキューの初動に所有者との信頼関係がいかに重要であるかを物語る。同家には近世前期から幕末期までの文書が多数所蔵されており、二〇〇五年の実習先となったのだが、発災からほどなくしてレスキューに出向いたところ、文書箱が四つも新調されていたのである。実習を受け入れていただいた当時のご当主が、実習と報告書の刊行をきっかけに、自家の古文書群の歴史的価値への理解を高められて、それらを長く後世に残すべく文書箱を新調していたのであった。現在のご当主は以上の経緯があってこそ一時預りに同意された。レスキューの初動には、こうしたレベルの信頼関係が必要なのだ。

第二は、地域における研究者・学芸員どうしのつながりである。被災文化財のレスキュー活動には、レスキュー作業の実務から救出した各種文化財のクリーニングや燻蒸、整理、撮影、目録作成、預り証の作成と交付、そして保管場所の管理まで、大掛かりでチームワークを要する長期的な活動が必要とされる。被災家屋からの〝英雄的〟な史料救出だけが史料レスキューではないのだから、お互いの腹の内が分かる者どうしでないと、一緒に活動は行えない。

幸いにも熊本市およびその周辺の研究者と学芸員たちとの間には、展覧会の共催や共同調査への取り組みといった日常の活動を通じて、ある程度の信頼関係が形成されていた。熊本史料ネットの早期結成、活動開始が可能となった大きな要因の一つである。

そして第三は、阪神・淡路大震災以来の活動蓄積に基づいた各地史料ネットからの援助である。特に神戸や宮城の史料ネットからは発災直後から熊本の関係者に多くのご提案とご協力をいただいた。わけても神戸の史料ネットには、熊本史料ネット立ち上げ直後に全国からのカンパ金の受け入れ窓口を買って出ていただくなど、多大な支援を頂戴した。

三　今後の課題と文化財被災への備え

二〇一六年四月の熊本史料ネットの結成から七月一三日における「文化財レスキュー事業」の発動を経て、本稿を執筆している二〇一七年五月中旬までにレスキューされた文化財は二八件、点数は数万点に及ぶとみられるが、確定にはまだ時間を要するだろう。

現在、被災家屋の公費による解体の進展とともに、レスキュー活動は継続中である。熊本震災における家屋被災は甚大であったが、大規模火災や津波災害が発生したわけではなく、多くの半壊家屋がいまだに公費解体を待ってキープされている状況がある。その内部に、古文書・書籍・美術工芸品などの未指定文化財がセットで包蔵されており、公費解体の日程決定とともに、それらのレスキュー案件が表面化してくるのだ。したがって、公費解体のさらなる進展に伴い、レスキュー案件が増加することは確実である。

被災家屋内で長期にわたってダメージが蓄積された文化財が今後も五月雨式にレスキュー対象に上がってくる。これが熊本震災における文化財被災の特徴である。ところが文化庁所管の「文化財レスキュー事業」は二〇一七年三月末にて終了してしまった。幸いなことに二〇一七年度からは熊本県が事業を引き継ぎ、現時点で予算も計上されようとしている。しかし、二〇一八年度から将来のレスキュー文化財の返却までを考えると、事業継続の法的主体と人的組織および予算についての中長期的な見通しは立っていない。また、水損・汚損・虫カビ害への対応方法を含めたレスキュー文化財の応急処置についても、熊本の広範な関係者への技術普及が必要不可欠な課題となっている。さらに、レスキュー文化財の目録作成など、多くの実務もこれからである。今後とも熊本の状況を見守っていただくとともに、ご助言とご支援をお願いしたい。

次に筆者が熊本震災とレスキュー活動の経験の中からくみ取った中期的な課題について述べよう。熊本のみならず、あらゆる地域に共通する未指定文化財の被災に対応するための課題である。

第一に、未指定文化財の悉皆的な所在確認作業と不断のデータ更新の重要性である。熊本震災では当初、熊本史料ネットを中心とした個別レスキューが展開され、発災後三ヵ月して「文化財レスキュー事業」による被災地をカバーする面的なレスキューへと移行しえた。そうした二段階の展開を支えたのが、熊本県が一九九八年に作成していた熊本県立図書館編『平成八・九年度熊本県古文書等所在確認調査概要報告書』（一九九九年）の存在であった。

おそらく直前の阪神・淡路大震災の文化財被災を踏まえてのことだろうか、県内二〇〇〇件を超える古文書史料所有者のリスト化という、県による悉皆調査的な事業がなされていたのであった。このリストは、被災地の古文書所有者の被災状況を一次的に確認する上で極めて有効であった。しかし、未指定文化財所有者リストを作成していない都道府県は少なくないであろう。そうした状況で大災害を迎えれば、レスキューは困難を極めることになろう。一刻も早い調査が文化財被災への最大の備えとなる。

ただし、一度リスト化してしまえば安心というわけでは決してない。熊本のリストも発災の時点で作成後すでに一八年が経過していた。その間に、所有者の世代交代時における文化財の不継承や転居によって、リストには相当な異動が生じており、確認困難な案件も生じた。これは、自治体の文化財行政担当者や研究者が未指定文化財所有者とのコミュニケーションを保持し、文化財情報を更新することの重要性を示している。

第二に、そうしたコミュニケーション形成の一手段として、未指定文化財の所有者と地域住民に対して、民間所有文書がいかに豊かな内容を有していて、いかなる意味で地域の歴史の証人たりうるのか、さまざまな仕掛けをつうじて考えてもらう機会を積極的に作っていくことだ。作る主体は、私たち研究者であり学芸員であり、自治体の文化財行政担当者である。熊本だけではなく、また災害の有無にかかわらず、江戸時代の村に起源を有する地域コミュニティーの存続があらゆる場所で試練に立たされている。未指定文化財の学術的・文化的価値について市民レベルでの理解の形成が急務である。

ただし、こうした活動を展開する上で障害となるのが、自治体の文化財行政担当課における文献史料等の専門職の不在という厳しい現実である。一九九五年以来の幾多の震災をつうじて、未指定文化財の保護と活用が文化財保護行政の明確な課題となったいま、行政は古文書等を扱い評価できる専門職員を責任をもって配置する必要があるし、私たち研究者も、積極的に地域に出て、地域文書群の文化財としての価値理解の増進のための活動に取り組むべきである。文化財についての市民的理解の増進こそが、保護につながるのだから。

おわりに

熊本震災では筆者の自宅も職場も被災した。それ以来、本務とともに被災文化財のレスキュー活動、さらには熊本城のような国史跡の復旧の在り方の検証に取り組み、その知見を地元マスコミやシンポジウムをつうじて発信することに努めてきた。だから、学会誌への報告はどうしても二の次とせねばならなかった。本誌へはもっと早期に報告せねばならないはずであったが、このように不十分かつ粗雑な文章を短時間で作成し提出することが、現在の私には精一杯である。読者のご海容を乞うものである。

災害非常時の混乱の中で文化財レスキューに踏み出せたのは、本稿で述べたように、日常に培われた人と人とのつながりがあってのことであった。それは、災害時の対応をあらかじめ意識して形づくられたものでは決してない。日々の学術的・社会的課題に共同で誠意をもって取り組んだ経験を共有する者どうしのみが得ることができる信頼関係である。人文社会科学系の学問の世界でも業績・競争主義が蔓延する中、こうした人間関係を作ることがいかに困難であっても、地震活動期に入ってしまったこの列島社会においては、絶対に必要である。このことを最後に繰り返し強調しておきたい[1]。

（1）本稿で述べた熊本藩政の特徴については、吉村豊雄・三澤純・稲葉継陽編『熊本藩の地域社会と行政――近代社会形成の起点』（思文閣出版、二〇〇九年）、稲葉継陽・今村直樹編『日本近世の領国地域社会――熊本藩政の成立・改革・展開』（吉川弘文館、二〇一五年）を、熊本震災に際しての「文化財レスキュー事業」については、さしあたり九州国立博物館編『平成28年度文化財防災ネットワーク推進事業九州国立博物館の取り組み』（二〇一七年）を参照されたい。

（「提言」『歴史学研究』九六一号、二〇一七年九月掲載）

（追記）熊本史料ネットも参加し、文化庁・国立文化財機構から熊本県に引き継がれた「文化財レスキュー事業」は、発災から二〇一九年一月末までの間に、四七件の家屋より約三万七〇〇〇点の古文書、書画、書籍、仏像、漆器、民具等を救出した。これを書いている二〇一九年一月末の時点で、レスキュー資料の整理作業と資料の返却、および研究機関等への寄託・寄贈の実現などが課題となっている。

12　東日本大震災と本

土方正志

はじめに

なにせ社員二人にパート・アルバイト二人、仙台の超零細出版社、その名も〈荒蝦夷《あらえみし》〉のオヤジである。提言といっても、なにを書けばいいものか……。東京でフリー・ライターとしてフリー・エディターとして一五年ほどすごし、民俗学者・赤坂憲雄さん（学習院大学教授・福島県立博物館館長・岩手県遠野文化研究センター所長）にお声がけいただいて〈東北学〉プロジェクトの出版編集のお手伝いに宮城県仙台市に拠点を移したのは二〇〇〇年、事務所を法人化したのは二〇〇五年である。

東京時代からの私のテーマに災害報道があった。雲仙普賢岳噴火、北海道南西沖地震による奥尻島津波、阪神・淡路大震災、有珠山噴火、三宅島噴火と、全国各地の災害被災地を取材、週刊誌・月刊誌にルポを書き、本を編んだ。仙台に移ってからは岩手・宮城内陸地震の現場に足繁く通った。そして、東日本大震災。自宅マンションは全壊、共同経営者の県北の実家も全壊、アルバイト女性のお父さんは気仙沼で津波の犠牲となり、事務所・スタッフとともにおとなり山形県に一時避難を余儀なくされるなど、公私共に大混乱を経験したが、どうにか仙台に帰還して、日常を建て直し、現在に至っている。震災後の出版活動によって出版梓会新聞社学芸文化賞も頂戴した。取材者から被災者へ、とにかく災害に縁の深い日々を送ってきた五五歳である。

二〇一一年の「あの日」から六年がすぎて、なんとか仕事も生活も平常運転に戻ったが、そんな私の経験からか、さまざまな席にお呼びがかかるようになった。読売新聞読書委員会委員は本業がらみだからいいとして、東北復興研究学会と、みやぎ防災・減災円卓会議にも名を連ねさせていただいている。

会議の席上でさまざまな立場のみなさんのお話をうかがいながら、「被災地の出版人」としての私の役割はといえば「記録とその継承・伝承はいかにあるべきか」である。広くはアーカイブについてとなるだろうけれど、電子ではなく「紙の本」にこだわる零細出版社のオヤジとしては、記録といえば、まずは〈紙の記録＝本〉とならざるを得ない……というわけで、前置きが長くなったが、本稿では震災と〈紙の記録＝本〉について考えてみたい。

一　〈震災関連本〉の洪水

二〇一一年の「あの日」を経て、いわゆる「震災関連本」の刊行が、それこそ津波のごとく洪水のごとく押し寄せ、本屋さんの棚を埋め尽くした。ひとつのテーマの出版ラッシュとしては史上空前とまでいわれた。それではどれくらいの本が出版されたのか。

私の手許に二〇一二年秋のデータ（文芸同人誌『B－』所収「書誌震災選書」）があるが、これによると約二三〇〇冊。書籍だけでなく、雑誌の特集などまで含んで、発災およそ一年半にしてこれだけの本が出た。本稿を書くにあたってほかのデータはないものかと紀伊國屋書店ライブラリーサービス本部ライブラリーサービス部図書館業務委託仙台地区統括で大学図書館業務を担当する庄子隆弘さんに尋ねてみた。自ら被災しながら、本業のかたわら地域復興のための「海辺の図書館」を提唱、みちのく図書館員連合やビブリオバトル普及委員会など、被災地でさまざまに本と人を繋ぐ活動をする庄子さんは、即座にこんなデータを教えてくれた。日外アソシエーツ『3・11の記録東日本大震災資料総覧震災篇』によると二〇一三年三月まで図書三八九一冊、雑誌記事三五五一点、新聞記事一八三五件（写真集・児童書・絵本は別項目）。キーワード「東日本大震災」で各種データを検索すると、国立国会図書館二万四四一四件、東北大学附属図書館二七九三件、宮城県図書館五四八四件、Amazon 二五六八件、紀伊國屋書店三二八六件がヒット。

地震・津波・原発事故に関する被災証言などの記録、さまざまな分野の学術書、文学作品、写真集、雑誌……いずれにしても、膨大な数である。ひとりですべての本に目を通すのはおろか、各リストを眺めるだけでも気が遠くなりそうだ。

二　〈震災関連本〉とはなにか

これらリストの問題は、まだある。便乗本の山である。「震災関連本」が怒濤のように刊行された二〇一一年三月、仙台市内の本屋さんで、こんな現場に出くわした。書店員さんが棚に並べるまでもない「震災関連本」の山を返品作業中。彼女は「ご家族が犠牲になったお客さまや仮設に暮らすお客さまがいらっしゃるのに、便乗本なんか並べたらウチの信用に関わっちゃうわよ」とぷんぷん怒っていた。詰まるところ、点数の多さはクオリティとは直結しない。ブームに乗った粗製濫造本が山のように刊行された。人の不幸につけ込んでとまではいわないものの、被災地に暮らす者として同業ながらあまりにひどい本もあった。そんな便乗本もまたこれらデータにカウントされているとすれば、リストの精査作業そのものが徒労に終わりかねない。

さらに問題はある。たとえばじかに東日本大震災に触れていなくとも、大きくその影響を受けて書かれた文学作品が存在する。仙台在住の直木賞作家・熊谷達也さんはこの五年間、架空の港町〈仙河海〉を舞台とするシリーズを書き続けた。熊谷さんは小説家となる以前、宮城県気仙沼市に中学教師として勤務していた。そんな熊谷さんが発表したのが〈仙河海＝気仙沼〉シリーズだった。

明治に入って近代的な漁港へと歩み始める仙河海（『浜の甚兵衛』）、港も人も戦火に巻き込まれながらやがて高度経済成長期の遠洋漁業黄金時代を迎え（『鮪立の海』）、一九九〇年代の中学教師と生徒たちを描いた自伝的作品（『リアスの子』）、東日本大震災直前の恋愛小説（『微睡みの海』）と青春小説（『ティーンズ・エッジ・ロックンロール』）を経て「あの日」をはさんだ人々の短編集（『希望の海』）と「あの日」を描く意味を問うたディスカッション小説（『揺らぐ街』）、そして復興を終えた未来にまで物語は及ぶ（『潮の音、空の青、海の詩』）。

私たち被災地の読者にとっては、津波と火災によって失われた気仙沼の面影を物語に留めるそんなシリーズなのだが、被災地の「外」の読者にとってはどうだろうか。ことに東日本大震災以前が舞台の『浜の甚兵衛』と『鮪立の海』は三陸の港町の歴史を描いた小説、同じく『リアスの子』は青春小説で『微睡みの海』は恋愛小説であり、そこには「震災」の「し」の字もない。事前の情報なしに読んだ読者にとっては、いうところの〈震災文学〉とは捉えられない可能性がある。だが、私たちにとってはいずれも痛切な〈震災文学〉であり、熊谷さんは被災地の読者の篤い信頼を得ている。このような文学作品も「震災関連本」の網からすり抜けてしまいかねない。

そして、自費出版・私家版の震災体験記や震災詠の句集・歌集に同人誌、大学・研究機関の紀要・論文誌、企業・団体の記念誌、自治体の各種印刷物などがある。多くは流通にも乗らず、本屋さんにも並ばない。親族・友人・知人や地域住民、あるいは支援してくれた相手へのお礼などとして配布され、各種学会関係で頒布・配布される。私たちもさまざまに寄贈を受けるが、たとえば震災前から聞き書き運動を続ける「みやぎ聞き書き村（現・みちのく櫂草子の会）」の機関誌『みちのく櫂草子』（最新は第一七集）にも被災者の証言が掲載されているが、市内のごく限られた本屋さんに直販で並ぶだけで終わる。

私たちはある病院の記念誌の制作に関わった。病院のスタッフに「あの日」の体験を聞き、医療機関としてどのように事態に対応したかを冊子としたが、関係者や支援者に配布されて終わった。原稿をまとめながら私たちは「それだけではもったいないなあ」とこぼしながら編集にあたった。本屋さんに並ぶことなく、一般読者に届けられることもない被災地のこのような無数の〈紙の記録〉には、実は貴重な証言が眠っているのだが、前出の「震災関連本」リストなどから漏れたまま記録にも残らずに世に埋もれてしまう可能性が高いと思われる。

今回さらに思わせられたのは、過去の災害記録の重要性だ。明治の三陸大津波に由来する柳田國男『遠野物語』九九話、あるいは各地に遺されていた文書記録や「津波記念碑」の存在など、さまざまに触れられ報じられた過去の記録に、東北に暮らす私たちは自らの不明を省みさせられた。その意を込めて、小社では明治三陸大津波を同時代に速報して作家・吉村昭『三陸海岸大津波』の参考文献としても知られる『風俗画報』臨時増刊『大海嘯被害録』全三巻を、岩手県遠野市立遠野文化研究センターとともに、二〇一二年に復刻した。現在の震災の記録だけでなく、過去の記録の検証もいま求められているとの判断からである。

三　未来への遺産として

というわけで「震災関連本」と〈紙の記録〉とひと口にいっても、内容も出版形態もなかなかに複雑である。被災地各自治体の公共図書館や大学など研究諸機関にしても、さまざまな意味合いにおける〈紙の記録〉を取りこぼすことなく収集保存するのは至難の業となる。

収集機関・施設が多岐にわたっているのも事態を複雑にしている。自治体やＮＰＯ法人がそれぞれの地域で、それぞれの窓口で、書籍だけでなくさまざまな震災資料を収集している。収集それ自体はいいのだが〈紙の記録〉などのように保管されていて、どうすれば閲覧できるのか、電子化されたものはあるのか……などなど取りまとめる機関が、窓口がない。どこにどのような資料があるのかも、にわかには分からない。複数機関で重複して所蔵されている書籍や資料もかなりあるだろう。やはり全体が見通せない。

それでは、どうすればいいのか。まずは、全体を把握して各種機関・施設の実情を調べ、情報を集約一本化した窓口がなければならないだろうが、さて、どこから手を着けていいものやら、被災三県だけで岩手県三〇市町村、宮城県三五市町村、福島県五九市町村、これだけの地域の図書館など公的機関やNPOが対象となるのだからなおさらだ。さらに、たとえば東京や各地の出版社から刊行された証言記録集などはどうするか、故郷を離れた原発避難者の記録はどうするか。五里霧中といわざるを得ないが、東北にも神戸市の阪神・淡路大震災記念「人と防災未来センター」のような、さまざまな被災記録のセンター的役割を果たす機関が欲しいところである。

活用もまた考えなければならない。これら書籍をはじめとした震災資料は研究の便のためだけのものではない。被災地で暮らす人たちにとっては実用書であり実用資料である。避難所から仮設住宅へ、復興公営住宅へ。高台移転に内陸移転、現地再建。生活や仕事の立て直しに、慰霊と鎮魂。さまざまな局面で被災地域の住民は指針となるべきなにものかを必要とする。その役割もまた〈紙の記録〉に求められる。

気になる記事がこの四月八日付けの東北のブロック紙『河北新報』に掲載された。見出しに曰く「震災関連本盗難相次ぐ被災地の公立図書館」。リードを引けば〈東日本大震災に関する書籍や資料を集めた被災地の一部の公立図書館の特設コーナーで、盗難被害が相次いでいる。被害は判明分だけで計二七〇冊以上に上り、盗難防止装置がない施設で目立つ。装置導入には多額の費用がかかり、被害を防ぐために閲覧を制限すれば「教訓を広く伝える」本来の趣旨に反する。心ない行為への対策が打てず、関係者はジレンマを抱える〉とある。同じく四月二一日付け同紙夕刊コラム「河北抄」もこの問題を「震災の記憶泥棒」として取り上げた。持ち去ったのは地域住民だけなのかどうか、背景になにがあるのかはここでは問わないが〈紙の記録〉を収集したとしても、この種の問題が持ち上がるのは避けられないのもまた事実ではある。

活用に関してどうしても手に入れたい読者がいるのだとしたら、収集とは別に専門書店があってもいいのかもしれない。以下、私が二〇一四年三月九日付け『読売新聞』文化面「空想書店」欄に書いた原稿をご紹介したい。「こんな本屋さんがあれば」といったエッセーと思っていただければいいだろう。

私の「空想書店」は「被災者のための書店」である。

東日本大震災だけではなく、古今東西の自然災害に関する本がなんでも揃う。地震や津波だけでなく、噴火も台風も洪水も竜巻も地滑りも豪雪も、とにかくすべて。写真記録も文学作品も体験記も歴史書も科学の本も。復旧と復興にメンタルケアに家の再建に営業再開に原発事故に防潮堤に高台移転に除染に慰霊と鎮魂に減災と防災に震災遺構に地域の再生に、あれもこれもみんな。これからの日々に行き悩み思い惑った被災者がここに立ち寄れば、きっとなにかのヒントが摑める。

例えば、入居者にとって仮設住まいはおそらくみなはじめての経験である。仮設住宅に暮らす知恵を、ノウハウを知りたい。それを持っているのは島原の奥尻の神戸の有珠の新潟のかつての仮設入居者だ。その体験談や手記や回想録が「被災者のための書店」にはすべて揃っている。新たな仮設入居者には、そんな本たちがきっと力になってくれる。

アーカイブとか資料室のように記録を残すためではなくて、あくまで被災者の日常の便のための本屋さんである。一冊の本に同時に手を伸ばすお客さんがいる。「あなたもですか」と棚の前で立ち話がはじまり、お互いの〈被災〉が語られる。各地の被災者が集い、本を仲立ちに情報が交換されて知恵が交わされる。そんな本屋さんがこの災害列島に一軒くらいあってもいいではないか。この列島には〈被災〉に対処するための人間の知恵がたくさん眠っているはずなのだから。

三年前の原稿だが、昨年四月の熊本地震、そしていつかかならず起きる首都直下型や東南海地震などのニュースに触れれば、このような本屋さんがあればとの想いは強くなりこそすれ、消えないままである。専門書店とまではいかないが、熊本地震から一年が過ぎたこの四月一三日、小社刊の短編集に作品を寄せた東北の作家一〇人が、印税を本のかたちで熊本県益城町図書館へ寄贈した。東北被災三県の出版社の震災をテーマとした本に、東北の作家・研究者の本、合わせて一二七冊。東北の経験を熊本で活かしてもらいたい、その趣旨による選書だった。同館の西山広成館長は、これらを「震災文庫」として活用する準備を進めてくれている（四月一四日付け『熊本日日新聞』など）。

おわりに

以上、被災地の〈紙の記録＝本〉や資料に関する話題を綴らせていただいたが、広くアーカイブとして見渡せば、映像にしても遺構・遺物にしても、未来への伝言として、そして被災者の日々のため、どのように収集・保管して公開するのか、それぞれの分野で試行錯誤と悪戦苦闘が続いている。結論はまだ見えないが、これらは五〇年後の一〇〇年後のこの地に暮らす人たちへの私たちの遺言となり、これからの歴史家に託し委ねる史料ともなるはずである。すべての〈紙の記録〉の網羅は前途多難に実現不可能としても、地域の記録だけでもどこからかいつかは着手すべきではないかと、被災地の零細出版社のオヤジは仲間たちと語り合っている。

（「提言」『歴史学研究』九六一号、二〇一七年九月掲載）

（追記）　大勢に変化はない。いまだ五里霧中。震災文学に関していえば、昨年の群像新人賞にして芥川賞候補作ともなった北条裕子「美しい顔」の盗作剽窃疑惑が騒ぎとなった。疑惑の真相はさておき、騒動にまつわる被災地を置き去りにした言説そのものに胸を抉り逆なでられて、あと味の悪さばかりが残った。

13

III－3 原発開発・原子力災害と歴史学

「なかったこと」にさせない思いをつなぐ営みとしての歴史叙述

友澤悠季

はじめに

筆者にとって歴史学は、「なかったこと」にさせないという信念を原点とした営みのことである。そうあるべきと言いたいのではない。一個人として、そのようにして残されてきたものに学びたいという思いがある。

筆者は歴史学の正規課程を修めた者ではない。研究発表の場は社会学領域が中心で、「歴史学」を実践しているという自覚はほとんど持ってこなかった。ただ、さいきん、「歴史家の病気」というものがあると人から教えられた。ジョン・ダワーによれば、「歴史家の病気」の症状は、「調べをすすめるうちに、過去をいっそうさかのぼってしまうこと」[1]だという。それならば多少、覚えがある。体験していないことがらに興味を抱き調べるうちに、過去、つまりタテにさかのぼるだけでなく、同時代の近接するできごと、すなわちヨコへも調べを広げてしまうことばかりで筆がすすまないのが常だ。停滞を繰り返しながらの叙述が、博士論文になり本になった[2]。とすると、ゆるやかなまとまりで筆者も歴史を書く営みに参加してきたといえるのかもしれない。本稿は、「歴史学研究者」ではない者が、これまでの研究と「3・11」というできごとの交差点上で「歴史を書く」営みについて考えさせられた内容を述べることで、論題提供とさせていただければと思う。

一 「実証」にまつわる問題

「高度成長期」の日本において、人びとが「公害」をめぐって重ねた（重ねざるを得なかった）思索は、どのようなものだったのか。これが筆者の関心である。主として一九五〇―八〇年代に刊行された、本、雑誌、新聞、ミニコミなどの資料を読むことと、お会いできた方々に直接お話を聞くことが、研究の中心的な作業となってきた。

調べて書くという一連の作業に取り組むとき常に苦しいのは、「実証」とはなにかということだ。むずかしい定義は措くとして、研究の作法において、きちんと手続きを踏んで、なんらかの証拠（史資料、証言、あるいは経験、観察から得られた事実）に基づきながら、確からしい事実を積み上げていく作業を、わたしたちは通常、実証と呼んでいる。当然ながら、この実証のプロセスを抜いてしまっては、研究ではない。

しかし、実証できるのはあくまでも部分に限られる。これをなんらかの書きものにする場合には、読む側の視点にも立たねばならない。読む側が持つ現実感覚と、書いたものが乖離していると、その叙述はただの退屈な文字の羅列になる。私見にすぎないが、部分を順序正しく積み上げても、総合的な理解にはたどり着きにくいように思う。

縁あって、二〇〇七年から、岩手県陸前高田市の沿岸地域を訪れてきた。戦後日本の各地域が、「国土総合開発法」（一九五〇年制定）にはじまる国土政策のつよい開発同調圧力によって揺れ動いたことはよく知られる。国土開発は、産業基盤と交通網、膨大な量の電力供給といったインフラ面での利便性を整えたいっぽうで、首都圏への人口一極集中、過疎化、人間の衣食住を支えるはずの国内農林水産業の衰退といった事態を招いた。とくに多くの地域が経験させられたのが、外在的にもたらされた開発計画を歓迎するか拒絶するかをめぐる対立であった。陸前高田市でも、一九七〇年に、広田湾を埋め立てて開発する「新総合開発計画」が打ち出され、その是非をめぐる議論が市民の間で「広田湾問題」となった。当初筆者はこの問題を「公害反対運動」だと考えていたが、それは表層だけを見た場合であって、実際には、地域の人びとが、自分たちの将来をどのように描くのか、よそからの圧力に抗して、自分たちの決め方で決めていこうとして生じた問題であったと、いまは捉えつつある。その地域史を、少しずつ書きたいという思いがある。「広田湾問題」についてはじめて一文を書いてから(3)、ときどき次のような冗談を言われる。

「広田湾のことなら私たちよりも詳しいようだから(笑)」

言われるたびに身体を縮めたくなる一言である。たしかに、そこに住んでいる人たちが、ふだんほとんど目にしないような資料を好んで調べ、黄ばんだ広報や新聞の文字からなんらかの理解を得ているという意味では、「詳しい」かもしれない。だが、そうした作業を延々と繰り返し、すみずみまで調べ尽くしたとしても、そこに住む人たちが五感で身体に蓄えてきた歴史には、やはりどうしてもたどり着けない。

上の言葉は、なにかの拍子に、できごとの年代や、細かい経緯についての知識をひけらかしてしまったときにも、かけられる。そこに住む人たちは、実証によって生きているわけではないのだ。だから、たとえその方がまじめに感心してくれているのだとしても、これは、ぜったいにほめ言葉ではない。受け取るべきメッセージは、「わたしたちの歴史は、そんなところにはないよ」という、笑顔の戒めなのである。

実証を行なう者は、史資料が伝える文字や、当事者の人びとの発話を尊重するべきである。だが、それだけでは、どこまでいっても断片が増えるだけで、方向を見失う。そこに住んでいる人に同化することはできないと痛感したうえで、なお筆を握るとき、見失ってはならない「よすが」を、どこに見出すか。

二 歴史学と現実感覚

ところで、わたしたちが「3・11」と呼んでいる事態は、現在進行形である。本欄への寄稿依頼文には、歴史学が「3・11」を受けて、取り組みや議論の遅れている分野に気づいたので、これに向き合いたい、との趣旨があった。そこには「歴史学は過去を相手にするもの」だが、「息長く議論を提起して続けることで、今までの議論の遅れを必ず回復させたい」との姿勢が述べられていた(4)。

眼前の現実に衝撃を受けてこれから始まる歴史学、との構想を知って、筆者が一番に思い浮かべたのは、長く歴史学分野で公害を研究してこられた小田康徳氏の仕事である（以下、敬称略）。小田は、一九七〇年初頭、日本の論壇が「公害」の社会問題化に大きく揺れていた頃、師事していた小山仁示の示唆もあって、日本近代の公害問題史の解明を始めた(5)。その根に「日本資本主義発展のありよう」を見つめながらも、理論からではなくあくまで現実から出発することを重視し、大阪の都市公害等に対する規制・取り締まりの実情と住民らの運動の意義を、史資料に基づいて明らかにしてきた(6)。

だが、そうした小田の先駆的な取り組みに対して、一九七〇年代当時の歴史学界では「公害問題は現在の問題ではないのか。歴史の研究課題になるのか」という反応が多く、公害は「まだ歴史を持っていないという表層的理解」もあったのではないか、と小田はいう(7)。実際、公害について、一部の歴史学者が息長く取り組むことはあったにしても、歴史学界全体でテーマとする場面は少なかった。ここには、歴史学における「現在」と「過去」との結び付け方に関する認識をめぐる、根深い問題が横たわっているように思う。

歴史学は現在の問題を扱えない、という認識の是非について、今は述べる余地はない。ただ、小田は、重要でありながら無視された史実を掘り起こし、その意味を明らかにすることにずっと力を注いできた。同時に、自身でもさまざまな史資料保存のための各方面への働きかけを精力的に続け、西淀川大気汚染裁判後の資料の保存・活用の動きの源流も生み出してこられた。(8) こうした仕事の存在は、筆者のような後学の道筋を照らしてくれる、まさに灯明であると思う。小田は、過去を見る際に、「公害や環境問題の解決を求めて立ちあがった人々の存在」とその苦闘に心を寄せることの重要性を述べている。(9) 要するに、純粋に「現在」を研究することだけが「現実」にかかわり続ける手段ではない。時制としては過去を対象にし、史資料に基づく実証研究を厳密に行ないつつも、最初の一声をあげる人びとの存在を、臨場感とともに身近に感じ続けること。それを歴史叙述に包み込むこと。そのような認識のあり方こそが、わたしたちに求められているのではないか。つまり、開かれた現実感覚をもつということだ。

三　削られる言葉、埋められる感覚

では、「3・11」に対するわたしたちの現実感覚はいま、どうなっているのだろうか。

岡田知弘は、本年（二〇一五年）三月の雑誌記事で、「被災地＝東北」という認識は誤りであると指摘し、被害の様態の複数性と重層性にあらためて注意を喚起している。(10) 二〇一一年三月一一日の東北地方太平洋沖地震、大津波による死者・行方不明者、そして家屋の損壊。つづいて起きた東京電力福島第一原発のメルトダウン（一、二、三号機）と建屋の爆発（一、三、四号機）がもたらした放射性物質の拡散と、十数万以上の人が経験してきた避難生活の困難。農地、漁場、商圏の喪失、人間関係の破壊。穴の開いたままの炉心を冷却し続けるための、放射性物質を含んだ汚染水の海洋放出とタンクの増設作業と過酷な労働。年月が経つにつれ、「3・11」と名づけられてきたことがらの内容は、刻々と苛烈さを増し、人びとを死や病に追いやっている。

だがいま、わたしたち研究者は、集団として「東日本大震災」あるいは「3・11」または「震災」という言葉を使うことに慣れた。多くのことを、その短い言葉の内側に閉じ込めることに馴らされた。有名人が「被災地」を訪れて「交流」するCMが毎日流れる電車で通勤していると、首都圏での「3・11」という言葉が包んでいる内容は、日々削り取られ、空疎になっていくように感じる。

すでに二〇一一年四月六日、家も車も全部流された陸前高田市の男性は、何気ない口調で、「震災という言葉だと、津波が抜けちゃうんですね」と述べていた。むろんいまはまだ津波の被害はわたしたちの認識からそう簡単に抜け落ちはしない。が、現在進行している復興・復旧施策の基本が「原状回復」だとすれば、それは、大津波があったことを、なかったことにする計画でもある。何十年か後を考えたとき、この懸念は現実のものとなるかもしれない。あたかも嵩上げ工事のごとく、わたしたちの現実感覚も、上から土砂を被せられ、埋められてしまうのだろうか。

こうした状況から抜け出そうとあがくとき、「個を思う」という作業は原点になる。「3・11」とは、誰にとって、何であるのか。その中で、人びとは何を思い、何を残そうとしているか。

まず「3・11」は、突然の剝奪の体験であった。「満州事変をはじめ、何回も大変な目に遭っているが、年を取ったせいか今が人生で一番大変」。これは、二〇一一年四月二三日付け新聞記事の片隅に載っていた広野町からいわき市に避難した女性（九五歳）の言葉である（『福島民友新聞』、「災害に負けず頑張ろうふくしま・避難所から」の欄）。為政者の果断がもたらす結果を、一度ならず身に引き受けて生きのびてきた人が漏らしたこの感想は、「3・11」を歴史貫通的に考える手がかりを与える。

風土と景色もまた、変わり果てた。津波後、「なに探すってわけでもないんだけど、流された家のあたりを歩いて」、ようやく義理の父が描いた絵を見つけて拾って飾ったという語りがある（五〇代男性）いっぽうで、自分たちがふだん見ていた地域の風景とはまったく異なる「3・11」特集のテレビ映像は「みたくない」という語り（ラジオ・陸前高田災害FM、二〇一五年四月二二日）がある。どちらもが、「こうではなかった以前」を強く求める気持ちと結びついている。慣れ親しんで、かえって思い出すことさえ難しい風土のすべてが、見知らぬものに変貌するという、きわめて根本的な喪失の経験がそこにある。

そしていま、「3・11」は多くの人にとって「命日」である（ラジオ・陸前高田災害FM、二〇一五年三月二六日）。生きている人にとって大事なことは、ともに生きていたはずの人がたくさん亡くなったことであり、「過去」と「現在」とは、他者が想像するほど、離れてはいない。

忘れられない映像がある。自宅を津波に流され、町全体が原発事故によって「警戒区域」に指定され、二本松市の臨時町役場で寝泊りする生活になった浪江町の男性は、自宅の鍵を肌身離さず持っていた。そして区域指定後、初めて自宅があった場所に来たとき、なくなってしまった玄関のドアに向かって、鍵を開ける仕草をした。「ここが玄関。こっちが居間で、食堂までつながっている。ここには階段があって、それから八畳間、風呂、トイレ。すべて見えない私の家です」と言って、一つ一つ思い出すように、「家の中」を歩いた。(11)「3・11」は、単なる「過去」ではない。繰り返し繰り返し、開けられようとするドアの向こうに、いつもあるものなのだ。その仕草を、自分のものとしても、繰り返すことを、ぜひともしなければならない。

四　「なかったこと」にさせない思いの存在

大地震と大津波という天災と原発事故という人災（人のわざ）の重なりとして人びとが苦悩に陥っている。このことを見つめる隙間をつくり、鈍りかける「3・11」の現実感覚をこじ開けつつ、実証手続きを怠らず、なにかを残す。その際、第一節で述べた「実証」にまつわってなにを「よすが」とするかとの問題は、いっそう悩ましいものとなる。

少なくとも、「3・11」以降に歴史を書く際、欠かせない条件のひとつは、人災の視点だろう。加えて筆者の場合、自分自身の「怒り」という根本動機を抜きにすることはできない。

「怒り」は通常、忌避されるものである。[12] たしかに「怒り」は両刃の剣で、向ける方向を誤れば自己や他者を傷つけるから、暴力的な形での発散は、もちろん避けねばならない。ただ、「怒り」にもさまざまな段階がある。いっときは生産性に乏しいように見える怒りであっても、次の瞬間には「なんでこんなことになったんだろう」と内省に向かい、社会そのものをもわがこととして考え始める契機にはなる。「原発事故で死亡者が出ている状況ではない」や、「汚染水は第一原発港湾内ですべてブロックされている」といった嘘[13]を聞くたびに、ひとりひとりが今回の人災で受けた被害の重さが侮られているという怒りの感覚を筆者は持つ。その感覚をネガティブだといって手放そうとは思わない。かつて「公害」の問題化は一過性の「パニック」だったと言い放った政治家[14]がいたように、いずれすべてを「なかったこと」にし、「原発事故なんてたいしたことはなかった」という言説も生まれるかもしれない。そのとき、手元に何も残っていなかったら、ほんとうに「なかったこと」にされてしまう。

作家の桐野夏生は、自身が小説を書く動機を「この国の女性であること」と語り、その底にあるのは怒りである、と認める。[15] なんらかの動機をよすがとして書きものをするという動作においては、この姿勢は研究者でも変わらず求められるものだろう。ぶかっこうであっても、起きたことを「なかったこと」にさせないという思いだけは、腹の底に溜めていたい。もちろん、そこに加担している自分の姿も自覚しながら、である。

(1) ジョン・ダワー(三浦陽一・高杉忠明訳)『敗北を抱きしめて 上(増補版)』岩波書店、二〇〇四年、「日本の読者へ」に出てくる記述。
(2) 拙著『「問い」としての公害——環境社会学者・飯島伸子の思索』勁草書房、二〇一四年。
(3) 拙稿「広田湾埋め立て開発計画をめぐる人びとの記憶——岩手県陸前高田市を中心として」『社会学・社会情報学』二一四号、

二〇一四年、一九九―二一九頁。

（4）歴史学研究会編集委員会「趣旨説明『歴史学研究』「シリーズ3・11からの歴史学」の掲載について」二〇一四年一二月一六日消印の執筆依頼。

（5）小田康徳『歴史に灯りを——言ってきたこと、やってきたこと、できなかったこと』阿吽社、二〇一四年、三三〇頁。

（6）小田康徳『近代大阪の工業化と都市形成——生活環境から見た都市発展の光と影』明石書店、二〇一一年ほか多数。

（7）前掲小田『歴史に灯りを』二五六―二五七頁。

（8）財団法人公害地域再生センター（あおぞら財団）付属西淀川・公害と環境資料館ウェブサイト内「西淀川地域研究会」参照 http://www.aozora.or.jp/ecomuse/event/etudes_regional/（二〇一五年五月一五日閲覧）。

（9）小田康徳『公害・環境問題史を学ぶ人のために』世界思想社、二〇〇八年、八頁。

（10）岡田知弘「「東北」の歴史から「創造的復興」政策を問い直す」『歴史地理教育』八三二号、二〇一五年三月、一八―二五頁。

（11）福島広明「浪江町警戒区域——福島第一原発二〇キロ圏内の記録」NHK取材班『あれからの日々を数えて——東日本大震災・一年の記録』大月書店、二〇一二年、三八四―四二六、四一四頁。同名の五五分の映像は、福島県では二〇一一年五月八日に、全国放送では同五月一四日深夜一時から放送された。ナレーションやBGMはいっさいなく、カメラマンである福島と取材対象の男性の言葉少なな会話と足音、「がさもく」（がれき）の上を吹き渡る風の音などがそのまま伝わる映像である。

（12）たとえば作家の古川日出男は、原発問題について、個々の憤りや怒りの共有が可能だとする態度はおこがましいと退け、向き合うべきは「〝怒り〟というネガティブな感情ではない」「建設的な」「未来をポジティブにとらえようとする感情だし、姿勢」だと述べている（『朝日新聞』二〇一四年三月一一日夕刊）。

（13）前者は自民党高市早苗政調会長（二〇一三年六月一七日）、後者は安倍晋三首相の発言（二〇一三年九月七日）。

（14）一九七七年一〇月二三日、石原慎太郎（環境庁長官・当時）は、テレビ番組で、公害規制を「魔女狩り」に例えて翌日の国会で追及され、この自説を開陳した（『朝日新聞』一九七七年一〇月二四日夕刊）。

（15）『朝日新聞』二〇一四年一二月二日夕刊および朝日新聞GLOBE二〇一四年五月一四日。

（「提言」『歴史学研究』九三五号、二〇一五年九月掲載）

14　原発事故から五年、福島県における農業・農村の現段階

小山良太

はじめに

原子力災害の特徴は避難生活が長期化する点である。災害救助法における仮設住宅の入居期限は二年に設定されている。しかし、原発事故に伴う避難地域の住民の中にはいまだに帰村の見通しが立たない人々が存在する。勤労世代では、避難生活が長引く中で避難先での新たな仕事を見つけ就労するケースも増加している。こうなった場合、たとえ避難が解除されたとしても、新たな住居と新たな仕事を手放すことは難しい。避難生活の時限が明確であり短期間であれば、その間を補償金で繋ぎ、帰村に向けての準備をすることも可能である。しかし、数十年に及ぶことが想定される避難生活の中で新たな人生を再出発するという選択肢を選ぶことを非難することはできまい。

子育て世代であれば、長期間の避難の中で子どもの就学のサイクルの問題に突き当たる。二〇一一年度の避難時に子どもが小学校三年生だったとする。二〇一五年度は中学一年である。その場合、子どもが避難先で引き続き中学校に就学していたとすると、中学時代に避難地域が解除されたとしても、転校を選ぶかは判断が分かれるところである。子どもたちは多感な小中学校時代の四年間を新たな避難先で過ごし、新しい人間関係を構築している。

このように、原子力災害における避難の問題は、単に空間線量率が下がったとか、除染が完了したから大丈夫ということではなく、避難生活自体が長期間に及ぶ中でそれぞれの避難者がさまざまな人生の岐路に立たされるという点こそが、「損害」なのである。年間被ばくの許容量を下回ったから戻ってきなさいといっても、この四年間の避難状況はそれぞれ異なり、複雑な生活環境の中で判断せざるを得ない。帰村と復興を進めるうえではこの点を深く留意する必要がある。

そこで本稿では、震災後の福島県における食と農の再生に向けての取り組みを整理し、現段階的到達点と今後の課題を整理することで、福島に限らず放射能汚染問題を抱える地域の農業・農村の復興の方向性を提示する。(1)

一　五年目を迎える福島——原子力災害からの復興過程

原発事故、原子力災害、放射能汚染問題を受けて、福島県では、この五年間さまざまな取り組みを行ってきた。その過程を整理すると五つの段階に分けることができる（表1）。

第一段階は「原発事故と避難・防護」である。原発事故直後、放射能汚染から身を守るために初期段階の避難が必要であった（予防原則）。しかし、SPEEDI（緊急時迅速放射能影響予測ネットワークシステム）は公開されず、放射能の拡散状況も不確かなまま避難地域の指定がなされた。このような中で、避難区域以外でも自主的な避難やそれを支援する取り組みが行われた。特に子どもに関しては、短期

表1　復興過程と福島県の協同組合間協同事業

第1段階	原発事故と避難・防護	福島の子ども保護プロジェクト
第2段階	放射能測定と汚染対策	土壌スクリーニング・プロジェクト
第3段階	損害調査と賠償	JA福島中央会「東京電力原発事故　農畜産物損害賠償対策福島県協議会」
第4段階	食の安全性の確保と風評被害対策	コープふくしま「陰膳調査」 福島県生協連「食品ベクレルモニター」 地産地消ふくしまネット「ふくしま応援隊」
第5段階	営農再開・帰村と復興	地産地消における安全性の確保 地域での食と農の再生

間でも空間線量の低い地域で「保養」をさせ、外遊びをする取り組みが行われた。福島県生活協同組合連合会（生協連）による「福島の子ども保養プロジェクト」(2)など多くの取り組みが実施されてきた。震災後、福島の子どもたちは運動不足による肥満傾向が指摘されている。また、本来であれば豊かな自然環境の下で体験できた外遊びを抑制されているためストレスもたまる。子ども保養プロジェクトは、セシウム一三七の生物学的半減期（成人の場合一〇〇日程度）による内部被ばく軽減を目的とした長期間の保養ではなく、安全な外遊び機会の提供とそれによるストレスの軽減を目的としている。現在では、周辺環境を測定し放射性物質が少ないことが確認された福島県内の山荘（南会津や猪苗代など）などを利用して、本来あるべき自然とのふれあいを取り戻す活動を展開している。このように、まずは初期避難から始まり、居住可能な地域であっても、外遊びが制限されている子どもたちを対象に移動教室的な「保養」を継続して実施している状況である。

二　放射能測定と汚染対策

第二段階は「放射能測定と汚染対策」である。原発事故により、放射性物質が広範囲に拡散した場合、まずは放射能飛散状況を確認し、どの地域にどの程度放射性物質が降下したのかを把握する必要がある。まず初期避難のために必要なのは、空間線量率（マイクロシーベルト／時間など）であり、これは、航空モニタリング調査などで早期の把握が可能である。次に、ベクレル／平方メートルなど地表に降った放射性物質の量を把握する必要があり、これにより詳細な避難計画の策定や除染の判断が可能となる。ガンマ核種であるセシウム以外に、ベータ核種であるストロンチウムなどの測定も必要である。チェルノブイリ原発事故の避難計画はこの基準により策定されている。日本ではこのような測定事業が実施されていない。本来、避難計画はこのような放射性物質拡散状況を基に設計しなければならない。

しかし、今回の事故では原子力発電所の状況が分からない段階で安全宣言を出したり、放射能汚染状況を把握せずに、原発からの距離や市町村の境を基に避難計画を作成したためさまざまな混乱が生じたのである。

そのうえで、土壌中の放射性物質の含有量をベクレル／キログラムの単位で測定する。これは食品中放射性物質検査の単位である。たとえば、土壌一キログラム中に一〇〇〇ベクレルのセシウムが存在し、そこで生産される作物から一〇ベクレル／キログラムが検出されたとすると、移行係数は一％ということになる。試験結果から移行係数が判明している農作物の場合、作物の移行特性からどの程度の土壌汚染レベルであれば栽培可能かを逆算することもできる。チェルノブイリ原発事故後のウクライナやベラルーシではこのような数値を利用し、基準値以下の農産物の生産を可能としている[(3)]。このような状況下で福島県内の農業協同組合（農協）、生活協同組合（生協）、福島大学うつくしまふくしま未来支援センターでは、共同事業として「土壌スクリーニング・プロジェクト」（通称どじょスク[(4)]）による農地の測定と移行係数の計測や試験栽培などさまざまな研究成果を組み合わせて、効果的な営農指導の構築に向けて独自の取り組みを展開してきたのである（後述）。

三　損害調査と賠償

第三段階は「損害調査と賠償」である。これは、原子力災害による損害状況を調査しそれに基づく賠償方式を構築することである。現在の賠償方式は政府の示した賠償指針に基づき「原子力災害対策特別措置法」の下、事故当事者の東京電力（以下、東電）が個別に賠償（補償）を行うという枠組みである。裁判以外にもＡＤＲ（裁判外紛争解決手続）という手段が用意されている。しかし、どちらにしろ、まず賠償の枠組みがあり、その枠組みの下で損害を認定せざるを得ない。つまり、賠償範囲外の損害は無視されてしまう。この枠組みの下ではそもそも原発事故により何が毀損されたのか、原子力災害の実状を把握することができないのである。二〇一四年一一月に福島県中通りの稲作農家たちが、農地の土壌中放射性セシウムを事故前の濃度以下まで減らす原状回復の裁判を起こした。すでに土壌汚染の原状回復費用などをＡＤＲによって東電に求めてきたが請求が認められなかった。原発事故後、避難に伴う精神的賠償や検査費用の一部負担、風評による価格下落分の補てんなどは実施されてきたが、そもそも放射性物質の拡散により、土地がどの程度汚染されたのかの調査や根本的な対策がとられていない。汚染された土地の原状回復を願うのは当然のことである。しかし、今回の裁判の範囲では、数戸の農家の農地の現状回復に三〇億円規模の賠償が必要であることが示された。これを汚染地域全体に適用すると膨大な額になる。そのためか、原発事故後の放射能汚染問題では、風評対策、健康調査、復興事業などはあるものの、放射能汚染の実態把握、損害規模調査は積極的に行われていない。事故対応の基本は、被害状況を調査し、損害規模を把握する。そのうえで、復旧可能かどうか、無理ならばどのような復興過程が描けるのかを現状分析を基に考えることが必要であるが、原子力災害ではこのようなプロセスがとられていないのである。作付制限や単年度の価格下落分（三つの損害のうちフローの損害）については、ＪＡ福島中央会が事務局を務める「東京電力原発事故農畜産物損害賠償対策福島県協議会」によって取りまとめられている。農地などストックの損害については、一部補償が実施されている。しかし、社会関係資本の損害についてはいまだ損害状況を把握することもできてないのである。

四　真の安全性と風評問題

第四段階は「食の安全性の確保と風評被害対策」である。風評対策は、検査体制の体系化に伴い食の安全性の確保ができてはじめて可能となる。コープふくしまでは、現行の放射能検査の結果である実際の食卓の食事を、測定用の食事をまるまる一セット余分に作る陰膳調査の方法で測定し、結果を公表している。一般の流通食品を基に調理した食事からは放射性物質は検出されていないことが確認されている。福島県生協連では、県内の会員生協に食品ベクレルモニター(5)を整備した。現在は移動式・非破壊方式の測定器を活用した出前測定を実施している(6)。これにより流通品以外の採取性作物（山菜やキノコなど）も測定可能となり、生活している地域の自然の恵みを食べることが可能かどうかを判断する材料を独自に持つことができるようになった。県内の農協や生協などで構成する地産地消ふくしまネットでは「ふくしま応援隊」事業を核に、他地域の生協組合員（消費者）に向けて、四年経過した現段階の福島県の検査体制や検査結果について情報提供と相談を行う交流事業を展開している。これらは検査体制が確立し、その結果、食品中放射性物質が基準値を大幅に下回ることが確認されてはじめて可能な取り組みである。汚染状況が不明のまま安全宣言を出した二〇一一年の原発事故初年度とは、状況が大きく変わっている。

五　早期帰村と復興課題

最後に、これらの段階を踏まえ、第五段階としてはじめて「営農再開・帰村と復興」が可能となる。段階的な避難区域再編に伴い、避難地域では汚染度の低い地域から段階的に帰村が始まっている（図1）。①避難指示解除準備区域は二〇ミリシーベルト／年以下、空間線量率が三・八マイクロシーベルト／時以下の区域であり、早期帰還が可能な地域である。飯舘村、川内村、楢葉町、南相馬市、葛尾村の一部はこれにあたる（░地域）。②居住制限区域二〇—五〇ミリシーベルト／年以下、空間線量率が三・八—九・五マイクロシーベルト／時以下の地域であり、日中に立ち入りが可能である。飯舘村、富岡町の一部はこれにあたる（▤地域）。③帰還困難区域は五〇ミリシーベルト／年超、空間線量率が九・五マイクロシーベルト／時超の地域であり、長期間の避難継続が余儀なくされる。原発立地町村で

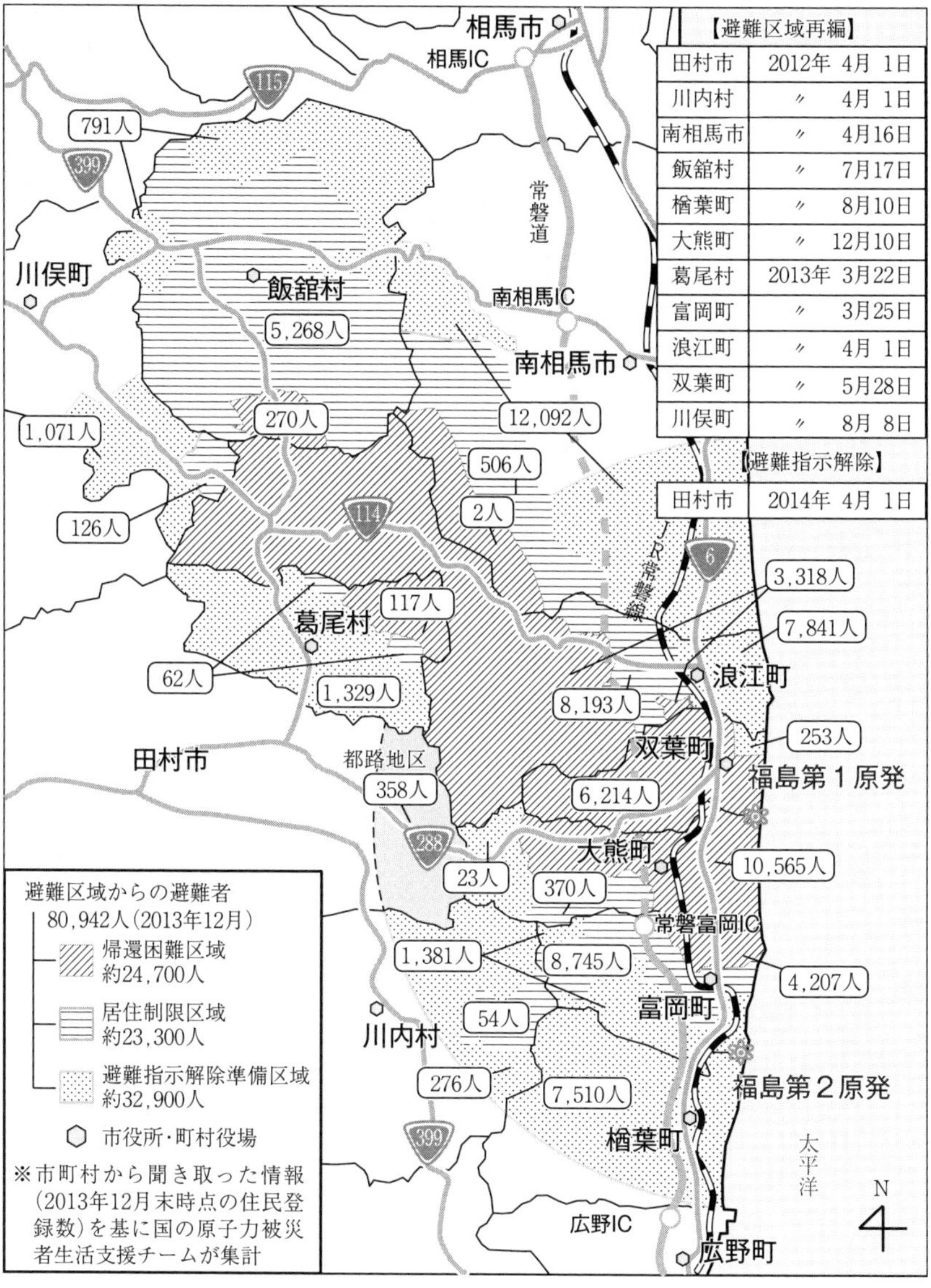

図 1　避難区域の再編状況と避難者

出典)　福島民友みんゆうネット http://www.minyu-net.com/osusume/daisinsai/saihen.html をもとに作成.

ある双葉町、大熊町と浪江町の一部はこれにあたる（▨地域）。

二〇一二年一月に最初に帰村宣言を出した川内村では、村人口二七五八人のうち五五・九%にあたる一五四三人（二〇一四年一〇月一日）が帰村した。帰村宣言から二年をかけて徐々に帰村者が増えている。しかし、村内生活者のうち、六五歳以上の帰村率は七〇%を超える一方、六五歳未満は三〇%を下回っており、若年層の帰村が進んでいない。避難地域を解除する場合の判断指標としては、①先行して帰村した高齢者が幸せな生活を営んでいるか（医療・福祉、買い物など）、②農村生活の豊かさの象徴である自然の恵み（山菜やキノコなど里山の幸）を享受できるか、③自給的でも畑仕事ができ、自家製農産物を食べることができるか、という点が重要となる。そのうえで④勤労世代の雇用の場の確保、⑤子育て世代の子育て・教育環境の整備、が必要であり、これらが総合的に達成できなければ復興に繋がらない。現状では、高齢者は帰村、勤労世代は避難先（仮設住宅や借上げ住宅）と元の住居の二地域居住、子育て世代は避難継続というケースが多い。

また、住宅の周りだけ除染し居住空間の線量率だけを下げても、それだけでは帰村後の生活は元に戻らない。周辺の山林や里山が利用可能か、農業を再開し自給することが可能かどうかという点が重要なのである。帰村の判断を保留している避難者は先行して帰村した方たちの現状を細かくみている。農村の生活のサイクルを考慮した復興政策が必要である。この意味において、地産地消における安全性の確保、地域での食と農の再生が復興の鍵となるといえる。

六　農地一枚一枚を検査——「どじょスク」プロジェクト

「放射能測定と汚染対策」に関して、福島県内の農協、生協、福島大学うつくしまふくしま未来支援センターでは共同事業として「どじょスク」による農地の測定と移行係数の計測や試験栽培などさまざまな研究成果を組み合わせ、効果的な営農指導（農地のゾーニングと生産段階で放射能の吸収を抑制）の構築に向けて独自の取り組みを展開してきた。まずは放射性物質の詳細な分布図（汚染マップ）の作成が前提である。それも広域的・網羅的に取り組まなければ意味がない。汚染度合いが分からないのに効果的な対策をとることは難しい。福島県では生産者や関係者の努力で、作物ごとにセシウムの移行メカニズムが明らかになってきた。作物ごとの移行係数が解明され、土壌成分や用水など農地をめぐる周辺環境の状況が分かれば、この先の作付け計画を立てることができるのである。

表２　土壌スクリーニングプロジェクトの測定状況

調査対象	調査期間	調査筆数	計測ポイント	達成率(%)
水田	2012年4月—2014年12月	24,480	63,256	98
果樹園	2012年5月—2013年11月	10,158	27,308	100
畑（大豆）	2014年2月—2014年10月	566	1,465	—
合計	—	35,204	92,029	—

典拠）JA新ふくしま資料より作成.

避難区域を除くと相対的に放射性物質の影響が大きかったのが、福島県中通り北部である。福島県県北のＪＡ新ふくしま管内では田畑一つ一つを調べて、詳細な汚染マップをつくる「どじょスク」を実施して、福島市内のすべての果樹園と、水田を一枚一枚調査した。生産者にとって目の前の田畑の現状を知るには、測定して放射能汚染の実態を把握するしかない。測ったうえで、放射性物質の特徴や吸収抑制対策の効果を理解すれば、「なぜ自分の田畑から数値が出ないのか、なぜこの農産物からは放射性物質が検出されないのか」を実感できる。自らが「実感」できなければ、消費者や流通業者に「説明」できない。この考え方は営農指導の基本である。

ＪＡ新ふくしまの汚染マップ作成事業には、福島県生協連（日本生協連会員生協に応援要請）を通じて生協の職員や組合員も参加した。産消提携（協同組合間の協同）で全農地を対象に放射性物質含有量を測定して、汚染状況をより細かな単位で明らかにする取り組みを実施したものである。二〇一四年一二月段階で、延べ三六一人の生協からのボランティアが参加した。福島市を含むＪＡ新ふくしま管内は、水田で一〇〇％、果樹園地で約一〇〇％の計測が完了しマップを作成している（表２）。それに基づいた営農指導体制の構築をも描いている。

ただし、この汚染マップ作成事業は公的なものではない。今後は、国が主導して、全国のデータを集約し公表する必要がある。

風評被害についても同じことが言える。風評被害とは、適切な情報が消費者に届いていないことが原因で消費者が不安を増大し、福島県産のものは買わないという行動に出ることで生じる。「大丈夫」「福島応援」というキャンペーンだけで購買してもらうには限界があることもはっきりした。消費者へ安心情報を提供するためには、科学的なデータを公表することが必要である。農産物に関する放射性物質汚染対策の根幹は、土壌を測定することにあり、それを広域に実施した土壌汚染マップの作成が必要だといえる。

また、ＪＡ新ふくしまと福島県生協連の取り組みのような消費者も関わる検査体制づくりとそこでの認証の仕組みを、国の政策へと昇華させていくことが必要となる。現状に落胆していても事態は進まない。協同組合間協同をベースとしたボトムアップ型の制度設計と政策提言が求められている。「風評」被害を防ぐためには、その前提として安心の理由と安全の根拠、安全を担保する仕組みを提示することが求められているのである。

おわりに

二〇一五年現在、ＪＡ新ふくしまと福島県生協連による「どじょスク」は、ＪＡグループ福島として全県的な土壌測定事業に発展している。企画・立案、事務局機能は福島県農協中央会（以下、中央会）である。風評対策としてはじまった「ふくしま応援隊」は、中央会と生協連のみならず森林組合連合会、漁業協同組合連合会も参加する地産地消ふくしまネットの事業として全県的な取り組みとなり、現在は各単協同士の商取引として継承されている。また、

「地産地消ふくしまネット」は、二〇一二年国際協同組合年福島実行委員会の後継組織となることが決まり（二〇一四年七月五日、福島県国際協同組合デー）、専任研究員をおいた常設機関として活動することを目指している。

福島県独自の米の全量・全袋検査も三年目を迎えるがこの実施主体は地域の協議会であり、その中心は農協組織である。これを全県的に標準化し、情報共有していく機能は行政機関である福島県と中央会にほかならない。二〇〇〇億円に迫ろうとしている農産物の損害賠償の窓口は「ＪＡグループ東京電力原発事故農畜産物損害賠償対策福島県協議会」（二〇一一年四月二六日設立）であり、その事務局は中央会である。被災自治体や立地協同組合組織がこれだけの取り組みを進める中で、国・政府は果たすべき役割を果たしているのか。立法府では、これまで想定されてこなかった規模の原子力災害に対して総合的・包括的な法令を整備すべきである。法制度が整備されない中で、現地の民間組織の自助努力に頼ることには限界が来ている。

今回の原発事故では、放射能汚染問題に直面し、「どじょスク」プロジェクトを進めるうえで、大きな障壁となったのが、原発事故対策に特化した法律がないことである。「原子力災害対策特別措置法」は一九九九年東海村ＪＣＯ臨界事故を受けて制定された法律であるが、今回の福島原発事故のような規模と範囲は想定されていなかった。「災害救助法」も地震、火山の噴火など自然災害に対応した法律であり、長期間の避難を余儀なくされる原子力災害を想定したものではない。大規模・長期間の影響を考慮した「原子力災害基本法」のような原発事故対応への基本理念を示した上位法の制定が求められる。

（1）　本稿は拙稿「原発事故と福島」「地域主体で食と農の再生を」濱田武士・小山・早尻正宏『福島に農林漁業をとり戻す』みすず書房、二〇一五年、二五―一二六頁、拙稿「原子力災害からの福島県農業・農村の復興プロセス」『生活協同組合研究』Vol. 四七〇、二〇一五年、二二―二九頁、同「東京電力福島原発事故と被害地域における農林漁業の再生課題」『北日本漁業』北日本漁業経済学会、二〇一六年掲載予定を基に加筆修正したものである。

（2）　福島大学災害復興研究所、福島県生協連、福島県ユニセフ協会による「福島の子ども保養プロジェクト（コヨット！）」。二〇一一年一二月より開始し、ユニセフ、日本生協連の会員の寄付により、福島県内の子どもたちを空間線量の低い地域で短期間保養する取り組みである。西村一郎『福島の子ども保養——協同の力で被災した親子に笑顔を』合同出版、二〇一四年に詳しい。

（3）　小山良太・石井秀樹・小松知未「放射能汚染問題と予防原則のための放射線量測定の制度化——チェルノブイリと福島」『PRIMEOccasionalPapers』明治学院大学国際平和研究所、四七—七九頁、二〇一二年一一月。

（4）　土壌スクリーニング・プロジェクトは、新ふくしま農業協同組合、福島県生活協同組合連合会、福島大学うつくしま未来支援センターにより二〇一二年より実施され、福島市と川俣町の全農地の測定を産消提携の協同組合間協同事業として行っている。

（5）　AT1320A（アドフューテック社、一台一八二万円）三〇台、計五四七八万円（二〇一二年度導入）およびセシウムチェッカーmini（ジーテック社、一台二一〇万円）二台、計四二〇万円（二〇一三年度導入）を県内会員生協に配置している。

（6）　朴相賢「福島における産・消・学連携による食と農の再生に向けた取り組みの意義と課題——土壌スクリーニングプロジェクト・食品放射線測定器による測定データ活用事業を事例に」『農村経済研究』第三二巻第二号、二〇一四年八月、六一—六七頁。

（「提言」『歴史学研究』九四二号、二〇一六年三月掲載）

15　「3・11」後の原発政策と反原発運動

佐々木啓

「3・11」以後、原子力発電の是非は、これまでになく大きな政治的焦点となった。特に脱原発を求める社会運動が急速に広がったことは、この間の情勢を特徴づけている。本稿では、東日本大震災後の政府の原発政策と、反原発運動（運動によって「反」ではなく「脱」を使用する場合もあるが、ここではそれらも含めて「反原発運動」とした）の経緯についてまとめ、その上で後者の特徴について検討する。

一　「3・11」後の原発政策の展開と反原発運動

1　福島第一原発の事故と菅政権の「脱原発依存」

二〇一一年三月一一日に起こった東日本大震災は、地震、津波といった自然災害のみならず、福島第一原発の事故という未曾有の事態を含むものとなった。放射性物質の拡散による健康被害への危機感は強まり、原子力発電への信頼は大幅に低下した。とりわけ、事故を「想定外」の津波によるものとみなして責任を回避しようとする東京電力や、有効な規制を行ってこなかった経済産業省や原子力安全・保安院、原子力安全委員会の問題性が、マスメディアで大きく取り上げられた。原発の運営のあり方は根本から修正を迫られ、電気事業法に基づく定期検査に入った原発の再稼働は、そのほとんどが見送られた。

こうした経緯のなかで、菅直人政権（当時）も従来の原発政策を改めていくことになる。菅首相は、二〇一一年五月六日に（活断層が直下にあるとされている）浜岡原発の停止を中部電力に要請すると、七月一三日には記者会見で「原発に依存しない社会を目指す」と宣言した。福島第一原発の事故を受け、「これまで考えていた安全確保という考え方だけでは、もはや律することができない。そうした技術であることを痛感した」というのがその理由であった。(1)「脱原発依存」という曖昧な言い方ではあったが、こうした宣言が、一貫して原発の推進を図ってきた日本政府から出されたことは注目に値する。だが、すでに求心力を失っていた菅内閣は八月に総辞職したため、具体的な施策はほとんどとられないまま終わった。

もともと原発反対派ではなかった菅首相からこのような宣言が出された背景には、事故被害の深刻さはもちろん、脱原発を求める社会運動の高揚があり、世論の広がりがあった。事故後最も早い段階で実施されたデモの一つは、同年四月一〇日に東京都杉並区高円寺で行われた「原発やめろデモ！！！！！」であったが、これには主催者（素人の乱）の予想をはるかに超える一万五〇〇〇人が参加し、活況を呈した。「原発やめろデモ」はその後も五月、六月と継続的に実施され、Twit No Nukesをはじめとする新しい運動や既存の運動も相乗的に大きく広がっていった。反原発運動は、チェルノブイリ原発事故後以来の高揚を見せ、東京を中心に万単位の人びとが継続的にデモに参集するという新たな状況が生じた。

こうした運動の拡大は、世論調査結果とも符合している。原発の今後のあり方についてたずねた時事通信社の世論調査を見てみよう。同調査は、「速やかに廃止」を〇点、「現状維持（中間）」を五点、「継続推進」を一〇点とする一〇点満点方式で行われているが、四点以下の回答は、二〇一一年五月の段階で七一％、同年七月の段階で七〇・一％となっている。(2)つまり、震災後数ヵ月の段階で約七割の人びとが、程度の差はあれ脱原発路線を支持する態度をとっていたことになる(3)。九月一九日に東京の明治公園で行われた「さようなら原発五万人集会」には、それまでで最多の六万人の人びとが集まり、脱原発を求める声の大きさが揺るぎないものであることが示された。

2 野田政権による反動と財界・アメリカの動向

ところが、菅内閣の後を受けて発足した野田佳彦内閣は、上記のような脱原発路線を継承せず、世論とは逆の、原発再稼働への道を進むことになる。野田首相は二〇一一年九月一三日の所信表明演説で、「安全性を徹底的に検証・確認された原発」については「定期検査後の再稼働を進めます」と発言し、また、同月の国連の会合では、一時見直しが検討されていた原発の海外輸出の推進を表明するなど、発足直後から原発存続路線をとった。さらに、一二月一六日には、福島第一原発事故について、「原子炉が冷温停止状態に達し発電所の事故そのものは収束に至った」と宣言し、「原子炉の安定状態が達成されたことによって、皆さまに不安を与えてきた大きな要因が解消されることになる」と述べた。原発の損傷箇所や被害状況についていまだに全容が解明されておらず、原子炉のなかの状態すら正確に把握できない状況のなかで、このような「収束宣言」は出された。

とはいえ、実際には原発再稼働は容易には進まず、二〇一一年末の段階ですでに約一五%にまで減少していた日本全国の稼働中の原発は、翌年五月五日、北海道電力泊原発の三号機が定期検査のために停止されたことで、四二年ぶりにゼロになった。しかし、野田政権は、夏季の電力不足の可能性を理由に、二〇一二年六月一六日には関西電力大飯原発の再稼働を決定し、七月一日にはそれを実行に移す。これに対して、世論はこれまでにない猛烈な反発で応えた。同年三月二九日以来、毎週金曜日に行われていた首都圏反原発連合（反原連）主催の首相官邸前抗議行動は、再稼働決定直前の六月一五日には一万一〇〇〇人、直後の二二日には四万五〇〇〇人、二九日には二〇万人と、爆発的にその規模を拡大させた。官邸前では「再稼働反対」が連呼され、車道を埋め尽くした群衆の姿は、マスメディアでもくりかえし報道された。再稼働が実施された七月に入っても勢いはおさまらず、七月六日、一三日、二〇日と数万から一〇万人単位の抗議行動が実施された。一六日には「さようなら原発一〇万人集会」が代々木公園で一七万人の参加で開かれ、二九日の国会前包囲行動では、今度は国会正門前の車道が群衆によって埋め尽くされた。全国各地の電力会社や道府県庁などの前でも、これに呼応する抗議行動が多数行われた。

六月二九日の段階ではほとんど無反応であった野田首相も、七月一一日には自らのブログで「官邸前で反原発を訴えておられる多くの方の声も聞こえています」と述べるようになり、八月二二日には、反原連のメンバーと直接面会し、要求を聞くところにまで立ち至った。また、野田政権が新たなエネルギー政策を決めるために集めた約八万九〇〇〇件のパブリックコメント（七月二日―八月一四日にかけて収集）では、二〇三〇年の電力に占める原発割合は「〇％」が八七％を占め、「原発を今後どうするか」については、「不要」が八四％を占めた。(4) 寄せられたほとんどの意見が脱原発を求めるものだったことになる。

こうした状況のなかで、野田政権の原発政策も微妙な変化を見せはじめる。九月一四日に発表された、エネルギー・環境会議の「革新的エネルギー・環境戦略」では、「原発に依存しない社会の一日も早い実現」を目標とし、「グリーンエネルギー革命の実現」を中心に、「二〇三〇年代に原発稼働ゼロを可能とするよう、あらゆる政策資源を投入する」という宣言が盛り込まれた。曖昧な表現であり、多様な解釈を許す余地のある文章ではあったが、それでもこれまでに比べて脱原発路線の色合いが濃くなったことは間違いなかった。しかし、こうした野田内閣の姿勢に対しては財界と米国から強い圧力がかかった。

もともと脱原発路線に反対であった経済団体は、二〇三〇年代という具体的な目標時期が設定されたことで、これまで以上に強い反発を示した。九月一八日、経団連など経済三団体は緊急会見を開き、「『原発稼働ゼロ』を宣言すれば、原子力の安全を支える技術や人材の確保が困難となる。また、核不拡散・原子力の平和利用の重要なパートナーとして位置づけ、日本との連携を強力に進めてきた米国との関係にも悪影響を与えるなど、国益を大きく損なう」と主張した[5]。また、米国政府は八月以降、「国家最高指導者レベルでの協議の結果」として、原発ゼロ方針を再考するよう日本政府に要求し、九月八日に行われたAPEC首脳会合の際のヒラリー・クリントン米国務長官と野田首相の会談でも、「懸念」が表明された。これを受けて野田内閣は、首相補佐官を急遽米国に派遣し、一二日、ホワイトハウス高官と直接「協議」をしたという[6]。

結局野田内閣は、当初目指していた「革新的エネルギー・環境戦略」の閣議決定を見送り、参考意見扱いに格下げすることになる。もともと「玉虫色」であった方針は、さらに拘束力を弱められる結果となった。一〇月一日に電源開発（J-POWER）が大間原発の建設工事を再開し、野田政権がこれを容認したことは、「二〇三〇年代に原発ゼロ」という目標を事実上反故にするに等しいものであった。

以上のように、「3・11」後の原発政策は、基本的には事故の衝撃や脱原発を求める運動と世論に方向づけられつつも、政府の方針や米国、財界をはじめとする推進派の反動を受けて揺れ動いてきた。毎週金曜日の首相官邸前抗議行動は現在も継続中であり、全国各地でも同様の抗議行動がつづいている。二〇一二年一二月に発足した安倍晋三内閣は、原発の再稼働のみならず新増設も含めて検討しているが、こうした姿勢が上記の運動や世論から〝自由〟なものになりえないことは確かであろう。

二 「3・11」以降の反原発運動の特徴

次に、「3・11」以降の反原発運動の特徴について検討する。関連する論考はすでに一定数発表されてきているので、それらに適宜依拠しながら考えてみたい。

表1　原子力発電の今後のあり方に対する意識（各回比較）

	強い廃止派（0点）	やや強い廃止派（1-2点）	弱い廃止派（3-4点）	中間評価（5点）	わからない	継続推進派（6-10点）
2011年5月	13.7	14.9	32.4	26.1	3.8	9.1
2011年7月	13.2	18.5	33.0	25.1	3.2	7.0
2011年9月	14.5	17.2	32.0	23.1	5.0	8.2
2011年11月	15.9	17.1	29.8	26.6	3.8	6.8
2012年2月	17.3	15.8	31.8	21.1	4.9	9.1
2012年3月	20.7	21.1	27.4	20.9	2.8	7.1
2012年4月	18.7	20.1	26.7	23.0	3.9	7.6
2012年5月	20.6	19.2	26.6	21.8	3.1	8.7

出典）「原子力発電の安全性・今後のあり方．再稼働に対する意識――「東日本大震災と原子力発電に関する全国世論調査」（2012年5月調査）から」『中央調査報』657，2012年7月，4頁．

1　運動の広がり方

「3・11」後の反原発運動には、すでに見てきたように、中央集会や東京の企画を中心に非常に多くの人びとが参加している。二〇一二年六月二九日の首相官邸前抗議行動などでは、東京都の人口の一―二％が集まったともいわれ、六〇年安保闘争以来の規模で運動が進められている。その一方で、全国各地で同時多発的に運動が起こったことも重要な意味を持っている。「脱原発杉並」や「サヨナラ原発福井ネットワーク」といったように、概して市区ないし府県単位で運動がつくられ、土日祝日を中心に積極的にデモ活動が繰り広げられている。数人から数千人まで、各地で大小さまざまな規模の行動が実施されており、広範な地域の人びとの目にとまるのはもちろん、大げさにいえば、誰もが参加しようと思えばそれほどの遠出をしなくても参加できる状況が生じているといえる。こうした「多さ」と「近さ」は世論の広がりを支える重要な要素となっている。

また、デモとは別に、放射線の自主計測運動や放射能汚染についての学習会が継続的に実施されてきたことにも注意を向けておきたい。小規模の計測グループや学校の教員による自主計測など、市民の手による草の根の放射線計測活動は早い段階から進められ、東日本を中心に、「3・11」以降二〇一二年二月までに合計約二五〇万件の線量データが集められたという(7)。デモなどの街頭活動に加えて、こうした地道な活動が広がっていったことは、人びとの原発についての認識を深めることに大きく寄与した。

これらの運動が果たした役割は、世論調査からうかがい知ることができる。先に挙げた時事通信の世論調査結果の時期ごとの変遷を示した表を見てみると、原発廃止派全体の比率は「3・11」以後、ほぼ横ばいで推移しているが、その内訳では、時間を経るごとに「弱い廃止」が減り、「強い廃止」と「やや強い廃止」が増加している。脱原発を求める世論は、「3・11」以後の運動（デモ、学習会、計測運動など）の広がりに比例して、その「強度」を増したということができる。こうした状況は、二〇〇〇年代における全国各地の九条の会の広がりが憲法九条改正反対派の増大を生んだダイナミズム(8)と相似形であるといえる。

2 運動のスタイル

反原発運動のこうした広がりは、労組や市民運動団体など既存の組織の動員とは別に、個々人の参加が増大したことが大きく寄与している。参加者層の急速な拡大は、運動体同士の相互作用を生み、運動が多様な構成をとることを促していった。

新しい運動では、脱中心的で、ネットワーク型の運動づくりが積極的に採用された。たとえば「脱原発杉並」は、「政党や団体を問わない〝有象無象〟の集団」と自らを位置づけ、特別なリーダーは定めず、誰もが初めてでも自由に参加して発言できる会議を通して合意形成をはかっている。そうした開放性に富んだ雰囲気が生み出す会議自体の〝楽しさ〟は、この集団の一つの名物となった。同じ地域に住みながらも交流のなかった人同士がいあわせて議論を重ねることや、合意形成という手続きを重視し、その過程のなかに主体形成を埋め込んでいくスタイル(9)は、そのほかの地域の運動にも導入され、相互に影響を与え合っている。効率化を優先し、個人化を促進して人びとを分断していく新自由主義時代の支配構造の下で、その逆ともいえる論理に基づく対抗的な公共圏ができていることは、興味深い。

他方で、デモにおける表現方法も変化してきた。従来の労組や市民運動団体主催のデモではあまり見られなかったさまざまな風景が、反原発デモでは見られる。よく指摘されるように、Facebook や Twitter など、インターネットツールが駆使されていることもその一つであろうが、デモそのものの内容が大きく変化してきている。サウンドデモ（先導車の荷台でバンドやDJが演奏する）やドラムデモ（打楽器を打ち鳴らす）、仮装デモなど、デモ自体のバリエーションの豊富化。ファミリーエリアやカラオケカーなど、デモ内での多様なスペースの設置。「デモ割」の導入や「在宅デモ」など、地域の人びととの連携。鳴り物の効果的な使用やシュプレヒコールの変容（「長くても正確に」から「短くリズミカルに」）。これらの新しい表現全体に貫かれているのは、いわゆる「祝祭性」である。対峙する敵を固定化し、攻撃するだけでは、支配と被支配を反転させただけで、結局は同様の構図を再生産することになってしまう。そうではなく、解放された〈革命後の〉空間を「いま」「ここ」につくりだし、既存の支配秩序を相対化する「予示的政治」を行うことで、人間性と倫理性における優越を示す、というわけである。(10) 柄谷行人は、二〇一一年九月一一日の新宿駅前の集会で、次のように発言した。「デモをすることによって社会を変えることは、確実にできる。なぜなら、デモをすることによって、日本の社会は、人がデモをする社会に変わるからです(11)」。運動は、手段でありながら、目的でもある。脱原発を求める人びとの運動は、脱原発を達成する手段であるのと同時に、新たな社会それ自体でもあるのである。

なお、こうした新しい運動の展開に際し、労組をはじめとする既存の運動諸団体が果たした役割は決して小さくないことも指摘しておく必要があろう。これらの団体は、総じて以上のような新しい運動を下支えする役割を担い、求めと必要に応じて知識やノウハウ、物資や人員を提供するかたちで、運動の拡大に寄与した。(12) 新しい運動と既存の運動の間には、概して相互浸透と相乗効果が生まれているように思われる。

おわりに

六〇年安保闘争が収束した最も大きな理由は、所得倍増計画であり、高度経済成長であったと小熊英二は述べている。[13]「政治から経済へ」という情勢の変化は、企業社会といういびつなかたちでの社会統合をもたらした。「3・11」以後の反原発運動は六〇年安保になぞらえられることが多いが、小熊が指摘するように、今後は少なくとも「所得倍増」は見込めそうにない。さらに、原発事故の被害が長期にわたるものであることを考えるなら、現在の運動が半世紀前と同じ収束のしかたをすることはおそらくないであろう。

こうした市民社会の変容は、歴史の見方の変化をも促す。運動のなかで、「いま」「ここ」につながるさまざまな歴史が想起されている。第五福竜丸事件や原水禁運動の展開はもちろん、原発誘致を認めてきた、認めさせてきた歴史。あるいは、少数ながらも地道に反原発運動をつづけてきた人びとの歴史。問題を問題として知りながら何もしてこなかったという一人ひとりの歴史。大きな課題に個々の経験が絡み合いながら、眼前の実践を通して〝歴史〟が書きなおされている。こうした、人びとの〝歴史〟に、歴史研究者はどう関わるべきなのだろうか。デモの隊列のなかで考えてみるのも、無意味なことではないだろう。

（1）「JCASTニュース」二〇一一年七月一三日付（http://www.j-cast.com/2011/07/13101384.html〔二〇一二年一〇月二一日閲覧〕）。

（2）「原子力発電の安全性・今後のあり方、再稼働に対する意識――『東日本大震災と原子力発電に関する全国世論調査』（二〇一二年五月調査）から」（『中央調査報』六五七、二〇一二年七月）。

（3）エネルギー総合工学研究所による二〇〇〇年の調査では、原子力発電を「徐々にやめていく」が三八・五％、「すぐにやめる」が三・八％、二〇〇五年の調査では、同一九・二％、三・四％となっている（下岡浩「徹底分析原発否定派が減少の傾向――エネ総工研の首都圏世論調査から」『エネルギーレビュー』二六―四、二〇〇六年四月、四〇頁）。
（4）『朝日新聞』二〇一二年八月二七日付。
（5）『週刊経団連タイムス』三一〇一号、二〇一二年九月二〇日付。
（6）『日本経済新聞』二〇一二年九月二五日付。
（7）矢部史郎（聞き手：池上善彦）『放射能を食えというならそんな社会はいらない、ゼロベクレル派宣言』（新評論、二〇一二年）、一一八頁、池上の発言。
（8）渡辺治「二つの国民的経験と新自由主義をめぐる対抗の新段階――新自由主義政治転換の構想と主体形成に焦点をあてて」（『歴史学研究』八九八、二〇一二年一〇月）、五頁。
（9）木下ちがや、佐々木啓、新井田智幸、後藤達「〈座談会〉二〇一一年以降の社会運動をどう見るか」（『日本の科学者』五三六、二〇一二年九月）、三〇頁、木下の発言。
（10）原民樹「反原発運動のエートス――エジプト革命から受け継いだもの」（前掲『日本の科学者』）。
（11）柄谷行人「デモで社会は変わる」（瀬戸内寂聴ほか『脱原発とデモ――そして、民主主義』筑摩書房、二〇一二年）、六四頁。
（12）蓑輪明子「脱原発運動から考える社会運動の現局面」（『東京』三三八、二〇一二年一〇月）、一〇―一一頁。
（13）小熊英二『社会を変えるには』（講談社現代新書、二〇一二年）、一一三頁。

（「時評」『歴史学研究』九〇三号、二〇一三年三月掲載）

（追記）　この文章は、福島第一原発の事故の後、反原発運動が大きな盛り上がりを迎えるなかで書いたものである。原発政策や反原発運動の専門家ではない私がこのような文章を書くのは気が引けるところもあったが、当時空前の規模に拡大していた反原発運動について、歴史学関係の媒体で誰かが記録を残しておくことにも意味はあるだろうと思い、どうにかまとめた（同じく歴史学の媒体で反原発運動のことについて述べたものとしては、小田原琳「闘うことの豊穣――金曜官邸前抗議によせて」『歴史評論』七五九、二〇一三年七月、がある）。あらためて読みなおしてみると、各所に不十分な理解や勇み足な評価が見られる一方、市民社会が政治を規制していくという、それまで頭では理解していたものの実感は必ずしも伴っていなかったテーマについて、肌身で感じながら書いたことが思い出される。

以下、当時から現在に至るまで、状況がどう変化したのか触れておきたい。二〇一二年一二月に発足した第二次安倍晋三内閣は、早々に原発の再稼働を率先して進めることを表明し、原発の輸出推進へと舵を切った。その基本姿勢は、発足後六年を経た今も変わっていない。二〇一三年九月に稼働中の原発は再び〇基となったが、その後反対の世論を押し切るかたちで続々と再稼働が進められ、二〇一八年一二月現在、全国で合計九基の原発が稼働中である。だが、原発輸出という点では、二〇一二年にリトアニアでの建設計画が国民投票で否決され、二〇一四年には台湾での計画も凍結、二〇一六年にはベトナムで計画が白紙撤回されているほか、二〇一八年一二月現在、イギリスでの原発新設計画も目処が立っていない（『朝日新聞』二〇一八年一二月六日付）。政府の推進姿勢の一方で、「成長戦略」としての原発輸出は、事実上頓挫しているのが現状である。

一方で、世論はどのような傾向を示しているか。一般財団法人日本原子力文化財団『二〇一七年度原子力に関する世論調査』（二〇一八年二月発行、調査対象者：一二〇〇人）によれば、二〇一七年一〇月現在、①「原子力発電を増やしていくべきだ」としている回答者は全体の一％に過ぎず、②「東日本大震災以前の原子力発電の状況を維持していくべきだ」（五·九％）と合わせても七％に満たない。それに対して、③「原子力発電は即時、廃止すべきだ」は一四·九％となっており、④「原子力発電をしばらく利用するが徐々に廃止していくべきだ」（四九·九％）と合わせると、広義の脱原発派は六四·三％にのぼっている。①と②の合計は、二〇一五年度の調査では一一·八％、二〇一六年度は一〇·一％であり、③と④の合計は、二〇一五年度で六二·七％、二〇一六年度で六二·一％となっている。つまり、この文章を書いた際に示した「3·11」後の脱原発指向は、その後ほぼ定着し、推進ないし現状維持派を大きく上回っている状況が継続しているとまとめることができる。安倍政権の政策と世論の乖離は、はっきりとしている。

こうした状況をもたらした背景に、この文章で紹介したような反原発運動の継続があったことは間違いないだろう。一時のような規模ではなくなったものの、首都圏反原発連合の首相官邸前での抗議活動は継続しており、地方における運動も、粘り強く回数を重ねている。たとえば茨城県では、二〇一二年七月以来、毎週金曜日に水戸市の日本原電茨城総合事務所前で東海第二原発の再稼働に反対する集会が開かれており、二〇一八年一一月二日の抗議行動で、三〇〇回を数えるに至っている。同月には茨城県議選があったのだが、そのなかで『東京新聞』が東海第二原発の再稼働の是非について候補者全九二人にアンケートをとったところ、賛成〇人、反対二七人、どちらともいえない・無回答六五人であり、賛成と明確に態度表明した候補者は、ついに一人も出なかった（『東京新聞』二〇一八年一二月四日）。継続的な市民運動が世論を下支えし、世論が政治家に対する強い規制力を発揮している様相を見て取ることができる。

一方で、「3・11」後の反原発運動で培われた運動経験は、その後、二〇一三年の特定秘密保護法反対運動や、二〇一五年の安保法制反対運動へと引き継がれ、「市民連合」や「野党共闘」といった新たな政治闘争の方向へと発展させられていった。「反原発」というシングルイシューでの活動の蓄積が、市民社会を活性化し、そのあり方を大きく変容させていったといえる。そうした経緯や意義については、木下ちがや『ポピュリズムと「民意」の政治学——3・11以後の民主主義』（大月書店、二〇一七年）が詳しく論じている。木下は、「3・11以後、路上のデモやSNSでくり広げられてきた民主主義を求める声は、レイシズムに対抗し、バラバラだった野党を変え、リベラルなメディアを励まし、安倍政権が国家権力内部から弾き飛ばした民主主義の空間を民衆の地平から再生しようとしてきた」と評価する（二六三頁）。

現在、原発問題も含め、安倍政権の政策と世論の溝が、内閣支持率では全く分からないほどに深まっている。「3・11」後の蓄積を踏まえた日本の市民社会が、こうした現状をどう打開していくかが問われている。

16 「シン・ゴジラ」はいまどうなっているか？

大串潤児

一　いまもゴジラは……

ゴジラはいまも冷温停止状態で東京駅近くにいる。国連安保理が決定し日本政府も受諾したゴジラ（東京）に対する熱核攻撃のカウントダウンは一時的にストップしたまま、動き出せば三五二六秒後に攻撃がはじまる。これまでゴジラはいずれもこの社会から姿を消した。ゴジラがいまでもここに「いる」、ということが「シン・ゴジラ」の大きな特徴だ。このゴジラが福島第一原発（とその「危機」）の表象であることは多くの人びとが感じたことである。映画のなかでさかんに「使用」された匿名の人びとが撮影した映像やSNSによる情報の拡散シーンは、東日本大震災で、人びとが経験した映像や出来事であった。災害対処の「現場」に焦点をあてたという指摘もある。そして、あっけらかんとした「日常」生活への復帰（一回目の上陸後）、復興への「明るい風景」。

確かに、ここに感じられるのは、東日本大震災の映像的なリアリティだったのかもしれない。ゴジラ映画における「視点」の問題を提起したのは後述する高橋敏夫だが、「シン・ゴジラ」の「視点」はSNSでの拡散やTV映像もふくめて「津波を遠くから見ることが出来た人びと」や現場で活動する人びとの「視点」であり、逃げ惑う人びとや、災害対処に働く人びとの先に存在していた被災者の「視点」は、相対的に少なかったのではないか、ともいえる。

ゴジラ映画史はもう一つの戦後史（猪俣賢司「帰らないゴジラ」『ユリイカ』第四八巻第一七号、二〇一六年一二月臨時号）とも指摘され、中沢新一の画期的な論考（「ゴジラの来迎」『中央公論』一九八三年一二月号）などゴジラ批評史にも分厚い蓄積がある。まして、「シン・ゴジラ」をめぐる批評言説の空間はＳＮＳやネット上のものもふくめて膨大な数にのぼっている。(1)本稿は、ゴジラ批評上の重要な論点を整理し、「シン・ゴジラ」と人びとの歴史意識を考えるための論点群を提示する、ごく限られた視角から書かれたメモにすぎない。

二　人びとは「シン・ゴジラ」を語りたい

二〇一六年の日本映画は、震災（災害）や戦争の経験を物語構成の重要な一部とする作品が大きな話題となった。それはもちろん、「君の名は。」（新海誠監督、八月二六日公開）、「この世界の片隅に」（片渕須直監督、一一月一二日公開）であり、「シン・ゴジラ」（庵野秀明監督、七月二九日公開）もその一つだった。ここ数年で日本映画歴代興行収入成績上位にはいった作品をみると、二〇一三年の「風立ちぬ」（宮崎駿監督）、「永遠の０」（山崎貴監督、東宝配給）、などがあり、「シン・ゴジラ」はこれらにせまる成績をあげた。すでに多くの指摘の通り、「シン・ゴジラ」（特に監督・庵野秀明）は岡本喜八監督「日本のいちばん長い日」（一九六七年。二〇一五年に原田眞人監督によりリメイクされた）の影響を受けているが、(2)さらに「シン・ゴジラ」に出演した塚本晋也が「野火」（市川崑監督、一九五九年）をリメイクしていて、二〇一五年度の映画作品とあわせて考えてみることも重要だろう。(3)矢口蘭堂を演じた長谷川博己もまた二〇一五年「この国の空」（荒井晴彦監督）で素晴らしい演技を見せた。これらの映画では、戦争末期（特に空襲下や原爆投下前後）の庶民の日常生活や、戦場とその「身体感覚」、敗戦時における政治指導者をめぐる政治過程が焦点になっている。

そして、二〇一六年はこうした状況を引きつぎつつ「震災」「災害」経験をふまえた作品がヒットした。そのことは「戦争」と「震災」の経験とその表象（作品化および批評態度）が相互連関しつつ問題の焦点に、ようやくなってきたことを示している。新安保法制の成立により、現在の自衛隊とその武力行使をめぐる人びとの意識のありかたも、大きな影響を与えたであろう。

「シン・ゴジラ」は二〇一七年一月発表の数値で八二・五億円（二〇一六年二位。一位は「君の名は。」）、日本映画歴代興行収入第一六位を記録している。(4) 観客動員数は五五〇万を上回り（二〇一六年一一月一六日まで）、『キネマ旬報』ベスト一〇では二位となった。そしてすでにネットをふくむ批評の膨大な「言論空間」をふまえた問題提起力に富む藤田直哉の批評作品がある（『シン・ゴジラ論』作品社、二〇一六年）。また『ユリイカ』が「総特集『シン・ゴジラ』とはなにか」を組み（第四八巻第一七号、二〇一六年一二月臨時増刊号）、赤坂真理ほか『「シン・ゴジラ」をどう観るか』（河出書房新社、二〇一六年）や、日経ビジネス編『「シン・ゴジラ」私はこう読む』（電子書籍、二〇一六年）が発表されている。「危機管理」の関心から（「シン・ゴジラに学ぶ日本の危機管理」『週刊朝日』二〇一六年九月九日号）、日本人と核との関連を問うもの（「シン・ゴジラと核」『週刊金曜日』一一〇四、二〇一六年九月一六日号）まで幅広い論点の提起が行われている。

またこれもこの映画に特徴的だが、安倍晋三首相や枝野幸男、石破茂、細野豪志、福島瑞穂らの政治家が「シン・ゴジラ」を語っている。「なぜみんな「シン・ゴジラ」を語りたがるのか」という問いに見られるように（長山靖生、前掲『週刊金曜日』）、「その時代その時代の人々の願望や限界を具現するように出現したゴジラは、観る人の数だけ様々なイメージで捉えられてきた」と指摘されている（八本正幸『ゴジラの時代』青弓社、二〇一四年）。(5) こうした多様な解釈可能性・象徴の多様性をふまえ、問題は多様な解釈の振れ幅（いいかえれば両義性）のなかに時代の個性を読むことだろう（前掲藤田『シン・ゴジラ論』）。

国会事故調査報告書を輪読しているという福島高校のグループ（「ガチリン」＝「真剣に輪読する」）は、「シン・ゴジラ」観賞後、ゴジラと福島第一原発事故対応に共通する課題を考えるイベントを開催している（二〇一六年一〇月二三日、二四日、『毎日新聞』地方版、Web版）。高校生を中心としたこうした試みからは、どのような地域社会での実践的身振りが生まれてくるのだろうか、興味あるところだ。(6)

三　ゴジラ——問題の束

ゴジラとは何か、という問いは多くの批評のなかで繰り返し論じられてきた。比較的よく知られているものは川本三郎・加藤典洋らによって論議されてきたもので、ゴジラをある時代感覚・歴史認識の表出とみて作品制作の時代・社会状況を視野にいれるという関心から、ゴジラを第二次世界大戦の「死者」（ここでは主なものとして「南方」での「戦没兵士」たち）と結びつけ、靖國神社や天皇とも関連づけて論じるものだろう。特に加藤は「戦没兵士」のもつ「加害」と「被害」の両義性にまで視野をおよぼし、ゴジラは戦後日本が消化できない「不気味なもの」であったという。(7)しかし、同じく加藤が指摘するように「シン・ゴジラ」が多くの批評を喚起したのは、まずは既存の「ゴジラ」概念をリセットしたからだ。東京湾アクアラインに登場した「巨大不明生物」はいまだに「名」もなく、蒲田に上陸したそれは、私に「何だこれは」という気持ちを起こさせた。「シン・ゴジラ」は「怪獣」「怪物」とはそもそも何か、今、それらをテーマに映画を作るということはどういうことか、にまで思考をさかのぼらせて制作されている。(8)

さきの川本・加藤らの批評は一九八〇～九〇年代の思想・文化の社会状況をふまえてなされているけれども、同じ頃、もっとも根底的なゴジラ批評を展開したものは高橋敏夫の作品だろう。(9)高橋は花田清輝の批評や武田泰淳「「ゴジラ」の来る夜」に感銘をうけつつ自らのゴジラに対する思索を深めていった。高橋は、「そもそも「怪物」とは何だろうか？」と問い、「怪物」を「それが何だかわからないが、たしかにそこにいて、周囲に甚大な影響をおよぼしつつあるもの」ととらえる。したがって問題はこうした「怪物」を生み出す「普通」の意味と、逆に「怪物」を措定することによって自覚・強化されていく「普通」の秩序とにある。(10) 一九五四年の最初の「ゴジラ」（本多猪四郎監督）は、「戦後」という社会が「普通」としてその秩序を形づくる際にあらわれた存在であり、九〇年代から以降を「怪物の時代」ととらえる高橋は、その時代を「戦後」の秩序の解体のはじまりと、論じているのである。「汚穢」「怪物」、そして「巨大正体不明生物」などがそれ自体検討の対象となるのはその「存在」が「秩序」を照らしだすからだ。「怪物の表象こそ、不可視の秩序と諸体系を可視化しているのである。はたして、ゴジラという表象が可視化したのは、いかなる不可視の秩序の体系だったのか」。だから、ゴジラが、なぜ「恐竜スタイルなのか」といえば、それは一九五〇年代なかばからはじまる「急速な近代化、すなわち高度成長の時代の特有な時間意識のデザイン」なのであり、戦災復興をとげると同時に、ある「自由」な解放空間は次第に消滅しつつあるなか「過剰なまでに秩序を求める意識が、美しく整然とした秩序の外あるいは周縁に秩序イメージとは反対のグロテスクなイメージを描きだした」のであり、「ゴジラ映画における「防衛隊」は人々の過剰な秩序意識の象徴」なのである。「ゴジラは核とのかかわりだけで出現したのではない。「水爆大怪獣」はゴジラの一部をいいあらわすにすぎない。ゴジラは戦後日本社会の諸問題の束であり、それゆえに「大怪獣」なのである」。

さらに、私たちが、ゴジラ作品からうけとるべき論点は、「ゴジラは、「怪物があらわれた、怪物を殺せ」という怪物撲滅の物語ではなく、「怪物があらわれた、人間が変われ」という人間変更・世界変更の物語を可能性としてもっている」ということなのである。

一九九五年の「ゴジラvsデストロイア」（大河原孝夫監督）は、東京台場でゴジラが「メルトダウン」して消滅、「ゴジラ死す」の文句が宣伝されたこと、さらに「戦後五〇年」の年に上映されたこともあり、「ゴジラの終わり」がさまざまに論じられた。しかし高橋はゴジラの「生」と「死」がトータルにとらえられ、そしてその根拠が消滅させられないかぎり、ゴジラ作品に終わりはない、と指摘し、その意味を「近代化によって出現した社会的優勢が社会的劣勢を抑圧しつづける限り。時間と自然の社会的抹殺が続く限り。清潔なものが汚れたものを忌避しつづける限り。秩序が世界を分割し、外を排除しつづける限り。……わたしはずっと「ゴジラ」を感じ続けるにちがいない」と述べていたのである。(11)

四　好きなことを好きなように……

ある批評者（会社員、二七歳）は「「シン・ゴジラ」は、「好きを通すのは難しい」この国にあって、「好きなことを好きなようにする」ことの魅力に満ちた映画である」と述べ、「重要なのは、ゴジラという非日常の怪物の登場によって初めて、彼らが「好きなこと」をできたということだ」と書いている（『キネマ旬報』№一七二八、二〇一六年一〇月上旬号）。(12)「好きなことを好きなようにする」ことのメッセージが、武力発動を多くの規制にとらわれて即断できない官僚機構（前半の描写）へのルサンチマンとそれと対になる「決断できる指導者」や優秀な政治エリートチームの活躍に還元されてしまうあやうさはあるだろう。(13)

「シン・ゴジラ」にナショナリズムやファシズムへの「誘惑」を指摘する批評は多い。自衛隊の「リアル」な描写を論じるなかで藤田直哉は「「兵器は好きだけど、戦争は嫌い」という感覚」（宮崎駿「風立ちぬ」が参照されている）の存在を指摘し、そして「シン・ゴジラ」は「映画という虚構の中の破壊を通じて、この「戦争の快楽」「ファシズムの誘惑」を、戦後の日本社会に改めて突きつけ、倫理や常識や価値観を揺さぶった」と論じている。「「美」としかいいようのないような（ファシズム的な）魅力を理解する。しかし同時に戦争に反対する高次の倫理へと連れて行ってくれるのが、〈ゴジラ〉〔引用者注――作品としての「ゴジラ」ではなくそこで描かれ問題化されたもの〕である」というのだ。この論点は、戦後日本民衆が培ってきた戦争についての意識と、その断絶のすえに出現しつつある「美としての戦争」＝ファシズムとの関係を問題化し、ファシズムの危機を超克するためにこそ「美としての戦争」をも考え抜くこと、を提起したものであろう。「好きなことを好きなようにする」という「快楽」を現在、どのような位相として考えるか、ということでもある。(14)

関連して、「シン・ゴジラ」について、加藤典洋は「いま「怪獣」が現れる」ということは「原発事故や震災だけではなくて社会的な抑圧」といったところまで「意味象徴性」が広がったと指摘する。社会的・文化的な抑圧体質が浸透してしまっている日本社会のなかでの「ゴジラ」を考える、という提起は、おそらく加藤の言うような「電通文化」論以外にも広がるはずの論点だろう。

五　乱反射する問い

紙幅はつきてしまった。まだ論じねばならぬ問題は多い。対米関係とゴジラという問題はその大きな一つである。国立歴史民俗博物館の展示でも著名な「ゴジラ」（一九八四年版、橋本幸治監督）は、「一九五四年のゴジラに帰れ」「恐怖のゴジラの復活」というコンセプトで製作され、原発を襲い、冷戦・核戦争の恐怖の象徴として表現された。それは「経済大国」化した日本の現状のなかで「忘却」されつつある「戦争」や「核」、対米従属の表象であった。(15)

同時に、これも高橋がすでに指摘しているように、日米関係（対立）への過剰な関心が、ゴジラが怪物化する「南」へのまなざしを不可能にしてしまう。「これは、ゴジラが登場当初から、水爆実験や国際関係、秩序防衛と秩序破壊などに深くかかわる、きわめて政治的な怪物であったことを、あらためて想起させる」。(16)

大衆文化にあっては、制作者の意図とは関係なく人びとが受容し批評するその論理に、ある時代の国際情勢認識(ある種の地政学)や、歴史認識の特徴、人びとの欲望が批評のことばを通して表現、転写されている。「ゴジラ」などに描かれた歴史認識や政治性を問題として提示したましこ・ひでのりは「ゴジラ作品やモスラ作品が共通のモチーフとしてかかえている地政学的な暗黙の設定として、太平洋がどう位置づけられてきたか? 北太平洋をめぐる覇権あらそいといって過言でない太平洋戦争(あるいは、それに、はるかに先行する琉球国へのペリー艦隊来航)以来の地政学的不安やナショナリズム、そして同盟国という「名分」下の事実上の準植民地状態が、どう影をおとしているか? といった、作品の含意を分析していく」ことが重要であると指摘している[17]。

在日米軍が、また中国がどのように描かれるのか/描かれないのか(猪俣賢司)、そして沖縄のいまにとってゴジラとは何か(花田俊典)[18]。こうした問いを抱えつつ、アニメ版とハリウッド版の企画が進行中であるという。ゴジラは、いまもここにいる。

(1)　もっとも根本的な「シン・ゴジラ」否定論に川村湊「シン・ゴジラ対Qゴジラ」赤坂真理ほか『「シン・ゴジラ」をどう観るか』(河出書房新社、二〇一六年)がある。川村のゴジラ論については『戦争の谺』(白水社、二〇一五年)も参照のこと。

(2)　春日太一「『シン・ゴジラ』は岡本喜八の弔い合戦である」前掲『「シン・ゴジラ」をどう観るか』。映画史上の岡本喜八の位置づけについても参考になる。

(3)　塚本は「戦争が、少しずつ近づいてきている感じがします」と時代への感じ方を語っている(藤田直哉によるインタビュー『すばる』二〇一五年九月号、二一二—二三三頁)。

(4)　一般社団法人日本映画製作者連盟二〇一七年一月発表、http://www.eiren.org/toukei/index.html 二〇一七年五月一〇日閲覧。

(5)　その他、元SEALDsの学生たちの対談:奥田愛基×牛田悦正「大学生、ゴジラ観ようぜ」前掲『「シン・ゴジラ」をどう観るか』一二七—一三九頁を参照。

(6) ゴジラは人びとの「欲動」を投影する「器」であり「ゴジラが自分を映し出す鏡」との評もある（長山靖生「シン・ゴジラ虚構の幸福、現実の不幸」前掲『「シン・ゴジラ」をどう観るか』五七―六七頁）。唐突だけれども、天皇についての感想を聞かれると人びとは自己自身を語るという言表形式との異同も重要。ゴジラと天皇という問題は三島由紀夫とゴジラといった問題設定や、加藤典洋・赤坂憲雄・藤田直哉らの批評で指摘されている。

(7) 川本三郎『今ひとたびの日本映画』（岩波書店、一九九四年）、加藤典洋『さようなら、ゴジラたち——戦後から遠く離れて』（岩波書店、二〇一〇年）。この点については、ましこ・ひでのりの根本的批判がある（ましこ・ひでのり『ゴジラ論ノート』三元社、二〇一四年）。

(8) 加藤典洋「シン・ゴジラ論（ネタバレ注意）」『新潮』二〇一六年一〇月七日号、同「今度のゴジラはひとり。」前掲『シン・ゴジラ』をどう観るか』六―一五頁など。

(9) 代表的なものに『ゴジラが来る夜に』（廣済堂出版、一九九三年、集英社文庫版一九九九年）、『ゴジラの謎』（講談社、一九九八年）がある。高橋の東日本大震災についての見解はとりあえず「ゴジラ、フクシマ、新巨神兵抹殺でもなく隠蔽でもなく人間変更の物語へ」『図書新聞』三〇九二（二〇一三年一月）。ましこが指摘するように加藤らに比較して高橋の議論はあまり取り上げられることがない。武田泰淳「「ゴジラ」の来る夜」は『日本』一九五九年七月号に発表、現在は高橋も編集に参加した『戦争×文学冷戦の時代』（集英社、二〇一三年）に収録されている。

(10) 周知のように民俗学などが中心であった「妖怪」「怪物」論に歴史学の側から関心をよせ、近代化していく社会のなかで取り残され、かつ悲惨な境遇に追いやられていく人びとの「怨嗟」や「恐怖」「不安」などの形象化を通して民衆意識の総体にせまろうとしたのがひろたまさきの一連の「妖怪的世界」論である。

(11) さらに高橋は先駆的にも「怪獣映画とジェンダー」にも言及していた。「シン・ゴジラ」については、従来のゴジラ作品に比較して女性観客が多いともいわれるが、とりあえずこうした問題については石田美紀「尾頭ヒロミというヒロイン」『ユリイカ』四八―一七、一七一―一七六頁所収。

(12) 論点の軸として四方田犬彦による杉浦茂マンガ『大あばれゴジラ』（『おもしろブック』一九五五年六月号別冊附録）についての批評を参照。杉浦マンガは「子供たちのラブレー」と評され、「荒唐無稽な破壊と即興性」にみち、「原っぱの解放空間」を思わせるゴジラ襲来時の子どもたちの行動は人びとが避難したのちの街でお菓子を自由に食べる「フーリエ的乱行」と指摘される（『杉浦茂—なんじゃらほい—の世界』三鷹市美術ギャラリー、二〇〇二年）。

(13) これも唐突な発想だけれど、敗戦後の思想のもっとも良質的な部分の一つに「いのちがけで好きなことをしよう」というものがあるだろう。元海軍経理学校生徒であった白鳥邦夫が小学校で実践した方法に即したもので、その思想は「上からの民主的なルール」に対して、子どもたち自身が「自由」のなかから秩序を創る過程を経験しながら深められていく（拙稿「戦後子ども論」『シリーズ戦後日本社会の歴史4　社会の境界を生きる人びと』岩波書店、二〇一四年）。白鳥はサークル運動（山脈の会）を主宰していくが、その晩年には「戦後民主主義」は「制度」や「手法」は広がったが「中身は空っぽ」と総括することとなる（『山脈』第七六号、二〇〇三年二月、一三二頁）。「シン・ゴジラ」でいえば、社会的抑圧性の対象（制度）と「好きなことを好きなようにする」主体とはだれか、という問題になろうか。

（14）藤田の批評が興味深いのは、現在における「ファシズム（の美学）」への魅力を「関係性の時代」という認識と対にして考えていることである。そこでの論点は「あまりにも「情報社会」「ソーシャル」などのヴァーチャルに比重を置きすぎたゼロ年代に対する反動として、「生身」「現実空間」「情動」への飢餓が高まっている」という時代認識にある。吉川浩満も「シン・ゴジラ」を「日本社会に実存するファシズムへの愛と幻想を十全に描き出し」たと評している（「魅惑のゴジラ・ファッシ」前掲『「シン・ゴジラ」をどう観るか』九九頁）。そこではロラン・バルトの「ファシズムとは、何かを言わせまいとするものではなく、何かを強制的に言わせるもの」ということばが引かれている。社会的抑圧とある特定の言説の過度な活性化の構造連関の認識は、現代日本の情況を考えるうえで改めて重要な論点であると同時に、戦時期社会論や戦後日本のファシズム認識の特徴にまで及んでいく問題である。

（15）安田常雄「歴史叙述としての歴博「現代展示」」『日本史研究』五八三、二〇一一年三月、一一五—一三二頁。

（16）前掲高橋『ゴジラの謎』一一頁。

（17）前掲ましこ『ゴジラ論ノート』一二三頁。

（18）猪俣賢司「南洋史観とゴジラ映画史」新潟大学人文学部『人文科学研究』一二三、二〇〇八年一〇月、花田俊典『沖縄はゴジラか——〈反〉・オリエンタリズム／南島／ヤポネシア』花書院、二〇〇六年。

（「時評」『歴史学研究』九六一号、二〇一七年九月掲載）

（追記）　私にとって「ゴジラ」とは何か？　そのことをわかっていたわけではないから、考えるための素材を集めた。「政治の美学」への欲望と関係性の時代、「好きなことをしよう」との呼びかけとその「主体・方向」という問いに気づいたことは意味があった。それは、ようやく見えてきた震災後の社会意識と思う。見つけた誤字は訂正した。なお、最近の大塚英志『感情天皇論』（ちくま新書、二〇一九年）も参照してほしい。

座談会　シリーズ「3・11からの歴史学」の射程

阿部浩一・大門正克・奥村　弘・
北原糸子・保立道久（司会　鈴木　茂）

1　シリーズ「3・11からの歴史学」の現在地点

鈴木茂：『歴史学研究』は、二〇一三年三月号からシリーズ「3・11からの歴史学」の連載を開始し、3・11が歴史学に投げかけたさまざまな問題を議論してきました。連載は、二〇一七年九月号の「その10」をもって一旦終了しましたが、その議論をどのように発展させていくか、改めて考えてみることが必要です。二〇一八年大会の特設部会はその一つの試みで、多くの参加者を得て、活発な討論が交わされました。今日は、特設部会でご報告いただいた阿部浩一、保立道久、北原糸子さんの三人に、連載の中で資料保存活動についてご寄稿いただいた奥村弘さん、連載企画時の編集長である大門正克さんをお招きし、シリーズを通して明らかになった歴史学のあり方をめぐる問題と、今後の課題について議論していただきます。まず大門さんに、この連載を始めた動機からお聞きしたいと思います。

大門正克：歴研と3・11の最初の関わりは、二〇一一年一一月号の緊急特集です。震災から半年くらいの時点で、かなり時間がないなかで特集を組み、翌年の歴研大会には、それらをさらに拡充した『震災と核災害の歴史学』として一冊の本にしています。取り組みとしては早いものがあったのですけれど、震災と核災害の歴史学という課題を考えると、歴史学は震災や核災害の問題について、必ずしも、いや、決して今まで十分な取り組みをしてきたとは言えないのではないか、という思いが、私の編集長時代にありました。それらに何らかのかたちで取り組む必要があるのではないかと考え、編集部や委員会で議論して、編集長になった翌年の二〇一三年春から、年に二回のシリーズ「3・11からの歴史学」をスタートさせました。よく覚えているのは、私の最初の提案は「3・11と歴史学」、「と」だったんですね。委員会のなかで、「と」ではなくて「から」の方がいいのではないかという提案があり、取り組みへの反省をふまえ、さらにたえず歴史学のあり方にもどって議論すべきだという含意を込め、このタイトルになりました。初回の編集後記に、私は「未来への投錨」と書きました。この取り組みが未来へ向かって錨を投げる、何年か後にシリーズを終えたときに、どれくらいの足跡を残すことができるのか、それを同時代史的に確かめていきたい、そんな思いでした。結局、このシリーズは、私の次に編集長をされた鈴木茂さんが九六一号の「その10」まで続けてくださり、四年半で終えることになりました。今日は3・11から七年目、連載開始からですと五年目になります。今日の座談会でも、この七年目、五年目という地点から振り返ってみて、「3・11からの歴史学」の現在地点を参加者がさまざまに出し合い、確認できればいいのではないかと思っています。

改めてシリーズ「3・11からの歴史学」を通して読んでみました。企画自体は、毎回、それまで頼んでいない人にとか、提起された問題からさらに次の提起へというかたちで進めた経緯がありますけれど、一〇回の取り組みを総覧してみると、震災・核災害と歴史学が開く地点がよく見えると思いました。到達点が示されたというよりも、歴史学を取り巻く課題がよく見えるようになったのではないかと思います。分野という点では、何よりも災害史が提起され、災害史そのものの研究を促すと同時に、例えば妊娠と災害のように、災害史を研究する新たな視点も提起されています。それに何よりも、資料とアーカイブズという問題が、歴史資料ネットワーク（史料ネット）の活動などと軌を一にして、この「3・11からの歴史学」のなかでもさまざまなかたちで議論されました。地震学との接点が提起され、ここにいらっしゃる保立さんをはじめとして、文系と理系をつなぐ論点が開拓されてきています。担い手の広がりという点では、歴史や歴史学に関わる人々が、大学などの教育機関のみならず、自治体や史料ネットのなかにも教職員、学芸員、学生など、さまざまな人たちの姿を見つけることができます。社会との関わりの広がりも、この企画の大きな特徴で、それを歴史学がどう受け止めるべきなのかということが大きな論点になるのではないかと思っています。もう一つ、叙述と同時に、表現の問題も、歴史学に問われているのだと思います。この間、論文だけではなく、たくさんの報告書がつくられているわけですし、「3・11からの歴史学」でも「史料と展示」に留意しました。写真や詩などもこのシリーズのなかに含まれております。歴史と関わって何かを表現しようとする、叙述しようとするとき、文字資料以外の叙述・表現の広がりを歴史学がどう受け止めるのかということについても、今日の議論のなかで深めることができればと思います。

鈴木：現在地点というと、福島県はまさに現在進行形でずっと続いている最先端の地域だろうと思います。福島を拠点に、さまざまな活動をされている阿部さんは、福島でのご経験をふまえて、3・11からの七年、連載開始からの五年をどうお考えでしょうか。

阿部浩一：まさに現在進行形ですので、とても振り返るような段階ではなく、なかなか難しいところがあるのですが、ふくしま史料ネット関連のシンポジウムから、3・11からの問題をどの段階でどのように捉え、考えようとしてきたかが、少しわかるのではないかと思います。これは私なりに、いま何が福島で必要なのか、ということを受け止めながら企画を考えてきたところがあるんですね。

最初は、二〇一三年二月の「ふくしま再生と歴史・文化遺産」というシンポジウムです。当時は、地元にいても警戒区域の現状をなかなかつかむことができないなか、二〇一二年夏から被災文化財等救援委員会の支援が入って、ある程度レスキューが進んだ段階で、とにかく福島の現状を発信しようと企画しました。五味文彦先生のご高配により、幸い山川出版社から本にまとめることができ、一般の方たちにも広く情報を発信できました。

次に、歴史学、考古学、民俗学、自然史の分野でどういう課題があるのかを確認しようと、「懇話会　ふくしま再生と歴史・文化遺産２０１５」を一月に開催しました。さらに、二〇一四年頃から福島県でもいろいろな動きが出始めていくなかで、富岡町が歴史・文化等保存プロジェクトチームを役場内に立ち上げて早くから活動を始めていたこともあり、九月に「懇話会　ふくしま再生と歴史・文化遺産２０１５II」を開催して、富岡町の取り組みと地域史をどう叙述するかという問題について認識の共有をはかりました。二〇一六年三月の第二回全国史料ネット研究交流集会では、震災からちょうど五年目ということもあり、各方面のご協力を得て、東日本大震災を中心とした被災地の取り組みを全国に発信するとともに、宮城の佐藤大介さんの筆による「ふくしまアピール」を公表しました。

福島県立博物館を中心とする活動のなかで「震災遺産」という言葉が取り上げられるようになってきたのも二〇一

四年頃です。それから、白河のまほろん（福島県文化財センター白河館）では、民俗技術、特に民具の制作技術の伝承に関して、映像で記録することの限界と可能性を探るため、実際に学芸員の方たちが自ら箕を作成してみて、それを職人さんと意見交換しながら、実際の映像として記録を残すという試みに挑戦していました。そういう新しい動きを内外に発信していきたいということで開催したのが、二〇一七年六月の「ふくしまの未来へつなぐ、伝える——歴史・文化・震災遺産の保全と活用の今」です。震災を振り返っていくことももちろん必要なのですけれど、もう少し先を見すえて、歴史学を含め、これからどういう取り組みが必要になってくるのだろうかということを、「未来」という言葉を入れて意識しました。

この後、いわきで国文学研究資料館の西村慎太郎さんを中心とするシンポジウムが開かれ、泉田邦彦さんから、地元の人たちが自分たちで歴史を書き残そうという動きが出てきているという報告がありました。被災地から自分たちの歴史を書き残そうという動きを歴史研究者が支援するかたちが現れ始めていたのです。私も地元の史料をなんとか保存したい、どうやったら守れるのかという相談を受けたことがあり、地元の人たちが自ら歴史をどう残し書き伝えていこうとするのかを、もう一つの新しい動きとして捉えたいと考え、二〇一八年四月、「ふくしまの未来へつなぐ、伝えるII——地元から立ち上がる資料保全と歴史叙述」というシンポジウムを開いたのです。

復興というと、ライフラインの再建に始まって、生活基盤、産業の整備へと段階的に進んでいくわけですが、そういうなかで歴史学には何ができるのかということを考えたとき、地元から自分たちの歴史を残したいという動きが自然と湧き上がってきている、そのことを歴史学はしっかりと受け止めるべきだろうと思ったんですね。そういう意味で、まさに地域に寄り添って復興を手助けすることが歴史学にもできるということを、改めて多くの方たちから教えていただきました。富岡町の三瓶秀文さん、門馬健さんたちは、3・11を起点に富岡が語られてはならない、歴史が断絶しないよう、それ以前からの長い歴史をふまえた地域性のなかで全体を捉え、そこに歴史資料も震災遺産も、それから民俗資料とか、いろんな生活文化をトータルで保存し継承していく、そして後世の人たちも享受できるようなかたちをとっていこうとされています。大熊町の場合はもっと深刻です。中間貯蔵施設の建設によって、景観の大半が失われてしまう。その時に大熊町の関係者は「ＤＮＡを残す」という、非常に強烈な、インパクトのある言葉でそのことを表現しているわけですね。こういった取り組みは、決して原子力災害の被災地だけの問題ではなくて、広く日本中で問題になってくると思います。それを歴史学の問題として受け止めながら、少しでも全国とつないでいく、普遍化していくことによって、改めて歴史学は今後どういったことをやっていかなければいけないか、研究者、学芸員、自治体関係者、そして市民を含む多くの人たちとこの問いを共有していかなければいけないんじゃないかなと考えています。

２　資料保全活動から見た阪神・淡路大震災と３・11

鈴木：歴史学が地域の歴史を書き残そうという動きをどう受け止めるか、支援するかという問題に関連して、奥村さんは資料保全について、現在の到達点、可能性、課題をどうお考えですか。

奥村弘：先ほど大門さんのお話で出ました、「３・11と歴史学」にするか「３・11からの歴史学」にするかの議論は、私たちにとってとても重要な問題です。両方あると思ってるんですね。阪神・淡路大震災をきっかけにして歴史資料ネットワークが神戸にできてから、直下型地震や水害などの被害が発生するにつれ、資料ネットがあちらこちらに広がっていくんですけど、そういう立場から見ると、３・11から始まるわけではない。私たちには、それまで積み上げてきたものが東日本大震災でどのような具体的なかたちで展開できるのか、という問題意識がありましたから。一方、「３・11から」ということで、同時に考えなければならないこともあります、ちょうどその直前まで、資料保存に関して被災地相互で全国的に話し始めなければいけないということで、科学研究費基盤研究（Ｓ）が進行中だったのですね。そこに東日本大震災が来た。一番重要なのは、こんな大きなトラフ型の地震が来るとは、私たちもまったく想定していなくて、そこが問われたことだと思っています。広域的な大規模災害にどう対処するかという問題は、本当に初めての経験なので、やはり「３・11から」だと思いましたし、もう一つ、先ほどの福島の話で言いますと、原子力災害との複合型災害への対応もまったく考えていなかったのですね。被曝した資料をどのように取り扱うか、ほとんど経験がなくて、その後もチェルノブイリで医師としての経験がある、当時の松本市長・菅谷昭さんに聞きに行ったり、ユネスコの文化財保存関係の資料を取り寄せたりしました。いずれにしても、広域性と原子力災害が重なったということがとても大きい。もう一つ、あまり言われてないんですが、首都圏が直接的に被災地になったこともとても大きなことではないかと思います。現在、首都圏ではこのことが忘れ去られていることもあろうかと思いますが、阪神・淡路大震災とは違い、中央の重要な課題として展開をしていると思います。阪神・淡路大震災のときは、直後にオウム真理教による地下鉄サリン事件が起こったために、特に首都圏ではマスコミなどから急激に情報が流れなくなりました。首都も被災地になったということを、もう一度、歴史学の課題として考えておかねばならないのかな、と思っているところです。

資料とアーカイブズに関しては、阿部さんが地域に寄り添う歴史学というふうに言われました。私自身も、資料の保存を地域のなかで考えるというとき、第一義的にはその地域の記憶を継承していく、地域文化そのものを持続的に存続させていくということが大きな課題となって、私たちの前に具体的に現れたと思っています。そう考えないと、資料保存もできないし、資料保存そのものに社会的に意味があるということを知っていただけないことがはっきりしたんじゃないかと思っています。このことは3・11以前から各地域で課題となり始めていたのですが、広域災害が起こったことによって、一挙に歴史学が取り組むべき最重要課題として提起されたのではないかと思っていまして、阿部さんが言われた地域に寄り添う歴史学にもつながっていくのではないかなと、今お聞きして思ったところです。

資料ネットの展開を考えても、3・11は大きな画期になっています。災害に対して広域で支え合う体制の必要性が認識され、各地で資料ネットが設立されるという流れができあがってきたと思います。先日、阿部さんも触れられた全国史料ネット研究交流集会が開かれましたが、今回で五年間連続して開いてきたことになります。まさか全国的なかたちで、毎年議論できるとは、私たちが阪神・淡路大震災で始めたときにはまったく考えてもいませんでした。そろそろ阪神・淡路大震災から二五年になりますけれど、少なくとも私自身の経験のなかでは、大きな違いが出てきていると考えています。

もう一つ、一九九五年から考え、九七年の日本史研究会の特設大会でも議論したのですが、私たちの資料ネットの活動の前にあった、戦後の歴史学のさまざまな資料保存運動に関わる評価や経験が、私たちの活動に直接つながっていると考えておりました。その直前には、日本近現代史では民事裁判記録の保存運動がありましたし、私自身が直接関わったものですが、日根（大阪府泉佐野市日根荘の里）の景観保存運動が特定の時代を超えて大きな位置を占めていました。その意味で、単純に阪神・淡路大震災だけで始まったわけではなくて、私たちの戦後の歴史学のさまざまな運動から現在までをどのように考えるべきか、もう一度議論してもいいのかなと思います。

3　3・11と日本の学術体制

鈴木：奥村さんから、「3・11から」と「3・11と」は両方重要なんだというお話がありましたが、3・11以前から日本における歴史学、人文学、あるいは学問そのもののあり方が、いろいろな問題を抱えていたと思います。奥村さんは資料保存について、3・11がそうした問題を具体的に社会に見せたとおっしゃいましたけれども、3・11は日本における学問状況にどのような変化をもたらしたのでしょうか。保立さん、いかがですか。

保立道久：奥村さんが民事裁判記録と日根荘の話をされましたけれども、関東では上行寺東遺跡（横浜市金沢区）の保存運動と静岡の一の谷中世墳墓群（静岡県磐田市）の保存運動がありました。民事裁判記録の保存運動にも、事務的に関わったことを思い出しました。そういう資料保存の運動は、私は三、四〇代の頃でしたが、関東では歴史学研究会が支えていました。それは歴史学の職能あるいは職業に関わる社会活動ということだったと思います。

阪神・淡路大震災はその延長線上で受け止めたわけですけれど、まさかあんなことが起きるとは。大きな神社が潰れる、そして資料が古書店に流れる、前あったはずの資料がない。それで資料ネットの運動が始まったわけですが、歴史学の側では、資料保存の職能的運動が、阪神・淡路大震災を通じて資料ネットの運動につながっていったと思います。3・11の場合、さらに想像を超えたことであったわけで打ちのめされました。職能的運動がこういうかたちに展開するとは予想できませんでしたし、地域の方たちに訴えるというかたちでしたから、先ほど阿部さんが言われたような地域の側から自分たちの歴史をどうしてくれるのかと学界の側に問題提起がされる状況は想像の外でした。そのなかで、私は、職能的運動は学際的に取り組まざるをえないことを痛感しました。シリーズにも書きましたが、二〇一四年度から文部科学省の科学技術・学術審議会の専門委員を引き受け、二〇一四年度から二〇一八年度にかけての、地震・火山の次期研究計画を立てる委員会に参加し議論したわけです。地震学を支え、火山学を支え、文理の融合という立場から彼らと一緒にやることは一種の実用性を持っていて、他分野との職能的な協働の意味を実感しました。その委員会では、災害は社会的なものである、理学的なものはあくまでも災害の誘因であって、災害自身は社会的な存在であり、社会的条件こそ災害の元々の原因、素因であると確認し、災害を予知するには人文・社会科学、特に歴史学や考古学が一緒でないとできないという文章が「建議」に入りました。さらに、歴史・災害研究を行う組織の設立や研究者養成の方策を検討しなければいけないということが、政府の公的な文章に入ったわけです。実際上、資料ネットに参加されている方たちが背後におられて、そういう動きになってきたわけですね。それと同時に地震学との融合研究の中に歴史学が参加していったことが大きいと思います。その全体の状況は矢田俊文さんが「災害・環境と歴史学」（『第4次現代歴史学の成果と課題3　歴史実践の現在』績文堂出版、二〇一七年）で書かれてます。矢田さんは3・11前から新潟資料ネットを組織すると同時に地震史の理学的な研究の中に深く入り込んでました。同じ動きは東北など各地にありますが、シリーズ「3・11からの歴史学」に載ったものだと外岡慎一郎さんが若狭の地震津波についての地震学との共同研究の状況を報告しています（『歴史学研究』九〇三、二〇一三年）。地震研究所の共同利用機能の中で一定の予算が確保され、東京大学史料編纂所や東北大学・新潟大学などが参加し、また考古学から奈良文化財研究所も参加していますから、これは必然的に進むと思います。

一方、歴史学界としては、職業、つまり給料分の仕事に解消できない、独自の責務があります。歴史災害について根本から問題を明らかにし歴史像に反映していく課題です。この点をすべての歴史学者が意識して、アーカイブズや資料研究、歴史教育といった分野で、少しずつでも研究や行動を積み重ねていくことだと思います。一〇年、二〇年かけて、歴史学の関係者全体が、いろんな立場を超えてやっていけば、大きなことができると思います。私はここで、歴史教育について一言だけ言いたいと思います。小学校から大学までの教育の体系のなかに災害史に関わる理学と人文学の全体を系統的に入れることが最終目標だろうと思いますけれども、それはなかなか進んでいない。たとえば歴史教科書には災害史の情報は少ないと思います。例外として、東京書籍の中学用教科書には、「歴史のなかの大震災」という二頁のコラムがあり、3・11のほぼ同じ規模だと言われている八六九年の陸奥大地震、安政地震、明治三陸大津波、関東大震災、阪神・淡路大震災、3・11が入っています。それから、学び舎の中学用教科書『ともに学ぶ人間の歴史』では、六世紀の榛名山の噴火、八六九年の陸奥大地震、七三四年の大和河内地震と東大寺の大仏の関係、一一世紀の東南海地震が教科書の本文のなかで取り上げられています。しかし、全体としては、浅間山の噴火や天明の富士山噴火、関東大震災、阪神・淡路大震災、3・11が部分的に触れられているという状態ですので、まずここを突破することを目標にしてはどうでしょうか。そこを起点にアーカイブズの動き、災害史の動き、歴史教育の動きが統合していく方向が生まれていけばいいと思います。

4　災害史における死者

鈴木：長い間、日本では災害史を研究者する人がほとんどおらず、そういう意味では災害史は歴史学、人文科学の世界においてマージナルな分野で、ほとんどその重要性が認識されてなかったと思います。それが突然、阪神・淡路大震災、東日本大震災が起きて、一躍、歴史学なり歴史教育の重要なテーマになったということについて、災害史をコツコツやられてきた北原さんは、3・11や阪神・淡路大震災による災害史への見方の変化をどう感じられていますか。

北原糸子：シリーズ「3・11からの歴史学」を読んで、教育は別にして、若い人がどういう歴史認識をしていくのか、災害認識をしていくのかという点での問題提起がないと思ったので、歴史学研究会大会の特設部会では、東日本大震災のなかで若い人たちがいろいろな新しい動きをしていることをまとめてみました。多くの溺死者が出た東日本大震災は、死に囲まれた災害でもあったわけですので、若い人たちが死者の問題をどう考えるのか、現場にいる子たちがどういうふうに認識しているのかが大変気になったので、今回、死者の行方に問題を絞って聞き取りをして調べてみました。一番、ショックだったのは、死者の葬り方に大変困難が生じているということでした。阪神・淡路大震災の身元不明死体は三体しかないのに対して、東日本大震災の場合には、最初、何千人という数値で捉えられ、身元が判明するとともに具体的な数字になりますが、いまですら多くの行方不明者が残っています。津波災害は、明治三陸大津波の時もそうですけれど、波がさらっていくので、後で打ち寄せてきて発見されるというかたちで、発災からすぐではなく、ものすごく時間がかかって行方不明者が見つかるのです。その死者を遺族にどういうかたちで届けるのかは、大変大きな問題だったということが、新聞記事や聞き取りをしていると出てくるわけです。石巻では四〇〇〇人くらいの死者が出て、身元不明者がその三分の一くらいありました。仙台にある清月記という葬儀社が宮城県と防災協定を結んでいたので、石巻の死体処理に関して依頼があったそうです。清月記は、一連の経緯をまとめた本を出していて、なかなかこれはショックな内容です。本の元になったデータも『清月記活動の記録』という三〇〇頁くらいの資料集として非売品で出しています。詳しくは、この本を読んでいただきたいのですが、東日本大震災での遺体の行方には、ただならぬ状況があったことが、この葬儀会社からの聞き取りで実感しました。

私は、東日本大震災の死者のありようを今までの大きな災害との関係でどう位置づけたらいいのかを考えさせられました。災害史のなかの死者の行方という問題です。地震学者は災害の規模を死者の数で見ますけれど、個別にはさまざまな死のありようがあるわけですから、そう単純に数値だけでは言えないのです。自分が調べたなかでも、死者のありようはさまざまです。噴火災害の場合、磐梯山噴火では五〇〇人くらい亡くなったのですけれど、いまの桧原湖の下には桧原村の五つの集落が全部埋まったわけです。三〇メートルから四〇メートル下に、まだそのままあるという状態です。濃尾地震の場合には七〇〇〇人あまりが亡くなったのですが、一〇月二八日に震災が起きて、一一月三日には岐阜県の場合には被害統計ができているんですよ。それを修正して、約一ヵ月後の一一月三〇日に、県の公式の死者数が出ている。それで死者がはっきりしたのかという問題はあるけれども、まったく別のかたちの死亡台帳を濃尾震災祈念堂が持っていまして、これがまた数が違うし、統計のありようが違う。遺族が祈念堂に報告して作成した台帳なんですね。関東大震災の場合には一〇万五〇〇〇という膨大な犠牲者が火災の発生で焼死しました。地震が起きたのは九月一日ですが、現在の東京都慰霊堂、当時の被服廠跡、震災後に震災記念堂が建てられたところですが、ここで一週間くらいかけて、各方面からの死体も併せて焼いてしまうわけですね。ともかく衛生上の問題、腐敗臭の問題ということで、死者の特定もできないかたちでしたが、永田秀次郎東京市長の判断で焼きました。永田はその後、ものすごく慚愧の念に駆られて、個人として高野山に霊牌堂を建てる。そこに陶板で、後から調べた死者の名前を永久保存として納めたんですね。死者そのもののありようが、災害の発し方で違うのですが、社会がどのくらいの人が亡くなったのかを調べる手立てというのが、災害によって規定されているという問題があるのです。

阪神・淡路大震災の場合に新しく出てきたのは災害関連死と孤独死です。つまり、直接発災で死んだんじゃなくて、その後、いろいろ悩ましい事態のなかで亡くなった人も関連死としてカウントされるということになったわけですよね。地震学の人たちからは、これは問題だと言われます。関連死だから、いろんな条件が関わるわけでしょ。私たちの立場からすれば、災害関連死も、当然、災害で亡くなったことになるのですけれども、どこの時点で亡くなったのかということを問題にする地震学の方の人たちは、関連死の数を含めることに問題を感じているらしいです。ただ、災害関連死は、東日本大震災でもそうですけれど、今後、いろいろな災害が起きるたびに、出てくるだろうと考えられるので、医学的にも社会的にも大きい領域になるだろうと言われています。孤独死については、阪神・淡路大震災で問題化したものなのに、もっとさまざまな問題が付与されて、阪神・淡路大震災の時のような災害独自の規定ではなく、社会的に拡大された観点から捉えられるようになっているわけです。それも含めて、災害における死の問題は、私たちは今後もずっと引きずっていかなきゃいけない問題だと思います。

鈴木：生き残った人たちの記憶や経験は語り継がれていきますが、亡くなった人たちの声は、本人からはもう聞けません。それを聞くというのが歴史学の課題なのではないのかと思いますが、奥村さん、死亡者数の記録を含めて、阪神・淡路大震災の場合はどうでしたか。

奥村：阪神・淡路大震災の場合も、亡くなった方の数をどう確定するのかが問題になりました。公式には六四三四人という数が出ているのですが、震災後一〇年のところで、一番の基礎データが消えているんですね。神戸新聞の記者さんたちが、もう一度全体を調べ直そうとしたら、原本がもう捨てられていました。東日本大震災でも、その辺りの問題点はなかなか解決されていないのではと思うんです。避難所に関しては、最初に総合的に把握できるのは医療で入っていく人たちで、医療情報としてカルテに書き込まれます。災害が起きたとき、どのようなかたちで記録されているのか、それがどのようなかたちでその後の歴史的な考察や現状の把握につながっていくのかという研究が遅れている状態は、あまり変わっておらず、大きな課題だと思っています。

5 被災経験を語る・聞く・書く

奥村：亡くなった人の声を聞くということは、オーラル・ヒストリーの問題とも関わるのですけれども、阪神・淡路大震災のときは、建築学の研究者が亡くなった方々のご親族に対する聞き取りを積極的に展開しようとされました。できれば全員から聞き取るんだというふうに、当時の神戸大学の建築学関係の研究室を中心として展開するんですけれど、実際にはそう簡単にはいかなかったのです。なかなか語ってはもらえないですね。今では三〇〇件ほどになっていると思います。でもそれくらいの数しか聞き取れず、亡くなった方とどう向かい合うかという点で、聞き取りは難しいという問題も、阪神・淡路大震災のときに出ています。それでも、なぜ聞き取れたかというと、圧死が多かったからです。家の間取りがわからなければ次の災害のときに役に立たない、圧死に備えて、亡くなった方のことを教えてほしいという、軸が一本入って説得に当たったのです。それでなければ難しかった。私自身も、亡くなった方の聞き取りは一件しかしたことがありません。亡くなった方の親族に関しては、社会心理学とも連携して、心のケアという問題とワンセットにしながら進めるという議論がなされているようですが、まだまだ今後に残された課題と考えています。

一方、仕事で災害に関係された方たちは、自分がやったことに誇りがあることも含めて、しゃべってくれることが多いんですね。例えば、避難所のリーダーになった人です。北原さんと同じように、私も神戸市東灘区住吉地区で葬儀社の方が災害の当日からどう動かれたかという聞き取りをしたことがあります。亡くなった人の声をどう聞き取るのかというのも、現代史の一つの手法として、本当は追究されていかなければならないんじゃないか。震災は、私たちに重要な方法論的な問題を投げかけていると私自身も考えているのですが、まだまだ方法論として煮詰まっているかといえば、そうではないところもあって、いくつかの個別の事例が積み上がっている、そういう段階ではないかと思います。

鈴木：大門さん、オーラル・ヒストリーの観点からいかがでしょうか。

大門：奥村さんが言われたように、震災後にどのように聞くかということをめぐり、難しさがあることもよくわかります。少し話が広がるかもしれないのですが、阪神・淡路大震災が起きた後で、聞き書きに加えて、手記もいろんなかたちで書かれていて、まとめて読んだことがあります。同じように、東日本大震災の後で、福島県を中心にして、手記や聞き書きを意識的に集めて読んできました。東日本大震災と阪神・淡路大震災では少し印象が違い、東日本大震災の時には、手記もあるのですが、手記ではまだ書けないような話と言ったらいいでしょうか、なかなか厳しい経験が聞き取られています。福島では放射能の問題が非常に大きくて、その理不尽さというものを、文字にして書くことにさまざまな葛藤があるなかで、いろいろな工夫をして話を聞いているのです。福島の聞き取りでは、どのような葛藤を抱えているのかが聞き取られている場合があり、そういう点でも、震災などが起きた時の方法として、手記とは別に、聞き取りは大事なものではないかと感じています。

先ほどの阿部さんのお話とも重なって、福島の手記や聞き書きは二〇一五年くらいから、少し潮の流れが変わってきている感じがしています。聞き取りのなかで、震災後の厳しい経験などが語られるようになったのは、主に二〇一五年以降のことだと思います。最初に奥村さんが、3・11からとそれ以前からの両方が重要と言われ、その通りだと思いましたが、3・11に即して考えるべきことはまだ多くあります。東日本大震災では、首都圏を含めて広域的であることと原子力災害が加わることで、規模と質の打撃が増し、人々は自らの経験を歴史や資料と結びつける余裕をもつことがなかなかできませんでした。それが、震災から四、五年がすぎた二〇一五年くらいから、資料や歴史と人の関係をめぐる認識が変化するようになってきました。つまり、資料は何かに活用するだけではなくて、人々を支える資料と歴史のようなかたちで、資料と人々の関係についての認識が深まってきました。これは、保立さんが先ほど言われたような、おれたちの歴史をどうにかしてくれという時代に私たちは生きている、ということですよね。東日本大震災以降の大きい特徴だと思いますね。あるいは、阿部さんも言われたように、福島で起きていることは福島だけのものではない、非日常で起きているように見えることがそうではない、そこをどう学術の問題としてつないでいくのかがますます問われるようになってきているのも、二〇一五年以降の特徴ではないかと思っています。

そういうなかで、歴史学が問われている場が二つあると思います。一つは、資料と関わる地域と歴史学、もう一つは学問としての歴史学です。ここでは前者について話します。

阿部さんも使われていて、私も最近よく使う言葉の一つに「つなぐ」があります。現在と未来を「つなぐ」、何かと何かを「つなぐ」。「つなぐ」は、歴史学とのかかわりで、現代が抱える大きな課題を考える際の重要なキーワードになっていると思うのです。東日本大震災の核災害の問題を考える際に、分断という大きな問題が依然としてあり、歴史学は必ずしもまだうまくアプローチできていない。つまり、地域に即したところでは、資料をどう保存するかのようなかたちで問題を展開できるようになったわけですが、避難した人々の問題は、歴史学からすごく遠いところにあると思います。たとえば、二〇一七年の暮に出た『幸せになるための「福島差別」論』（池田香代子ほか、かもがわ出版）のように、避難した人も残っている人も、お互いの立場を認め合おうという、シンプルに過ぎる問題提起では問題を解決することはできないと思っています。

そのようなとき、最近、大事なことが書かれている、語られていると感じたのが、『大字誌　ふるさと請戸』と、栃木避難者母の会・宇都宮大学国際学部附属多文化公共圏センター福島原発震災に関する研究フォーラムの『原発避難を語る』です。請戸の本では、請戸に住んでいらした方たちの記憶をもとに書いた手記が続いた後、五四頁に津波の写真が出てきます。それまであった日常が津波によって断ち切られたことが伝わる構成になっています。もう一冊の『原発避難を語る』には、避難している人たちの他の本とくらべたときに、強く印象に残る個所がありました。聞き書きなのですが、請戸の本と同じように、最初に3・11が起きる前の暮らしについて聞いています。避難した人についてのほかの本にはない特徴です。請戸の本と『原発避難を語る』では、いずれも3・11の前の状況が語られているので、県内に避難した人にとっても、県外に避難した人にとっても、3・11以前の地域での暮らしが、それぞれにとって大事であったことがよく伝わってきます。

つまり、阿部さんが言われた地域に寄り添うは、県外に避難した人たちにもあてはまるのであり、歴史学はそこを含めて「つなぐ」必要があるのではないか。先ほど北原さんが話された死者を含め、文字資料以外の経験や記憶、夢や幽霊や声といった多様な3・11をめぐる反応を歴史学はどう受け止めていくのか、そのことが歴史学の課題として提起されています。歴史学と地域のかかわりでは、もう一回り視野を広げて、原発災害をめぐる分断にも対応する必要があるのではないか、と思っています。

6　地域に寄り添い記憶をつなぐ

奥村：過去の記憶をつないでいくなかで震災を考えるやり方として、「失われた街」模型復元プロジェクトというのがあります。例えば、福島県の楢葉町などでは、放射能汚染された町の住民の方が、もともと住んでいた町の模型を自分たちで作って、そこに住んでいた記録を書き込んでいくというものです。建築学の人たちが中心となった学際的な取り組みなのですね。被災者の人たちが参加して、過去の記憶を模型化していくというプロジェクトに、歴史学としてどう入っていくのか、本当はとても大事になっている。文章だけではなくて、さまざまなかたちで伝えていく方法の検討が、他の分野でも始まっているので、それを学びながら歴史学としてどうしていくのかということも、東日本のなかではじめて提起された問題じゃないかと思います。

鈴木：奥村さんや大門さんのお話をうかがっていて、リアス・アーク美術館をお訪ねしたときに、震災前のたくさんの写真と並んで展示されていた、昔の絵葉書が面白かったのを思い出しました。気仙沼の海岸の埋め立て前の、海水浴をする砂浜の風景などもありました。失われてしまった震災前の何気ない日常と現在の分断、それをつなぐことは、地域に根ざした歴史学の課題だと思いますが、阿部さん、福島ではいかがですか。

阿部：大門さんの二〇一五年くらいから変化してきたという感覚について言えば、二〇一四年から一五年にかけて、福島県博や富岡町の活動が始まったんですね。その際、震災遺産の収集では、モノを収集し現場を記録するだけじゃなく、合わせて必ず証言を聞き取ることをやっています。普通のどこにでもあるようなモノ、例えば、昔、商店街でよく配ったようなお皿があったとすると、そこに人々の記憶として何が残っているのか聞き取りをするわけです。3・11の津波をかぶって、時計が二時何分で止まっていると、それ自身、たしかに被災した記録を残しているのですが、さらにその時計にまつわる地域の人たちの思いを汲み取って、展示の際にストーリーとして語っていきます。地元の人が来られたりすると、実はこれ、こうなんですよ、ということで、さらに話をしてくれます。二〇一四、五年ごろは、時間が経ってある程度落ち着いてきて、3・11の記憶を自分たちで語っていいのかどうか考えるようになってきたときに、そのような活動が報道で取り上げられたりしたことによって、話してもいいのかな、あるいは自分も話してみたいなと思うようになった時期なのでしょう。

富岡町でも、住民の方たちが「3・11を語る会」を作って、記憶を語り継ぐ活動をやっています。『おせっぺ　とみおか』という冊子も何冊か出ています。住民の方たちが、震災以前からの町の歴史、生活の記憶、それから震災での経験、その後のことを含めて、小学生、中学生、高校生といった若い世代に語ろうとするもので、同僚の加藤眞義さんなど社会学の研究者たちが取り組んでいます。それ以前から、福島県文化振興財団が県の委託を受けて証言の聞き取りをしていますけれど、それはまだ公のものにはなっていなかったと思うので、人々がいろいろなところで接するかたちで地元のことを語り合うところがだんだん表に出てきたのは、私もそのくらいなのかなと思っています。

それから、『大字誌　ふるさと請戸』は、すごく考えられて作られています。地元の方たちにとって、一番身近な歴史というのは自分たちが生きてきた時代です。特に、請戸の場合は津波を被っていますから、写真などの記録もなかなか残ってないわけです。そういった数少ない残った記録写真が、思い出としてすごく重要な意味を持ってくるからこそ、この本のなかでも大きな位置を占めてくるんだと思うのですね。住民たちの震災前の過去と震災時の経験に加え、歴史家たちもきちんと地域の歴史を語っている。これまで福島で行われてきたことがうまくセットになっている本で、今後、おそらく本格的な大字誌が次々と出てくるでしょうが、その一つのモデルになっていくんじゃないかなと思うんですね。

分断に関しては、たしかに自主避難された方たちにとっては、故郷のことを語りたくてもやはり重い、語りにくい、いろんな気まずさみたいなものがあるのかもしれませんけれど、被災地の自治体は、そういう方たちとのつながりも意識して活動しています。戻ってくる人もいれば、全く新しく入ってくる人もいるし、止むを得ない事情から離れていく人たちもいるけれども、もしかしたらそういう人たちだって、二〇年、三〇年、四〇年、五〇年経って、やっぱり自分の故郷のことを思い出したり、実際に帰ってこなくても、遠くから故郷のことを思ったりする人もいるわけです。これも富岡町の場合ですが、そういう人たちも含めて、富岡とつながっていてほしいということで、地域の歴史なり震災の経験なりいろんなものをかたちとして残して、いつでもアクセスできるようにしようと取り組んでいるところです。時間はかかるかもしれないけれども、地域の持っている歴史なり文化なりが、最終的に分断を乗り越えてつないでいく力を生み出していくのではないか、これからさらに可能性が出てくるんじゃないかなと思っています。今の段階では、たしかに大門さんが言われたことも考えなければいけないところがあるのですけれど、それに対しては、今後そういう問題は克服できるのではないかなと、ちょっと甘いかもしれませんけれども、そんな見通しを持っています。

鈴木：最近また帰還困難地域が一部解除されたというニュースがありましたけれど、九月に南相馬からいわきまで国道六号線を車で走ってみて、南相馬市の小高地区の先で検問所を通過してから風景が一変するのに言葉を失いました。一旦、住民が全て避難したところで地域を再生する、復興するといっても、実際帰ってくる人は少ないのが現状のようです。そういうなかで、3・11以降の、特に帰還困難地域のコミュニティの再生、復興は、そこに住民がいない状態でどうやって進んでいくのか、地域の歴史を書く、残すというとき、歴史学はどういうかたちで関われるのか、非常に難しい問題だと思います。

阿部：未だにバリケートが国道沿いに続いていますよね。たしかに双葉、大熊、富岡などでは住民がいないので、行政がやらざるをえなかった部分もあるかと思います。しかし、大熊町民で個人的に資料保全などに取り組んでおられる鎌田清衛さんがこんなことをおっしゃっていたんですね。これからは新しい人たちもどんどん受け入れていくだろう。その新しい人たちも、大熊ってどういうところだったの、ときっと知りたがるはずであって、もちろん元々住んでいた人たちに大熊とどこかでつながっていてほしいけれども、新しい人たちにも大熊を知ってもらいたい。そのためにも、歴史や文化をきちんと残していかなければいけない、と。そういう意味で、もともとの住民たち、戻ってくる方たちだけのためでもなく、遠く離れている人たち、新しく入ってくる人たち、つまり、いろいろなかたちで地域に関わる人たちのために、地域を知るためには歴史や文化がしっかりと残っていかないといけない、語られていかないといけない、というところだと思うのです。先ほど「地域に寄り添う」と言いましたけれども、そこで歴史学がやることは必ず意味を持ってくると私は思っています。

7　学際研究の課題

保立：地域に寄り添うということに関連して、私が関わった一ノ谷中世墳墓遺跡群の保存運動で、一緒に運動をやった石井進さんは、一ノ谷中世墳墓群とは言わずに、一ノ谷墓地と言うべきだとおっしゃっていました。つまり、地域の方に、最も話しにくかったのは墓地の保存という問題だったのです。高度成長の最後の頃ですけれども、どういうふうに葬送をやり、人を焼くかという記憶が地域のなかに残っていて、そういうなかで墓地の保存という問題が受け止めきれない状況でした。日常の研究のなかで死者に向き合うのは、やはり考古学なんですね。遺跡の発掘に立ち会うので、そのなかで死の世界を考えざるをえない。ただ、今、死というものを見つめざるをえない時代になっていて、文献史学の側も、死生観を語るというのではないけれども、それを見つめることが可能になっているのかもしれない、と感じます。遺跡の保存運動からアーカイブズの運動、さらに3・11までつながっているのは、その死の世界をどう考えるのかということだったのかもしれません。話しがずれますが、私は、死というものの意味づけをめぐって、いま神話や古事記などを考える仕事をやっています。人は死んで根の国、黄泉の国に行くわけですけれど、そこはバルカンが住んでいる、鍛冶の神が地面のなか、火山のなかにいるという観念があるんですね。例えば、本居宣長の弟子の書いた『三大考』（服部中庸著）という本がありますけれど、天と地と地下、三つの世界をどう考えるかというと、霧島火山には天と地が昔つながっていた「おへそ」が残っている、だからそこから火が出てくるんだと。これは幕末の観念ですが、死生観というものがさまざまなかたちで日本にあったはずで、そういうものを点検して、死というものを歴史学のなかに多様でわかりやすいかたちで持ち込んでいきたい。人々のなかに常識として持ち込みたい。つまり、先ほどご紹介したような科学技術・学術審議会の議論も、真面目にやってはいるのですけども、そういう共通の文化というか、歴史感覚というものがないと、北原さんが言われたようなおびただしい死者が出続けているという問題を本当には理系の人たちと議論できないように感じます。実際、二万近くの人が亡くなったけれども、一万数千は死なくてもよい方たちだったことの意味が議論できていない。さらに、人間の生命が死ぬだけではなくて、自然が死ぬという問題が出てきているわけですから、理系の方を含めて、学術の世界全体で死を見つめざるをえない時代に入っているのだということを考えなければならないはずなのですが。

北原：なかなか理系の人はわからないのよね。客観的に数値として捉える癖というのがあるじゃない。だから人間の死というものについて、私たちがというか、歴史学がというか、いろいろ想像して死の場面に迫る、何となく死者に迫るというのじゃなくて、死を想像してその場に自分を置くというふうなことは、あまりやらないかなあと思います。一方、死の捉え方は多様にあるのだけれども、私たちはこういうかたちで死を捉えているということを打ち出してない、彼らには伝えてないいんじゃないかな。3・11のあれだけの死と、死の処理、未処理というか、本当に残酷なありようでしかなかった死の取り扱い方について、私たちが感じている数値としてではない死を災害がもたらすということについて、伝えるべき役割は私たちにあると思いますね。

二〇一五年くらいに潮目が変わったとおっしゃったけれど、いろんな人たちが自分の体験を語る、それを、仲間同士ではなくて、まったく災害を経験していない人たちに伝えていくということをやり始めているんですよね。それも、若い人たちが自覚を持ってやっていることが、新しい現象として東日本の場合にはあります。彼女ら、彼らの考え方というのはどうなんだろう、今後どうするんだろうということも含めて、私は関心があったんです。ただ、そういう若い子たちはまじめないい子で、自分の振る舞いをみんなが見てるということも意識している。そういう子たちの心のケアは考えているのだろうか、と言われたことがあります。歴史学の課題かどうかは別にして、まじめで真摯に人生を考えているいい子たちが衝撃的な災害体験を人に伝えるというとき、災害に関わる大人たちは、彼らのことも考えてあげなきゃいけない。やめてもいいんだよ、そういうことを言ってあげないと。何て言うのかな、若いと自分に与えられた課題を重くひきずっちゃうということもあるんじゃないかなあと思いましたね。それから、ものすごくおばさんたちは雄弁でしたね。

阿部：そうですね、本当にそうですね（一同、爆笑）。

北原：すごい。もう歴史学者を超えていますよ。自分の体験をどう伝えるか、すごく工夫していますよね。あの雄弁さは、どうしても自分の体験を人に伝えなければいけないというエネルギーですね。言い方は変だけれども、そうしたエネルギーは被災地のおばさんたちに満ち溢れています、どうしても伝えなければいけない体験だという思いに突き動かされているのでしょうね。

奥村：語り部の問題は、いろいろと複雑な関係があるように思います。阪神・淡路大震災も二五年近くになるので、直接経験していない人が語ることになってきていて、そこには、戦災の語りとか、広島の語りや長崎の語りと関わってくる問題群があると思いますね。そこにある複雑な歴史的な文脈を語るというよりは、目前におられる方に関して、いかに減災を進めていくかという語りになる。それ自身はとても重要な意味を持つのですが、それだと、阪神で語っても、東日本で語ってもどこで語っても、パターンとしては全部同じかたちになっていくのです。だから、そうでない語りというものを、どのようなかたちで積極的に展開できるかは、歴史学の大きな役割だと思うのです。北原さんのお話のように、災害ではいろいろな状況が発生し、重層的に展開していくので、そのこと自身を聞き手に対してどこまで客観的に提示できるか、一般的にイメージできるものと違った状況があることを、災害資料にも依拠しながらどこまで提示できるか、とても大きな課題である気がしています。

鈴木：数字や一般化ではなく、個別性にこそ歴史学が進んでいくべき方向があるということでしょうか。それをどう分かるように伝えるのかが問題ですね。

保立：やはり歴史学は個別性ですから、もっと法学や経済学に全面的に頑張ってもらわないとどうしようもないだろうと思います。ある意味では、歴史学者の言うことなんて、理系の人たちは参考にしか聞かないのですよ。もちろん、今はデータを提供しますし、融合研究になってますから、非常に大事にしてくれますけれど、社会観に関わることは、法学、経済学が正面から議論をしてくれないとどうしようもないことですね。

大門：3・11の直後に経済政策の分野で発言をしていた人たちは、どこへ行ったのかしらという感じですよね。法学は、最初からあまり姿を見せなかった感じがしていて、今、東日本で関わっているのは、歴史学と社会学、心理学あたりでしょうか。他の学問分野が退場している状態からすると、できることは限られてるけれども、歴史学は、歴史学なりに全体を説明する役割があるのではないかなと、私は考えています。

奥村：法学ではありませんけれども、災害支援の法的な枠組みをどのように構築していくかという問題は、阪神・淡路大震災の経験以来ずっと弁護士さんたちが頑張ってきておられます。津久井進さんは、一連の過程に注目して日弁連の中で中心的に活動されてきた方で、新書（『大災害と法』岩波新書）を書いていらっしゃいますけれど、3・11では生存権を軸としながら、災害時の生活や生産の再建について語っておられます。先ほどの保立さんのお話に関連して、理系は地震災害の発生時の規模を数値として出すのは得意ですけれど、復興の具体的な過程になると、全くデータを持ち合わせていないし、どうすればデータ化できるかも明確でない。人間が歴史的な現実のなかでどう具体的に自分たちの生をつないできたのかという問題は、歴史研究がやらないとだれもしない。北原さんなどが先駆的にやられたことを、どういうかたちで学術全体のものにしていくかが問われている気がします。

保立：なるほどね。でも、地震学は理系ですから、科学技術・学術審議会の次期計画では理学と工学、それに土木の協力を求めたいのですけれども、進展していません。全体の構造は、マージナルな立場の歴史学からはよく見えるわけですから、理学や工学の人たちに問題提起しなければいけないというように思います。

奥村：災害の問題から逆に、地域の再生や継承には何が必要かを考えたとき、そのなかで地方大学の持っている意味がとても大きいと思います。

阿部：やはり一番大事なところは、人材育成ですよね。特に福島はそうですけれど、未だに復興に進めないところもあるわけです。例えば福島市などは日常生活に戻っているので、学生も教員も、普段は震災を意識しないわけですね。でも、ちょっと山を越えていけば、まだ帰還できずにいて、大変苦しんでいる地域があるし、福島とか郡山とかには避難されている人たちがおられ、身近なところにまだまだ震災や原発事故を考えさせてくれる現場があるわけです。地方大学の一番大きな存在意義は、問題が起こっている現場で、学生たちと一緒に確かめ、そこからいろいろなものを感じ取って、自分たちの研究や教育に展開できることではないかと思うんですね。身近なところに考える素材や資料がたくさんあるわけですから、それを生かしていくことによって、地域の問題がどう見えてくるのか、それを全国各地の大学と共有しながら、中央にも発信していく。地方大学は、現場で学生とともに学び、人材を育成していくというところが一番大きな役割ではないかなと、私は思っています。

（二〇一八年一一月一九日、歴史学研究会事務所にて）

あとがき

二〇一五年五月に『歴史学研究』の編集長を引き受けたとき、前任の大門正克さんからの引き継ぎ事項の一つにシリーズ「3・11からの歴史学」の企画があった。三月号で「その5」が掲載されたところで、すでに九月号の原稿依頼も済んでいたので、直接私が企画に関わったのは二〇一六年三月号の「その7」以降である。

「その7」では三本の「提言」のうち二本が原子力災害を扱っている（若尾祐司「ロベルト・ユンクの歴史認識と「原子力国家」批判——同著『原子力国家』の復刊によせて」と本書所収の小山良太「原発事故から五年、福島県における農業・農村の現段階」）。原稿依頼はその都度検討した結果であり、必ずしもあらかじめ体系的に計画したわけではないが、これは偶然ではないように思われる。「復旧」「復興」からは程遠い、先が見通せない原子力災害の深刻さが、いよいよ現実となって迫っていたことの現れであろうか。「それぞれの避難者がさまざまな人生の岐路に立たされるということこそが「損害」なのである」——小山氏のこの指摘は現在も変わらない。むしろ避難が長期化し、避難生活そのものが日常化した一方、住人のいない帰還困難地域の「静寂」も日常化した。福島県南相馬市から国道六号線を南下して帰還困難地域のゲートを越えると、行き交う工事用車両の喧騒とは裏腹に、両側に「静寂」で包まれた途方もない空間が続いている。日常化といえば、残念ながら本書には再録できなかったが、「その8」に寄稿していただいた赤城修司氏の「歴史的写真」には、汚染土を入れた黒い大袋（フレコンバッグ）が保管された仮置場の横を、トレイルラン大会の参加者が走り抜ける写真が添えられている。

その写真のキャプションには「二〇一六年五月福島市」とある。本書の「総論」や「座談会」で指摘されているように、今日から振り返ると、二〇一五年前後は、東日本大震災・東京電力福島第一原発事故の受け止め方にある変化が見え始めた時期であった。その変化がシリーズ「3・11からの歴史学」にどのように反映されているかは必ずしも明確ではないが、この時期以降の「提言」の中で一九九五年一月の阪神・淡路大震災にまで遡る資料保全活動の展開や被災者支援のあり方、記憶の形成が論じられているのは、この変化と無縁ではなかろう。二〇一六年四月には熊本地震が発生し、災害復興における歴史学の役割を再認識する機会となった。そこでも阪神・淡路大震災から本格化した資料保全活動の知見や全国的ネットワークの支援が効果を上げていることが紹介されている。

「日常化」という表現を使ったが、3・11からの時間の経過につれて現れてきた日常の風景は、それ以前とは異質であるし、異質なものでしかあり得ない。とりわけ原発事故によって、科学技術に支えられた社会のあり方が根本的に問い直されている今、被災地以外の地域に住む人々の日常も、3・11以前と同じであるはずはない。異なる日常を生きながら、人々はどのようにコミュニティを再生し、死者の声や思いを組み込んで記憶をつないでゆくのか。そこで歴史学はどのような貢献ができるのか、本書を編集する中で何度も考えさせられた。

本書刊行には、『歴史を社会に活かす』に引き続き、東京大学出版会のご協力をいただくことができた。同出版会ならびに、本書出版の意義をお認めいただき、限られた時間の中で編集作業を進めていただいた編集部の山本徹さんに厚く御礼申し上げます。

編集を代表して　鈴木　茂

近刊予定.
高澤紀恵（たかざわ・のりえ） 法政大学文学部教授．フランス近世史
『近世パリを生きる——ソシアビリテと秩序』岩波書店，2008年．「ヴォーリズと戦後の夢」高澤紀恵・山﨑鯛介編『建築家ヴォーリズの「夢」——戦後民主主義・大学・キャンパス』勉誠出版，2019年．
小薗崇明（こぞの・たかあき） 東京成徳大学人文学部助教．日本近現代史
『子どもとつくる平和の教室』共著，はるか書房，2019年．『関東大震災90周年記念行事実行委員会編『関東大震災 記憶の継承』共著，日本経済評論社，2014年．
野崎泰伸（のざき・やすのぶ） 立命館大学大学院人間科学研究科非常勤講師．哲学・倫理学・障害学
『生を肯定する倫理へ——障害学の視点から』白澤社，2011年．『「共倒れ」社会を超えて——生の無条件の肯定へ！』筑摩書房，2015年．
大平聡（おおひら・さとし） 宮城学院女子大学学芸学部人間文化学科教授．日本古代史
『聖徳太子』山川出版社，2014年．「宴開いて水に流して」『奈良古代史論集』第3集，1997年
岡田知弘（おかだ・ともひろ） 京都橘大学現代ビジネス学部教授．地域経済学・近現代日本経済史
『震災からの地域再生』新日本出版社，2012年．『「生存」の歴史と復興の現在』共編著，大月書店，2019年．
モリス，J.F. 宮城学院女子大学学芸学部日本文学科教授．日本近世史
『仙台藩「留主居役」の世界 武士社会を支える裏方たち』「よみがえるふるさとの歴史 6」蕃山書房，2015年．『近世武士の「公」と「私」 仙台藩士玉蟲十蔵のキャリアと挫折』清文堂出版，2009年．
稲葉継陽（いなば・つぐはる） 熊本大学永青文庫研究センター教授．日本中世史・近世史
『細川忠利 ポスト戦国世代の国づくり』吉川弘文館，2018年．『日本近世社会形成史論——戦国時代論の射程』校倉書房，2009年．
土方正志（ひじかた・まさし） 有限会社荒蝦夷代表取締役．作家・編集者
『新編 日本のミイラ仏をたずねて』天夢人，2018年．『震災編集者 東北のちいさな出版社〈荒蝦夷〉の5年間』河出書房新社，2016年．
友澤悠季（ともざわ・ゆうき） 長崎大学環境科学部准教授．環境社会学
『「問い」としての公害——環境社会学者・飯島伸子の思索』勁草書房，2014年，「ここはこのやり方しかない——陸前高田市「広田湾問題」をめぐる人びとの記憶」中田英樹・高村竜平編『復興に抗する——地域開発の経験と東日本大震災後の日本』有志舎，2018年．
小山良太（こやま・りょうた） 福島大学経済経営学類教授．農業経済学
『福島に農林漁業をとり戻す』共著，みすず書房，2015年．『競走馬産業の形成と協同組合』日本経済評論社，2004年．
佐々木啓（ささき・けい） 茨城大学人文社会科学部准教授．日本近現代史
『「産業戦士」の時代——戦時期日本の労働力動員と支配秩序』大月書店，2019年．「「仁義」の動員——戦時期日本における日雇労働者」『歴史学研究』976号，2018年．
大串潤児（おおぐし・じゅんじ） 信州大学人文学部教授．日本現代史
『「銃後」の民衆経験——地域における翼賛運動』岩波書店，2016年．「史学史としての教科書裁判」『思想』1043号，2011年．
鈴木茂（すずき・しげる） 名古屋外国語大学世界共生学部教授．ブラジル史
「「黒い積み荷」の往還——奴隷貿易から見る大西洋世界」歴史学研究会編『史料から考える 世界史20講』岩波書店，2014年．ジルベルト・フレイレ『大邸宅と奴隷小屋——ブラジルにおける家父長制家族の形成』（翻訳・解説）日本経済評論社，2005年．

執筆者紹介（掲載順）

大門正克（おおかど・まさかつ） 早稲田大学教育・総合科学学術院特任教授．日本近現代史
『語る歴史，聞く歴史――オーラル・ヒストリーの現場から』岩波新書，2017年．『全集日本の歴史15　戦争と戦後を生きる』小学館，2009年．

阿部浩一（あべ・こういち） 福島大学行政政策学類教授．日本中世史
『戦国期の徳政と地域社会』吉川弘文館，2001年．「戦国大名の徳政」高橋典幸・五味文彦編『中世史講義』筑摩書房，2019年．

保立道久（ほたて・みちひさ） 東京大学名誉教授．日本史
『現代語訳　老子』ちくま新書，2018年．『日本史学　ブックガイドシリーズ基本の30冊』人文書院，2015年．

北原糸子（きたはら・いとこ） 立命館大学歴史都市防災研究所客員研究員．日本災害史
『津波災害と近代日本』吉川弘文館，2016年．『関東大震災の社会史』朝日新聞出版，2011年．

奥村弘（おくむら・ひろし） 神戸大学大学院人文学研究科教授　日本近代史
『歴史文化を大災害から守る』東京大学出版会，2014年．『大震災と歴史資料保存』吉川弘文館，2012年．

本間宏（ほんま・ひろし） 福島県文化財センター白河館参事兼学芸課長．地域史
「直江兼続と関ヶ原――慶長五年を読み解く」福島県文化振興財団編『直江兼続と関ヶ原』戎光祥出版，2014年．「南境式・綱取式土器」『総覧縄文土器』アム・プロモーション，2008年．

山内宏泰（やまうち・ひろやす） リアス・アーク美術館副館長／学芸員．美術教育・災害伝承
『砂の城』近代文芸社，2008年．『東日本大震災の記録と津波の災害史（リアス・アーク美術館常設展示図録）』リアス・アーク美術館，2014年．

熊谷賢（くまがい・まさる） 陸前高田市立博物館主任学芸員．動物考古学
「地域の自然・文化・歴史を伝える宝を残すために――陸前高田市立博物館の取り組み」大門正克・岡田知弘・川内淳史・河西英通・高岡裕之編『「生存」の歴史と復興の現在―― 3·11分断をつなぎ直す』大月書店，2019年．「陸前高田市の被害状況――博物館施設を中心に」国立歴史民俗博物館編『被災地の博物館に聞く――東日本大震災と歴史・文化資料』吉川弘文館，2012年．

小田真裕（おだ・まさひろ） 船橋市郷土資料館主任主事（学芸員）．日本近世史
「千葉資料救済ネットの現状と課題」神奈川地域資料保全ネットワーク編『地域と人びとをささえる資料――古文書からプランクトンまで』勉誠出版，2016年．「災害の記録を残すということ」『千葉史学』66，2015年．

原山浩介（はらやま・こうすけ） 国立歴史民俗博物館研究部准教授．日本現代史
『消費者の戦後史――闇市から主婦の時代へ』日本経済評論社，2011年．『アメリカ・ハワイ日系社会の歴史と言語文化』共編，東京堂出版，2015年

峰岸純夫（みねぎし・すみお） 東京都立大学名誉教授．日本中世史
『享徳の乱　中世東国の「三十年戦争」』講談社選書メチエ，2017年．『中世社会の一揆と宗教』東京大学出版会，2008年．

河西英通（かわにし・ひでみち） 広島大学森戸国際高等教育学院特任教授．日本史
『「社共合同」の時代――戦後革命運動史再考』同時代社，2019年．『「東北」を読む』無明舎出版，2011年．

菊池勇夫（きくち・いさお） 宮城学院女子大学名誉教授．日本近世史
『飢えと食の日本史』（読みなおす日本史）吉川弘文館，2019年．『東北から考える近世史――環境・災害・食料，そして東北史像』清文堂出版，2012年．

田間泰子（たま・やすこ） 大阪府立大学人間社会システム科学研究科教授．家族社会学
『「近代家族」とボディ・ポリティクス』世界思想社，2006年．「戦後本土の「人口政策」」比較家族史学会監修，小島宏・廣嶋清志編『シリーズ・家族研究の最前線4　人口政策』日本経済評論社，

歴史を未来につなぐ
——「3・11からの歴史学」の射程

2019年 5月24日 初 版

[検印廃止]

編 者 歴史学研究会《れきしがくけんきゅうかい》

発行所 一般財団法人 東京大学出版会
代表者 吉見俊哉
153-0041 東京都目黒区駒場4-5-29
http://www.utp.or.jp/
電話 03-6407-1069 Fax 03-6407-1991
振替 00160-6-59964

組 版 有限会社プログレス
印刷所 株式会社ヒライ
製本所 誠製本株式会社

ISBN 978-4-13-023075-9 Printed in Japan